Arnold Hottinger

Islamischer Fundamentalismus

Arnold Hottinger

Islamischer Fundamentalismus

Ferdinand Schöningh
Paderborn · München · Wien · Zürich
Wilhelm Fink
München

Lizenzausgabe für die Bundesrepublik Deutschland:
Ferdinand Schöningh, Paderborn/Wilhelm Fink, München, 1993

ISBN 3-506-73944-1 (Schöningh)
ISBN 3-7705-2857-3 (Fink)

Inhaltsverzeichnis

Vorwort

Islamischer Fundamentalismus oder Islamismus kann als die Umwandlung der Religion des Islams in eine Ideologie verstanden werden. Religion betrifft in erster Linie das Verhältnis des einzelnen oder auch einer Gemeinschaft zu Gott. Eine Ideologie ist ein Ideengebäude, von dem seine Propagatoren und Anhänger erwarten, dass es ihrer Gemeinschaft zum besseren und erfolgreicheren Leben auf dieser Erde verhelfe. In der vorliegenden Studie wird statt des in der Publizistik meist verwendeten Begriffs «Islamischer Fundamentalismus» stets das Wort *Islamismus* gebraucht, weil dieser Begriff die charakteristische Umwandlung des Islams, einer Religion, in den Islamismus, eine Ideologie, deutlicher auf den Punkt bringt.

Der Begriff «Fundamentalismus» stammt aus der christlichen Theologie insbesondere protestantischer Ausprägung und meint den Versuch einer Theologie und Lebensführung, die sich streng an die als solche empfundenen Fundamente der – in diesem Falle christlich protestantischen – Religion halten will, ebenfalls in der Hoffnung und subjektiven Gewissheit, dass eine solche Lebenshaltung und Lebensführung das Heil für den einzelnen und seine Gemeinschaft bringe.

Die Verwandtschaft dieses christlichen Fundamentalismus mit dem Islamismus liegt darin, dass beide «-ismen» ihre Ideologie darauf aufbauen, dass sie sich an die als solche verstandenen Fundamente ihrer Religion halten wollen und den Glauben hegen, die genaue Befolgung der in diesen Fundamenten enthaltenen Vorschriften sowie der wortwörtlich exakte Glauben an die in ihnen gegebenen Glaubenssätze würden das Heil bringen. Diese Ähnlichkeit hat dazu geführt, dass der Begriff «Islamischer Fundamentalismus» – übrigens zuerst in der westlichen Welt – Verwendung fand und häufig gebraucht wurde.

Es gibt jedoch auch Unterschiede zwischen dem Fundamentalismus protestantischer Denominationen, wie sie, vor allem in Amerika, eine Theologie und Heilssuche auf Grund der von ihnen strikt nach dem Wortlaut der Überlieferung befolgten heiligen Schriften betreiben, und dem «Fundamentalismus» der muslimischen Gruppen, die vergleichbaren Thesen in bezug auf ihre islamischen Offenbarungsschriften huldigen. Diese Unterschiede liegen in divergierenden Wesensmerkmalen der beiden Religionen. Das Heil, das eine jede von ihnen anstrebt, ist nicht das gleiche: «Islamische Fundamentalisten» oder eben *Islamisten* suchen das Heil für ihre Gemeinschaft sowohl im Diesseits als auch im Jenseits. Christliche Fundamentalisten hingegen können sich eher mit der Hoffnung auf ein Heil abfinden, das erst nach dem Ende ihres irdischen Lebens im Jenseits verwirklicht wird. Man kann deshalb zwar mit einer gewissen Berechtigung von einem «islamischen Fundamentalismus» sprechen, doch das Wort «Fundamentalismus» allein genügt nicht, um die spezifisch islamische fundamentalistische Haltung zu umschreiben. «Islamismus» ist unter diesen Umständen die treffendere und kürzere Bezeichnung.

Historisch hat es im Islam von Beginn an immer wieder Bewegungen gegeben, die den Islam «reinigen» und «richtig» verstehen wollten und sich davon sowohl ihr Seelenheil und das ihrer Anhänger als auch politisch-militärischen Erfolg in dieser Welt versprachen. Diesen, weil der Koran sagt: «Ihr seid die beste der Gemeinschaften ...» (Koran 3/111; europäische Zählung von Flügel 3/106).

Solche Bewegungen waren manchmal erfolgreich; viel öfter jedoch wurden sie durch eben die Machthaber, gegen die sie sich wandten, niedergeschlagen. Die erfolgreichen unter ihnen gründeten Herrschaften, manchmal Reiche, die mit der Zeit dann viel von ihrem ursprünglichen religiösen Schwung wieder verloren (was sie im übrigen mit allen auf Heilslehren jeglicher Art gegründeten Gemeinschaften oder Staaten gemeinsam haben). Eines der letzten Gottesreiche dieser Art war jenes der Wahhabiten auf der arabischen Halbinsel, das die anderen Muslime bekämpfte und seinerseits von ihnen bekämpft wurde. Aus ihm ging das heutige saudische Königreich hervor.

Auch in unserem Jahrhundert gab und gibt es vergleichbare islamische Erneuerungsbewegungen stark politischer Ausrichtung, die sich gegen den westlichen «imperialistischen» und kolonialistischen Einfluss richteten, den sie oft auch einfach nur als «christlich» wahrnahmen, interpretierten und propagierten. Sie entwickelten eine Ideologie, die besagte, Gott habe versprochen, ER werde SEINEM Volk helfen. Deshalb sei es gewiss, dass die Muslime wieder den ersten Rang in der Welt einnehmen würden, wenn sie nur genau genug SEIN Gebot befolgten.

SEIN Gebot identifizieren die Islamisten mit der *Schari'a*, das heisst, dem im 7. und 8. Jahrhundert niedergelegten Rechtssystem, das den Anspruch erhebt, auf Gottes Gebot im Koran und auf das Vorbild des Propheten zurückzugreifen. Die Islamisten sind daher der Ansicht, es gelte, die *Schari'a* wieder vollständig und vollgültig einzuführen, um das Gotteswunder zugunsten der Muslime zu erlangen, das ihnen verheissen sei. – Diese Ideen wurden in unserem Jahrhundert schon von den Muslimbrüdern zwischen den beiden Weltkriegen entwickelt.

Nach der Niederlage von 1967 gegen die Israeli im Sechs-Tage-Krieg, nach einer Periode heftiger Verfolgungen durch Gamal Abdel Nasser in Ägypten (1954–1970) und unter dem Einfluss des pakistanischen Ideologen *Mawdudi* radikalisierten sich verschiedene Gruppen von Muslimbrüdern. Sie erblickten nun in ihren eigenen «verwestlichten» Regierungen das Haupthindernis, das der Verwirklichung des von ihnen geforderten Gottesstaates unter der Herrschaft der Schari'a entgegenstehe, und sie erhoben den Anspruch, diese angestrebte «Schari'a-Gesellschaft» selbst regieren zu wollen.

Die bestehenden Regierungen wurden und werden von ihnen als «heidnisch» betrachtet, weil sie zu stark unter dem Einfluss des Westens stünden, und sie wollen einen «Heiligen Krieg» (Jihad) gegen sie führen.

Durch die iranische Revolution im Jahr 1979 erhielten diese radikalen Tendenzen, meist in Kleingruppen aufgeteilt, starken Auftrieb, weil in Iran unter Khomeiny ein solcher «Heiliger Krieg» gegen den verwestlichten lokalen Herrscher, den Schah, erfolgreich verlaufen war. Seither gibt es überall in der islamischen Welt Gruppen, die einen ähnlichen Erfolg anstreben, indem sie ihre Regierungen unter Anklage des «Heidentums» stellen und stürzen wollen.

Die Bemühungen dieser unterschiedlich grossen Gruppen sind in den verschiedenen Ländern sehr unterschiedlich verlaufen. Im zweiten Abschnitt dieses Buches wird versucht, die Entwicklungen Land für Land vom Maghreb im Westen bis zu den Muslimen Zentral- und Südostasiens zu skizzieren. Die muslimischen Staaten lassen sich in Gruppen einteilen, je nachdem, wie weit sich der Islamismus in ihnen durchgesetzt hat. Er hat:

a) in Iran ganz, im Sudan, in Pakistan und Afghanistan teilweise die Herrschaft erlangt.
b) In Staaten wie Jordanien, Jemen, Ägypten, Marokko, in mancher Hinsicht auch in der Türkei, spaltete sich der Islamismus in radikale und gemässigte Gruppen. Die gemässigten wurden mehr oder minder weitgehend in die offizielle Politik integriert, dadurch gezähmt und auf Seitengeleise gelenkt.
c) In Syrien, im Irak, neuerdings auch in Tunesien und Algerien wurden die Islamisten mit Gewalt niedergeschlagen und, zumindest vorläufig, eliminiert. Die Einzelheiten allerdings liegen in jedem Staat wieder anders.

Aus der Geschichte der islamistischen Bewegungen in den letzten drei Jahrzehnten geht hervor, dass der Islamismus eine in vielen Fällen erfolgversprechende Oppositionsideologie darstellt. Seine Erfolgschancen sind um so besser, je unzufriedener ein Volk mit seiner Regierung und seinem Leben überhaupt ist. Es gilt das Schlagwort: «Je schlechter, desto besser», nämlich für den Islamismus. Alle Misserfolge, die ein Regime erleidet, bieten den Islamisten Gelegenheit, die Regierung anzuklagen und sie der mangelnden islamischen Frömmigkeit zu zeihen. Doch kommt es auch vor, dass eine Regierung den Islamismus mit Gewalt niederschlägt und ihn dann mehr oder weniger permanent niederhält.

Nachdem er die Macht erlangt hat, pflegt der Islamismus weniger erfolgreich zu sein als in der Opposition. Dies kommt daher, dass er nun die Versprechungen erfüllen muss, die er in der Periode der Revolutionsagitation abgegeben hat. Nach seiner Ideologie müsste nun, nachdem der Sieg über die Gegner errungen ist, Gott

SEINEM gehorsamen Volk Erfolg verschaffen und ihm auf den ersten Platz in der Welt verhelfen. Doch auch hier gilt die uralte Erfahrung, dass Theorie und Praxis zweierlei Dinge sind.

Im Falle *Irans* ist statt der erhofften Erfolge ein grausamer, acht Jahre lang dauernder Krieg ausgebrochen, nicht ohne Mitverschulden der islamistischen Führung. Ausserdem ist aus allen versprochenen Reformen, moralischen wie materiellen, wenig, ja eigentlich gar nichts geworden. Das Regime hält sich dennoch, weil es dank seiner Erdöleinkünfte eine Mannschaft von Kleinprivilegierten um sich scharen kann, die ihm als Waffenträger und Wächter dienen.

In den Fällen *Pakistans* und des *Sudans*, beides Staaten ohne Erdöleinkünfte, sind die Verhältnisse dermassen gebrechlich geblieben, dass die islamistischen Machthaber es vorziehen, sich hinter militärischen Regimen zu verstecken, um nicht direkt die Regierungsverantwortung übernehmen zu müssen. Sie versuchen, ihre Militärs gewissermassen aus dem Hintergrund zu steuern.

In *Afghanistan* haben gleich zwei Islamistengruppen gesiegt, im Krieg zuerst gegen die Sowjetunion, dann gegen die von dieser gestützte Regierung Najib. Doch waren und sind sie untereinander so bitter verfeindet, dass die beiden Gruppierungen gegenwärtig einen neuen Krieg gegeneinander begonnen haben, um auszufechten, welche von ihnen regieren soll: jene von Ahmed Schah Mas'ud oder die Anhänger Gulubeddin Hekmatyars.

Für die europäischen Nachbarn der Islamisten ergibt sich aus den skizzierten Entwicklungen, dass die seit geraumer Zeit, genauer seit Khomeinys über die Medien weltweit verbreiteten düsteren Drohungen wachsende Vorstellung einer islamischen oder islamistischen Angriffswelle, die gegen Europa heranrollen könnte, unrealistisch ist. Der Islamismus ist primär ein internes Problem der muslimischen Staaten. *Er schwächt sie.* Dies sowohl in der Oppositionsphase, in der er die Regierungen unterwandert, wie auch in der allfällig erreichten Regierungsphase, in der er seine unrealistischen und im Grunde auf theologisch-chiliastischen Hoffnungen beruhenden Verheissungen verwirklichen müsste, es aber nicht kann.

Europa muss allerdings damit rechnen, dass seine muslimischen Nachbarstaaten durch den Islamismus noch weiter als bisher destabilisiert und innerlich geschwächt werden könnten – ein Faktor, der für die internationalen Beziehungen und deren Berechenbarkeit berücksichtigt werden muss.

Viel eher jedoch ist es die Präsenz von über zehn Millionen zugewanderten Muslimen innerhalb der europäischen Staaten, in der eine Gefahr für sie gesehen werden kann. Dies, weil bereits islamistische Agitatoren unter der noch wachsenden Zahl der europäischen Muslime wirken und sie unter ihren Gehorsam zu bringen trachten, indem sie ihre – berechtigten und unberechtigten – Ressentiments gegen ihre «christlichen» Gastländer, gegen «Europa» ausnützen und ausbauen. Ihr Ziel dabei ist die Bildung von *islamistischen Ghettos* innerhalb Europas, die sie anführen möchten, und deren Fanatiker eventuell im Sinne der Ziele ihrer Gruppen eingesetzt werden könnten, wobei möglicherweise auch terroristische «Kampfmethoden» angewandt würden.

Solchen Bestrebungen muss gezielt und mit innenpolitischen Methoden entgegengewirkt werden. Einige Gedanken hierzu schliessen dieses Buch ab.

I. Was ist Islamismus?

Zur Ideengeschichte

Der Islamismus ist keine grundsätzlich neue Erscheinung in der islamischen Geschichte. Es hat in ihr immer wieder Erneuerungsbewegungen gegeben, die auf strenge Gesetzeserfüllung ausgingen, jeweils entsprechend ihrer eigenen Definition und ihrem Verständnis des Gesetzes. Viele dieser Bewegungen gründeten einen Herrschaftsanspruch darauf, dass sie die muslimische Gemeinschaft, die *Umma*, auf den Weg der genauen Gesetzeserfüllung führen wollten. Dabei berief man sich immer wieder auf das Vorbild des Propheten und des von ihm gegründeten und angeführten Urstaates der Muslime in Medina, der als vorbildlich und verbindlich galt und gilt.

Viele dieser Bewegungen schlugen fehl, weil irgendeine weltliche Macht sie im Keim erstickte. Manche jedoch waren erfolgreich und errichteten dann ihren eigenen Gottesstaat, so wie ihn ihre Anführer verstanden. Diese Führer nahmen oft Titel an, welche ihren Anspruch, göttliche Leitung zu geniessen, mehr oder weniger drastisch unterstrichen. *Mahdi*, der Rechtgeleitete, ist einer dieser Titel, und seit hundert Jahren, als im Sudan der Derwisch Muhammed Ahmed unter diesem Titel einen Aufstand gegen die Briten entfesselte und Khartum eroberte, in Europa der wohl bekannteste.

Beispiele solcher Bewegungen in der Geschichte des Islams sind: die frühen politisch-religiösen Abspaltungen der *Schi'a*, der Kharejiten, der *Qarmaten* in verschiedenen Ländern der arabischen Welt; später bildeten die *Fatimiden* eine bedeutende Dynastie und ein Gegenkalifat zum «orthodoxen», sunnitischen von Bagdad, nachdem sie ihre Bewegung von Tunesien aus lanciert hatten (beginnend in Nordafrika mit Ubaidallah *al-Mahdi* 909–934; die Dynastie herrschte dann in Kairo bis 1171). – Die beiden grossen nordafrikanischen Dynastien der *Almoraviden* (1061–1148) und der *Almohaden* (1121–1225), die auch über Südspanien herrschten, gingen ebenfalls auf islamische Erneuerungsbewegungen zurück.

In jüngeren Zeiten haben die *Wahhabiten* (unter dem Einfluss von Muhammed Ibn Abdul-Wahhab, 1703–91) auf der Arabischen Halbinsel eine solche Erneuerungsbewegung sozusagen «puritanischer» Ausrichtung durchgeführt. Sie erhielten dabei die Unterstützung der Herrscherfamilie der Âl Sa'ûd, deren Nachfahren heute, immer noch in Zusammenarbeit mit den Nachfahren Ibn Abdul-Wahhabs und theoretisch nach dessen Grundsätzen, das saudiarabische Königreich beherrschen. (Neugründung der Dynastie durch Abdul Aziz Ibn Sa'ûd ab 1902).

Der eben erwähnte Aufstand des *Mahdi*, Muhammed Ahmed Ibn Abdullah, im Sudan, der 1882 begann, 1885 den britischen Gouverneur und General Gordon (als Gordon Pascha und Verteidiger Khartums zum Mythos geworden) das Leben kostete und erst 1898 von General Kitchener niedergeschlagen wurde, führte zur Errichtung eines Gottesstaates – genau nach dem Vorbild der Herrschaft des Propheten in Medina und Mekka. Die Kampfgefährten des Mahdi wurden wie jene des Propheten «Ansar» (= Helfer) genannt, und so heissen noch heute die Mahdi-Anhänger im Sudan.

Nach innen und nach aussen gerichtete Kritik

Die islamische Reform- und Aufstandsbewegung der Wahhabiten und jene der Mahdi-Anhänger im Sudan verdienen besondere Erwähnung, weil die der Wahhabiten als die letzte von unzähligen Bewegungen anzusehen ist, die sich gegen – als solche empfundene – Missstände *innerhalb* der Gemeinschaft der Gläubigen richteten, während die Bewegung des Mahdi im Sudan als die erste gelten kann, die sich in der Moderne gegen *äussere*, d. h. westliche Einflüsse in der Islamischen Welt erhob und sich im Namen des reinen und ursprünglichen Islams gegen die fremden Kräfte und Einflüsse zur Wehr setzte.

Den Anhängern Ibn Abdul-Wahhabs ging es primär darum, «Missbräuche» innerhalb der damaligen islamischen Welt abzustellen, wie z. B. die Verehrung «heiliger Männer» und ihrer Grabstätten, die Mystik, laxe Befolgung und Durchsetzung des Gottesgesetzes, der Schari'a. – Der Mahdi hingegen erhob sich gegen die als fremd und unislamisch empfundene Verwaltung des damaligen anglo-ägyptischen Sudans, um die Herrschaft für «den Islam» (so wie der Mahdi ihn sah) zurückzugewinnen.

Von der Zeit des Mahdi ab sollten alle islamischen Erneuerungsbewegungen in erster Linie Reaktionen gegen jene «un-islamischen» Erscheinungen werden, die vom *europäischen Kolonialismus* und später «Imperialismus» ausgingen, um sie im Namen des «echten Islams» zu bekämpfen. Dies war natürlich eine Folge der immer tiefer eindringenden europäischen, später allgemein «westlichen» Herrschaftsformen, Lebens- und Denkmodelle, der wirtschaftlichen Vorbilder und technischen Errungenschaften, die sämtlich als un-islamisch, ja oft – schärfer noch – als anti-islamisch empfunden wurden.

Ein zweihundertjähriges Machtdefizit

Dabei spielten immer die Machtfragen eine wichtige Rolle. Für die Muslime, Angehörige einer Religion, die von Beginn an politisch überaus erfolgreich gewesen war und sich schon früh durch grosse Eroberungen ausgezeichnet hatte, war es besonders schwer zu ertragen, dass vom 19. Jahrhundert an, in Indien sogar schon früher, «Ungläubige» über sie die Herrschaft ausübten, entweder direkt oder indirekt – nämlich über ihre eigenen angestammten Herrscher, die von den Europäern dank deren wirtschaftlicher und militärischer Überlegenheit bevormundet und kontrolliert wurden.

Nach der gesamten muslimischen Tradition und entsprechend den Vorstellungen, die im Koran selbst verankert sind, sollen im Gegenteil aber die Muslime die Herrschaft besitzen, wenngleich gewisse andere Religionen, jene der Heiligen Bücher (Christen, Juden und in der Folge auch Zoroastrier), unter dem Schutz der Muslime und politisch auf einer niedrigeren Stufe als das muslimische Staatsvolk, die Möglichkeit erhalten sollen, ihre Religionen ungestört auszuüben.

Wenn sich nun plötzlich Nichtmuslime christlicher Tradition als die stärkeren und wirksameren Machthaber, Wirtschaftsfachleute, Militärs, Wissenschaftler usw. erweisen, liegt darin nicht nur eine existenzielle Anfechtung für die von ihnen direkt oder indirekt unterworfenen Muslime, sondern auch eine religiöse. Gott hat versprochen (und in ihren Augen bis ins 19. Jahrhundert hinein auch gehalten), dass die Muslime «das beste aller Völker» seien (Koran 3,110; wörtlich: «die beste der Gemeinschaften, die den Menschen herabgesandt wurde»). Wenn die Muslime dies heute offensichtlich nicht mehr sind, weil Nichtmuslime sich in vieler Hinsicht als überlegen erweisen, kann dies nach dem Empfinden eines jeden wahrhaft Gläubigen nicht daran liegen, dass Gottes Versprechen nicht mehr gelte. Es muss vielmehr darauf zurückzuführen sein, dass die heutigen Muslime ihren Glauben nicht mehr ernsthaft genug leben.

Die Folge dieser Grunderkenntnis ist, dass zwischen der Intensität des Glaubens und der Religionsausübung und den politischen Geschehnissen, allgemeiner sogar einer jeden Art von Erfolg oder Mißerfolg ein Amalgam entsteht. Jeder kollektive Rückschlag wird so immer auch als ein Zeichen dafür genommen, dass mit der Religionsausübung der eigenen Gemeinschaft etwas nicht stimmt; im Umkehrschluss wird dann leicht angenommen, wäre die Religionsausübung der Muslime einwandfrei, müsste auch ihr Erfolg in dieser und in jener Welt sichergestellt sein, «wie das früher war».

Der Erfolg wird in dieser Sicht der Dinge nicht nur Selbstbestätigung (das ist er wohl immer unter den Menschen), er wird auch eine Bestätigung der Richtigkeit der eigenen Religion und des Verhältnisses der Muslime zu Gott. Umgekehrt wird ein jeder Misserfolg nicht bloss Anlass zu Selbstkritik und Selbstzweifeln, sondern darüber hinaus Grund für die Frage: «Warum hat Gott uns verlassen?» – und Anlass zur Annahme, dies müsse wohl deshalb der Fall sein, weil die Muslime ihre eigene Religion nicht mehr ernst genug nähmen und ihre Vorschriften nicht mehr genau genug erfüllten.

Dabei ist wichtig zu erkennen, dass die Verbindung zwischen militärisch-politischem Erfolg und «Richtigkeit» der Religion im Islam alt und tief verwurzelt ist. Die frühen Erfolge des Propheten selbst im Krieg gegen Mekka sowie die späteren seiner grossen

Nachfolger bei der Eroberung eines Weltreiches wurden als Gottesbeweise und unzweideutige Zeichen der Gunst angesehen, die der Herr seinem Volk erwiesen habe.

Ein Vergleich mit der Lage der frühen Christenheit zeigt den Unterschied auf. Die christliche Religion entstand und erwuchs im Rahmen des «heidnischen» Römischen Reiches, dessen Übermacht es den Christen jahrhundertelang unmöglich machte, eigene Macht zu entwickeln. Bis ins 4. Jahrhundert wurden sie bestenfalls geduldet, häufig verfolgt und mussten ihren Kult heimlich in den Katakomben ausüben. Diese Erfahrung hat dazu beigetragen, den Lehrsatz Christi, sein Reich sei nicht von dieser Welt, gewissermaßen existenziell zu verstärken und den politisch-militärischen Erfolg oder Misserfolg nicht untrennbar mit Glaube und Religion zu verknüpfen.

Im Verlauf ihrer späteren Geschichte haben zwar auch Christen immer wieder ihre Erfolge als Zeichen der Gunst Gottes gewertet; doch bestand für sie stets auch die Möglichkeit, ihre Misserfolge als Zeichen einer Prüfung Gottes zu interpretieren oder gar ihre Religion als eine Frage «jener» Welt radikal von den Erfolgen oder Misserfolgen ihrer Gemeinschaft in «dieser» Welt abzukoppeln.

Auch der Umstand, dass es sich beim Islam um eine ausgesprochene Gesetzesreligion handelt, trägt dazu bei, dass Bestätigung durch Erfolge in dieser Welt für ihn wichtig ist. Als Gesetzesreligion legt der Islam Wert darauf, das Leben der Gläubigen in dieser Welt nach dem Gottesgesetz zu regeln, und dies muss das beste aller Gesetze sein, weil es nach muslimischem Glauben von Gott selbst stammt. Die Gemeinschaft, die unter dem besten aller Gesetze lebt und sich an es hält, muss also auch eine erfolgreiche Gemeinschaft sein. Wenn sie das ganz offensichtlich nicht ist, muss etwas an ihrer Auffassung des Gottesgesetzes oder an ihrer Befolgung desselben verkehrt sein.

Dringende Erfolgshoffnungen

Das enge Verhältnis, das für die Muslime zwischen Erfolg in dieser Welt und Richtigkeit ihrer muslimischen Religion besteht, bewirkt, dass ein jeder Erfolg, sei er real oder scheinbar, ja schon eine jede Hoffnung auf Erfolg in der heutigen Lage säkularen Misserfolges und zweihundertjähriger Unterlegenheit gegenüber dem Westen gewaltige Begeisterungsstürme auslöst. Endlich scheint Aussicht zu bestehen, dass die schlimme Zeit der Anfechtung (materieller wie religiöser Natur) vorübergehe und die Muslime wieder den Rang erreichten, der ihnen – nach ihrer Sicht und nach Massgabe ihrer grossen Vergangenheit – zustehe: so empfinden viele Muslime, sobald ein Erfolg auch nur von ferne zu winken scheint.

Das Erfolgsbedürfnis und die Erfolgshoffnungen (wiederum: religiöser sowie weltlicher Wurzel) sind durch die lange Zeit schmerzlicher Misserfolge so stark angewachsen, dass eine Art Überreizungszustand besteht. Viele einfache Muslime sprechen in diesem Zusammenhang von ihrer «Ehre». Diese, so sagen sie, müsse gerettet werden, koste es, was es wolle. Ihr heutiger Zustand, unter der Machtfuchtel der Israeli, der Amerikaner, der Europäer, die militärisch, wirtschaftlich, kulturell, organisatorisch überlegen scheinen, wird als «entehrend» empfunden. Die Ehre wäre erst dann gerettet, wenn man sich diesen heute überlegenen und ihre Überlegenheit auf tausend Arten spürbar machenden Fremden endlich einmal als mindestens gleichwertig erweisen könnte.

Offensichtlich ist eine solche Formulierung, die den in der arabischen Tradition zentralen Begriff der Ehre einführt, nichts anderes als ein Versuch, dem bestehenden Missbehagen an der eigenen Lage einen nicht genuin muslimischen, sondern eher weltlichen Ausdruck zu verleihen. Bezeichnenderweise sprach Abdel Nasser in all seinen Reden gerne von der *Karameh*, der Ehre der Araber; er war ein Politiker, der versucht hatte, den Arabern auf den in ihren Augen ihnen gebührenden Platz in der Welt zurückzuverhelfen, ohne bei diesem Versuch primär auf den Islam zu pochen. Er hatte sich vielmehr auf den arabischen Nationalismus berufen, war jedoch spätestens gescheitert, als Israel die ägyptische Armee im Sechstagekrieg von 1967 besiegte und demütigte.

Der gewaltige Beifall, den dann Saddam Hussein nach seinem Überfall auf Kuwait in grossen Teilen der arabischen Welt erntete, ging folgerichtig darauf zurück, dass man ihn bereits als den «Helden der Araber» zu sehen begann, von dem man erhoffte, ja zuversichtlich erwartete, er werde das Erfolgsdefizit der Araber, das seit so vielen Jahrzehnten bestand und immer nur noch weiter anzuwachsen schien, endlich ausgleichen.

Es ist natürlich, dass dieses Erfolgsdefizit auch einen *religiösen* Aspekt aufweist: jede als religiöse Autorität auftretende Figur, die verspricht und zuversichtlich verkündet, unter ihrer Leitung werde das Erfolgsdefizit behoben, die «Scham» der arabischen oder muslimischen Unterlegenheit getilgt, hat alle Chancen, williges Gehör zu finden. Solch ein «Prophet» spricht im Sinne der heissen und dringenden Wünsche des Volkes, man hört ihm folglich gerne zu und ist sehr bereit, ihm Glauben zu schenken – um so mehr, je weniger der einzelne die komplexe Gesamtlage der heutigen Machtverhältnisse übersieht, je weniger er sich also ein Bild davon machen kann, wie schwierig, ja objektiv unmöglich es ist, dass die Versprechungen des «Propheten» im Wortsinne erfüllt werden können.

Der Wunsch als Vater des Glaubens

Die eben gemachten Ausführungen sollen dazu dienen, deutlich zu machen, welch starker emotionaler Sog zugunsten eines jeden Politikers oder Predigers entsteht, der den Muslimen und unter ihnen speziell den aus historischen Gründen besonders stolzen und daher in ihrem Selbstgefühl heute besonders gedemütigten, «entehrten» Arabern verspricht, das Blatt werde sich wenden, wenn sie nur seinen Empfehlungen folgen wollten. (Der Stolz der Araber dürfte letzten Ende darauf zurückgehen, dass sie das Volk sind, dessen Sprache Gott spricht – im Koran, der wörtlich als Gottes Wort gilt – und das daher in besonderem Masse zum Träger der wahren Religion ausersehen sei).

Es ist nun dieser Sog, dieses Gefühlgefälle, das die islamistischen Prediger und Politiker ausnützen konnten und können, um so mehr, als alle anderen politischen Verheissungen sich nicht erfüllt haben. Viele Araber hatten auf den Nationalismus gesetzt, auf den Sozialismus oder «Arabischen Sozialismus», auf Führerfiguren wie Abdel Nasser und andere; in engeren Kreisen auch auf andere Ideologien wie den Kommunismus; früher auch einmal, etwa zur Zeit der osmanischen Verfassungsagitation (Begeisterungswelle von 1876), auf Liberalismus und Parlamentarismus. Alle diese politischen Hoffnungen hatten sich als Fehlschläge erwiesen, immer neue Misserfolge hatten sich eingestellt. Und dies sollte der Grund dafür werden, dass nach der entscheidenden Niederlage von 1967 die Hoffnungen vieler sich immer mehr und immer ausschliesslicher auf die islamische Verheissung konzentrierten.

Die Muslimbrüder

Die Grundidee, dass «der Islam» und nichts anderes den Muslimen aus ihrer Unterlegenheit helfen werde, ja müsse, ist allerdings schon viel älter. Sie wurde zuerst von den Muslimbrüdern Ägyptens zwischen den beiden Weltkriegen propagiert. Diese «Gesellschaft der Muslimischen Brüder» (später sollte es auch «Schwestern» geben) war 1928 von einem Lehrer aus Ismailiya, *Hassan al-Banna*, gegründet worden und wurde bald eine wichtige gesellschaftliche, politische und religiöse Kraft in Ägypten.

Hassan al-Banna sah den Islam als eine «Ordnung», als eine natürliche, weil gottgegebene, als die beste aller möglichen Ordnungen, die das Religiöse, das Politische, das Soziale und das Wirtschaftliche, kurz das ganze diesseitige und jenseitige Leben umfasste. «Der Islam», sagte er, «ist Dogma und Gottesdienst, Vaterland und Nationalität, Geistigkeit und Aktion, Koran und Schwert». (Nach Encyclopedia of Islam, 2. Aufl., Leiden, unter «al-Ikhwan al Muslimin», Artikel von G. Delanque, dort auch eine ausführliche Bibliographie).

Der Kampf gegen die westliche Invasion in all ihren Formen wurde zum Hauptziel der Muslimbrüder; er betraf Sitten und Gebräuche (auch in bezug auf die Frauen) so gut wie Erziehung, politische und wirtschaftliche Institutionen, das Gesetz (die Wiedereinführung der Schari'a statt der in Ägypten an wichtiger Stelle geltenden Codices europäischen Stils), weiter die politischen Institutionen und die Schaffung eines echt muslimischen Staates. Die vorausgegangenen Vorbilder der frommen muslimischen Vergangenheit *(Salaf)* sollten dabei ausschlaggebend sein, nicht irgendwelche europäischen Ideen. Fernziel war ein Staat für alle Muslime unter einem Kalifen (*Khalifa* im Sinne des rechtmässigen Nachfolgers des Propheten in der Leitung seiner Gemeinschaft). Bis dieses Fernziel erreicht sei, war die Existenz einzelner muslimischer Staaten zuzulassen.

Die Brüder taten viel für ihre ägyptischen Mitmuslime auf der wirtschaftlichen und sozialen Ebene. Sie entsandten auch Freiwillige in den «Heiligen Krieg», den die palästinensischen Muslime 1936 gegen die Zionisten zu führen begonnen hatten, und diese Aktivität, im Gegensatz zur Regierung, welche nichts tat, da sie selbst weitgehend von den Engländern, der Mandatsmacht in Palästina, abhängig war, trug viel zur Beliebtheit der Brüder im damaligen Ägypten bei.

Die Muslimbrüder besassen auch eine Geheimorganisation, den «Geheimen Arm», dessen Mitglieder einen Schwur über dem heiligen Buch der Muslime und einer Pistole ablegten. Sie wurden für Untergrundkampf und Terroranschläge ausgebildet. Der Mord an Ministerpräsident *Ahmad Mahir* (1945) wurde, wahrscheinlich zu Unrecht, der Geheimorganisation zugeschrieben. Jener an Ministerpräsident *Norkraschi Pascha* am 28. Dezember 1948, nachdem die Brüder verboten worden waren, war tatsächlich das Werk eines jungen Mitgliedes des «Geheimen Armes» gewesen, doch ob er mit der Zustimmung der Führung erfolgt ist oder nicht, bleibt bis heute unklar. Folge dieses Attentats war die Ermordung des Gründers und Führers der Muslimbrüder, Hasan al-Bannas, am 12. Februar 1949, wahrscheinlich durch die ägyptische Polizei und auf Anstiftung des Königs Faruk (Einzelheiten in: Mohamed Heikal, Autumn of Fury, London 1984, S. 131 f.).

Die ägyptische Armee, in der ebenfalls an der Untätigkeit der Regierung gegenüber dem Zionismus Kritik geübt wurde und die ihrerseits auch eine Geheimorganisation besass (jene Nassers), arbeitete gelegentlich mit den Brüdern zusammen und stand gut mit ihnen. Als die Offiziere unter Abdel Nasser (Gen. Naguib war eine blosse Galionsfigur) 1952 die Regierung stürzten, der sie vorwarfen, die Armee im Krieg mit Israel von 1947–48 nicht energisch genug unterstützt zu haben und daher an der Niederlage schuld zu sein, verboten sie alle politischen Parteien, aber zunächst nicht die Muslimbrüder, die sie als eine «religiöse Gruppierung» einstuften.

Im Ringen zwischen den von Nasser angeführten Revolutionsoffizieren und Naguib, der eigenen Ehrgeiz entwickelte, traten die Brüder auf die Seite des Generals und Präsidenten, weil dieser eine Fortführung der parlamentarischen Demokratie verhiess und die Brüder für sich eine Mehrheit im Parlament erhofften. Doch Nasser und seine Anhänger sollten obsiegen, Naguib absetzen und sich entschliessen, die Macht in der eigenen Hand zu behalten. Dies führte schon bald zu Zusammenstössen zwischen Nasser und den Brüdern. Keine wollte der anderen politischen Formation die Führung überlassen.

Am 23. Oktober 1954 wurde ein Anschlag auf Nasser verübt. Auf einer politischen Massenzusammenkunft in Alexandria schoss ein Mitglied der Bruderschaft auf ihn, verfehlte aber sein Ziel. Dies jedenfalls war die offizielle Version. Ob der Anschlag wirklich stattgefunden hat oder ob er manipuliert und vorgetäuscht worden ist, ist bis heute ungewiss. (Einzelheiten bei *O. Carré,* Les frères musulmans, Paris 1983, S. 59 ff.) Die politische Verfolgung der Bruderschaft begann jedenfalls sofort. Sechs Brüder wurden hingerichtet und viele in Konzentrationslager eingeliefert, wo fast alle gefoltert wurden. Die Kommunisten befanden sich oft in den gleichen Lagern.

Diese «grosse Verfolgung» der Brüder dauerte von 1954 bis 1971 an, das heisst bis kurz nach dem Tod Nassers. Die Brüder gingen in den Untergrund oder ins Exil; sie fanden Unterstützung durch das saudische Regime, weil Nasser seit 1962 (dem Beginn der jemenitischen Revolution und des jemenitischen Bürgerkrieges) in einem Spannungsverhältnis zu Saudiarabien lebte. Die saudische Regierung begann damals, eine «islamische» Politik der «sozialistisch» orientierten und pro-sowjetischen Politik Nassers entgegenzustellen. Die Brüder dienten ihr dabei als Stütze. Die Geheimdienste Nassers warfen ihrerseits im Jahr 1965 den Brüdern eine neue Verschwörung vor. Die Verfolgung erreichte einen zweiten Höhepunkt, und der damalige Hauptideologe der ägyptischen Brüder, *Sayyid Qutb*, der schon früher lange Zeit im Gefängnis verbracht hatte, wurde hingerichtet.

Radikalisierung

In den langen Jahren der Verfolgung haben die Muslimbrüder sich radikalisiert. Der ägyptische Staat wurde zu ihrem Hauptfeind, und sie dämonisierten ihn, indem sie ihn zum *Jahiliya-Staat* erklärten (*Jahiliya* = Unwissenheit ist der Zustand der Araber zur Heidenzeit vor dem Auftreten des Propheten), ihn also als un-islamisch und anti-islamisch auffassten. Damit wurde dem Staat die Hauptschuld an der heutigen Lage der Muslime zugewiesen. Den Muslimen wurde zum Ziel gesetzt, den Staat zu stürzen und selbst die Macht zu übernehmen. Dies war die Lehre von Sayyid Qutb, die er in einem ausführlichen, im Gefängnis verfassten Koran-Kommentar niederlegte. (Vgl. *Olivier Carré:* Mystique et politique, lecture revolutionnaire du Coran par Sayyid Qutb, Frère musulman radical, Paris 1984).

Der Einfluss Mawdudis

Qutb war in seinen Ideen durch den pakistanischen Publizisten und muslimischen Aktivisten *Abul-Â'la al-Mawdudi* (auch englisch Mawdoodi geschrieben) beeinflusst. Mawdudi (1903–1979), ursprünglich ein aus Indien nach Pakistan ausgewanderter Muslim, trat als wichtigster Ideologe des *Islamischen Staates* auf, Pakistan war ja der Absicht nach als ein solcher gegründet worden. Mawdudi lehrte in zahlreichen Schriften, dass in einem islamischen Staat die Fachleute des Islams, d. h. die qualifizierten Gelehrten, die Macht übernehmen und ausüben sollten oder mindestens die Machthaber zu kontrollieren hätten. Man kann mit dem Orientalisten T. C. R. Robinson wohl sagen, «dass er der erste gewesen ist, der den Islam in eine Ideologie verwandelt hat, in ein integriertes und allumfassendes System ... in die umfassendste Aussage über die Natur des islamischen Staates in der Moderne. Sie ist geformt von zeitgemässen Belangen und Denkformen, obwohl sie ein Ideal aus der Vergangenheit beschwört. In Mawdudis eigenen Worten: Der Aktionsplan, der mir vorschwebte, war, dass ich zuerst die Klammer, in der westliche Kultur und Ideen den Geist der muslimischen Intelligenz hielten, brechen und sie überzeugen wollte, dass der Islam über ein eigenes Lebensgesetz verfügt, eine eigene Kultur, ein eigenes politisches und wirtschaftliches System sowie eine Philosophie und ein Erziehungssystem, die allem überlegen sind, was die westliche Zivilisation anzubieten hat.» (Nach Encyclopedia of Islam, a.a.O., unter *«Mawdudi»,* Artikel von *F. C. R. Robinson,* dort auch Bibliographie.)

Das Hauptwerk Mawdudis ist wie dasjenige Qutbs ein Koran-Kommentar, an dem er dreissig Jahre arbeitete. Die Liste seiner Bücher und Schriften umfasst 139 (!) Titel. Politisch hat der Journalist und Gelehrte vor allem dadurch gewirkt, dass er eine Elite-Partei aufzog, die *Jamaat-e-Islami* (islamische Gesellschaft), der unter anderem eine Hintergrundrolle beim Sturz Ministerpräsident Bhuttos im Jahr 1977 und seiner Ersetzung durch General *Zia ul-Haq* zugeschrieben wird. Dieser General stand den Ideen Mawdudis nahe.

Der Einfluss dieses indisch-pakistanischen Muslims auf die arabischen, iranischen und türkischen Muslime war bedeutend. Seine Werke sind in alle muslimischen Sprachen übersetzt worden. Zu seinen Grundideen gehört, dass Gott alleine die Souveränität über die Staaten zustehe; die Menschen seien nur seine Sachwalter, wobei theoretisch alle Muslime ihr Wort mitzusprechen hätten. Mawdudi nennt daher seinen Staat eine «Theo-Demokratie». In ihm habe die gesamte Gemeinschaft der Muslime das Gesetz Gottes im Rahmen der Schari'a zu interpretieren. Die Lenker des Staates müssten freilich in der Praxis Muslime sein, die an ihre Religion glauben und sie verstehen (natürlich im Sinne Mawdudis).

Khomeiny dürfte sein Grundkonzept von der «Herrschaft des Gottesgelehrten» unter dem Einfluss Mawdudis gefunden haben, und die Hinwendung der Muslimbrüder zur Ideologie und Politik sowie zur Kritik am eigenen «heidnischen» und «verwestlichten» Staat nährte sich aus der gleichen Quelle.

Dieses Gedankengut wirkte auch in den vielen radikalen Kleingruppen weiter, in die sich die ägyptischen Muslimbrüder unterteilten, als sie in den Untergrund gezwungen worden waren, auch in den Jahren Präsident Sadats (1970–81), in denen sie wieder Duldung durch den Staat erlangten.

Die *Radikalisierung* dieser Kleingruppen ist weitgehend auf die

Unterdrückung zurückzuführen, welche die Muslimbrüder in den Gefängnissen erfahren hatten, Todesurteile, Folter, Militärprozesse usw. Glaubensgefährten und Verwandte, die davon erfuhren, entschlossen sich ihrerseits, auf die institutionelle Gewalt des Staates mit eigener Gewalt, mit «terroristischen» Aktionen zu antworten. (Für Einzelheiten vgl. die Forschungen von *Sayyid Uways*, einem ägyptischen Religionssoziologen, erwähnt in *Olivier Carré*, Les Frères Musulmans, Paris 1983, S. 218 f.)

Auswirkungen auf die arabische Welt

Die Bewegung der Muslimbrüder hatte sich schon vor dem Zweiten Weltkrieg auf die Nachbarländer Ägyptens ausgedehnt; in Palästina, Jordanien, Syrien, dem Irak, dem Sudan, später auch in Libyen, Tunesien, Algerien und Marokko entstanden Gruppierungen von Brüdern. Deren Lenker und Intellektuelle haben ihrerseits zur Vertiefung und Verfeinerung der Brüder-Ideologie beigetragen, so etwa *Mustafa as-Siba'i*, Chef der syrischen Brüder, der sich besonders mit der Frage des Sozialismus «im Islam» beschäftigte, und der Gründer der tunesischen Islamisten, *Raschid al-Ghannuschi*, der die Frage der Demokratie im Islam genauer untersuchte.

Neben der Vielfalt der extremen Kleingruppen, die sich besonders in Ägypten und in jenen Staaten entwickelten, in denen die Brüder brutalen Verfolgungen ausgesetzt waren, in Syrien, Tunesien und Algerien also, bestand weiter der Hauptstamm der offiziellen Organisationen, deren Leiter sich ihrerseits oft entschlossen, mit den staatlichen Behörden zusammenzuarbeiten und eine Politik des mehr oder minder gelinden Druckes zu führen, der stets auf die «Islamisierung» der Gesellschaft, der staatlichen Stellen und besonders des Rechtswesens abzielte.

Wenn «offizielle» Muslimbrüder Parlamentarier oder Minister wurden, wie dies in Ägypten, in Syrien (vor Asad), im Sudan, in Jordanien gelegentlich der Fall war, interessierten sie sich immer in erster Linie für die Justiz- und Erziehungsministerien. Dort wollten sie ihre «Islamisierungsaktionen» naheliegenderweise zuerst verwirklichen.

Theoretisch kennt der Islam keinerlei geistlichen Stand. Es gibt theologisch gesehen keine Vermittler zwischen Gott und den Gläubigen. Dennoch hat sich eine Art Spezialistentum herausgebildet, das auf dem Umstand beruht, dass sich die Theologie und die Rechtsprechung nach der Schari'a im Lauf der Jahrhunderte zu äusserst komplexen Wissenschaften erweitert haben. Um sie zu beherrschen, ist ein vieljähriges Studium notwendig. Dieses bedingt eine Spezialisierung, da natürlich nicht jedermann viele Jahre lang zu studieren vermag und auch nicht ein jeder über ein solch fabelhaftes Gedächtnis verfügt, wie es notwendig ist, um die gewaltige Materie mit Hilfe der traditionellen Methoden zu beherrschen, die eben im wesentlichen auf dem Memorieren jener Texte beruhen, welche ein gelehrter Jurist oder Theologe beständig präsent haben muss. Dies geht weit über den Koran hinaus, dessen «Bewahrung» im Gedächtnis nur die erste Grundstufe darstellt, die zu einem eigentlichen Studium berechtigt.

Um *wirklich* über das Gottesgesetz Bescheid zu wissen, muss ein Gelehrter nicht alleine die «Kodifizierung» auswendig beherrschen, die für eine jede der vier sunnistischen Gesetzesschulen besteht. Er hat auch darüber Bescheid zu wissen, auf welchen Grundlagen die jeweiligen Gesetzesregeln beruhen.

Dies setzt die Kenntnis, wenn nicht gar die volle Beherrschung von Wissenschaftszweigen wie jenem von den Überlieferungen des Propheten (Hadith) voraus, von denen es viele Tausende gibt und bei denen echte und falsche unterschieden werden müssen. Dazu kommen noch die anderen Instrumente der Urteilsfindung für Fälle, die nicht durch koranisches Gebot oder Überlieferungen vom Tun oder Sprechen des Propheten entschieden werden können: logische Schlüsse oder die «Übereinstimmung der Gelehrten», wobei jeweils feste Regeln anzuwenden sind, die sich von Rechtsschule zu Rechtsschule unterscheiden können.

«Recht» im islamischen Sinne umfasst alle Lebensbereiche, auch und besonders die «Rechte Gottes» im Gottesdienst. Sprachliche Studien zur genauen Beherrschung der komplexen und schon 1400 Jahre zurückliegenden koranischen Sprache gehören auch zu den

Grundlagen, auf die kein Gottesgelehrter verzichten kann, und natürlich gibt es kein genaues Koranverständnis ohne die dazugehörigen Kommentare, deren Studium eine Wissenschaft für sich bildet. Zum Verständnis der einzelnen Passagen des Buches gehört nämlich immer auch der Zusammenhang, in dem eine bestimmte Textstelle offenbart worden ist. Dieser Zusammenhang geht nicht aus dem Korantext hervor (dort ist nur angegeben, ob eine Sure in Mekka oder später in Medina offenbart wurde). Er muss den Kommentaren entnommen werden.

Diese Einzelheiten, die noch keineswegs ein volles Bild der geistlichen Wissenschaften abgeben, sollen nur dazu dienen, um dem meist ahnungslosen westlichen Aussenseiter wenigstens andeutungsweise einen Begriff dessen zu geben, was es heisst, die traditionellen Gotteswissenschaften des Islams zu studieren. Wer dies tut, hat sich während vielen Jahren und unter Anweisung von geeigneten Lehrern auf die angedeuteten und verwandten Disziplinen zu konzentrieren, und diese Tatsache bringt es mit sich, dass in der Praxis und gegen die islamische Lehre eben doch ein Stand der Geistlichen zustande kam.

Dieser Stand besass vor dem Eindringen westlicher Ideen in die islamische Welt hohes Ansehen bei der Bevölkerung und bei der Regierung. Die Herrscher waren darauf angewiesen, mit dem Stand der Geistlichen zusammenzuarbeiten. Bei Gelegenheit konnten sie gegen einzelne von ihnen durchgreifen, die sich besonders unwillig zeigten, ihnen zu gehorchen, oder die sich in ihrem Urteil als Unruhestifter erwiesen. Sie haben es auch immer wieder getan. Doch den Stand in seiner Gesamtheit durften die Machthaber nicht gegen sich aufbringen, wenn sie nicht Ungehorsam unter ihren sämtlichen Untertanen oder gar Volksaufstände gewärtigen wollten.

Die Geistlichen ihrerseits waren aber ebenfalls auf Zusammenarbeit angewiesen, wenn sie darauf ausgingen (nicht alle wollten dies), eine führende Rolle innerhalb der Gemeinschaft der Gläubigen zu spielen. Dies gilt besonders für die sunnitischen Gemeinschaften, in denen der Herrscher wichtige religiöse oder religiösweltliche Autoritäten direkt ernennt und besoldet, allen voran den Qadi, den Richter, der Urteile nach der Schari'a spricht.

Im Falle der schiitischen Religionszweige bestand oft eine grössere Unabhängigkeit der Gottesgelehrten. Sie geht theologisch darauf zurück, dass die Gelehrten der Religionswissenschaften kollektiv den eigentlichen Leiter der (schiitischen) Gemeinschaft der Gläubigen ersetzen, nämlich den «Rechtgeleiteten Imam», (al-Imam al-Mahdi), der von Muhammed und seinem Schwiegersohn, Ali, abstammt und der, nach dem Glauben der Schiiten, in die Verborgenheit eingegangen ist und erst am Ende der Welt wieder erscheinen wird.

Damit zusammenhängend sind die schiitischen Gottesgelehrten auch finanziell weniger abhängig von der Regierung als ihre sunnitischen Kollegen, weil ihre Heiligtümer über riesigen eigenen Grundbesitz verfügen und weil die Gläubigen ihnen die sogenannte Almosensteuer (Zakat), die ein jeder Muslim von seinem Besitz und Vermögen entrichten sollte, direkt bezahlen. Sie selbst verwenden sie dann je nach Gutdünken für Belange der Geistlichkeit (Ausbildungsstätten, Seminare, Stipendien, Unterhalt der Moscheen) oder für die Unterstützung der Armen. Einen solchen Geistlichen, dem die Gläubigen so viel Vertrauen entgegenbringen, dass sie ihm ihre Zakat-Gelder anvertrauen, nennt man in Iran Ayatullah (was «Wunder Gottes» bedeutet).

Dieser in der Vergangenheit hochangesehene Stand der islamischen Geistlichen hat in den vergangenen zwei Jahrhunderten viel Macht und Prestige eingebüsst. Die Säkularisierung der Gesetze, die noch vor der eigentlichen kolonialen Epoche, jedoch bereits unter dem Druck europäischer militärischer Überlegenheit mit der Übernahme westlicher Organisationsformen begonnen hatte *(Tanzimat* im Osmanischen Reich seit Mitte des 19. Jahrhunderts), entzog ihnen Machtbefugnisse, besonders seitdem direkt Codices westlichen Stils und Vorbildes und Gerichte westlicher Art eingeführt wurden.

In der Türkei wurden später die Geistlichen gänzlich entmachtet und durften es nicht einmal mehr wagen, in der Öffentlichkeit als Geistliche aufzutreten, als Atatürk nach 1923 seine Säkularisierung durchführte und ab 1928 der Islam nicht mehr Staatsreligion war. Sogar die Ausbildung von Gottesgelehrten wurde in der Türkei mehrere Jahrzehnte lang weitgehend unterbrochen und hat erst in der jüngsten Zeit wieder voll eingesetzt.

In den anderen muslimischen Staaten war die Ausschaltung der Geistlichen bedeutend weniger radikal, doch wurden sie auch in ihnen praktisch überall aus dem öffentlichen Leben zurückgedrängt, und staatliche Körperschaften, die westlichen Modellen nachgebildet wurden, in erster Linie die weltlichen Lehrer vom Primarschulmeister bis zum Hochschulprofessor und die säkularisierten Richter und Gerichtsbehörden, traten an ihre Stelle. Die Geistlichen wurden weitgehend auf die Moscheen beschränkt.

Diese Einengung ihrer früher weiten Kompetenzen hatte einen Verlust an Ansehen sowie natürlich auch eine finanzielle Schlechterstellung zur Folge. Besonders die neuen, weitgehend säkularisierten Oberschichten schauten auf sie herab und machten sich nicht selten über sie und ihre «altmodische» Art lustig. Diese reichte ja bezeichnenderweise bis zur Beibehaltung der alten orientalischen Kleidung, während bei den neuen Oberschichten europäische Kleidungsstücke (sogar bewusst und auf Befehl von oben im Falle der Reform Atatürks) zur Regel wurden. Die altorientalische, muslimische Tracht wurde auf diesem Wege zu einer Art Sonderuniform der Geistlichen. Sie kleiden sich immer noch, wie sich früher alle mehr oder minder wohlhabenden Muslime kleideten, und treten heute schon durch ihre Tracht als eine besondere Klasse in Erscheinung.

Es versteht sich von selbst, dass diese «Deklassierung» der Geistlichen, die stets unter dem Einfluss und in Nachahmung der westlichen Ordnungsformen und Vorbilder geschah, bei diesen Ressentiments gegen die «Ungläubigen» in Europa und in Amerika sowie deren einheimische «Diener», die Regierenden, weckte, durch deren Einfluss und Macht ihre Zurücksetzung erfolgt war. Sie sahen diese eigene Zurücksetzung natürlich als eine Verunglimpfung nicht nur der eigenen Person, sondern als eine «des Islams», dem sie ja dienten. Aus all diesen Gründen ist es leicht verständlich, dass die Geistlichen jede Rückkehr des Islams ins öffentliche Leben begrüssten, ob sie sich nun unter diesen oder jenen politischen Umständen in den verschiedenen Staaten ergab.

Die islamistischen *Bewegungen* sind jedoch nicht durch die traditionellen Gottesgelehrten ausgelöst worden. Khomeiny bildet in dieser Hinsicht eine Ausnahme, die man teilweise durch die besonderen Gegebenheiten des Schiismus in Iran erklären kann. Die Gründer und Ideologen des Islamismus waren zwar immer fromme Muslime, meistens jedoch nicht Geistliche, die eine traditionelle islamische Ausbildung hinter sich hatten. Hassan al-Banna war Lehrer in Staatsdiensten, Mawdudi Journalist, ebenso Sayyid Qutb. Abbasi Madani war Lehrer und Doktor in den Erziehungswissenschaften der Universität London, Ghannuschi Philosophieprofessor an staatlichen Gymnasien, Hassan at-Turabi Doktor der Universitäten von London und Paris. Auf der Ebene der gehobenen Kader findet man, wie viele Beobachter feststellen, überwiegend Studenten der Chemie oder Ingenieurswissenschaften und andere Absolventen der naturwissenschaftlichen Fakultäten. «Dies ist eine wenn nicht an westlichen Universitäten, so doch auf westliche Weise ausgebildete Intelligenz, die allerdings nur *methodisch* okzidentalisiert, im übrigen aber – *sittlich-moralisch* – dem Islam verhaftet geblieben ist.» (Murad Hofmann: Der Islam als Alternative, München 1992, S. 94). Es handelt sich jedenfalls um Menschen, die nicht die ganze Komplexität der Gotteswissenschaften des Islams überschauen oder gar beherrschen; manchmal kritisieren sie die herkömmliche Gelehrsamkeit als mittelalterlich und wirkungslos. Gerade deshalb fällt es ihnen leicht, ihre Religion als Ideologie zu verstehen, indem sie ihren politischen Bedürfnissen den Vorrang geben, ohne sich gross um die komplexen Überlieferungen, Inhalte und Vorschriften der traditionellen Religion zu kümmern.

Man kann verstehen, dass die Gottesgelehrten einerseits mit einem gewissen Wohlgefallen zusehen, wenn ihre nach westlichen Methoden und Vorbildern gebildete Jugend dennoch einen «islamischen Staat» fordert und wenn sie die «Rückkehr zur Schari'a» zum Hauptkriterium für einen solchen erhebt, ohne allerdings je genau zu definieren oder definieren zu können, welches Ausarbeitungsstadium der Schari'a sie damit meint, weil sie das komplexe Gebilde, das die Schari'a darstellt, nur oberflächlich kennt.

Doch anderseits muss es vielen der traditionell ausgebildeten Gottesgelehrten geradezu unheimlich werden, wenn nun Enthusiasten auf die Strasse ziehen und einen «Islam» fordern, von dem sie viel weniger wissen als die Gottesgelehrten, und wenn sie dabei doch die Führung des erhofften «islamischen Staates» für sich und die Ihrigen in Anspruch nehmen.

Der traditionelle Gottesgelehrte kann zwei Wege gehen; er kann entweder beiseite stehen, ja sogar davor warnen, den Islam allzu eng mit der Tagespolitik zu vermischen, oder er kann das Gegenteil tun und sich der neuen Bewegung anschliessen und versuchen, in ihr eine Rolle zu spielen. Beides geschieht. Auch allerhand Mittelwege zwischen diesen beiden Extremen werden gesucht. Je nach den politischen Umständen der einzelnen Länder und der Lage innerhalb des geistlichen Standes überwiegt die eine oder die andere Ausrichtung.

In *Iran* haben die Geistlichen, angespornt von Khomeiny und durch das vom Schah geschaffene politische Vakuum fast dazu aufgerufen, die direkte Führung der Revolution selbst übernommen; sie müssen nun auch die Verantwortung für sie tragen. Angesehene Geistliche, die davor warnten, sich allzu eng mit der Politik einzulassen, weil dies, wie sei glaubten, dem Islam Schaden bringen könnte, wurden von ihren eigenen «Standesgenossen» ausgeschaltet; das deutlichste Beispiel dafür war Ayatullah Schariat Madari.

In *Algerien* dürfte die starke Korruption, die innerhalb der Staatspartei herrschte, der Grund gewesen sein, der manche Geistliche zur Zusammenarbeit mit den Islamisten veranlasst hatte. Doch ist bezeichnend, dass einige der angesehensten von ihnen ihre eigenen islamischen Gruppen bildeten, die eine gewisse Distanz zur FIS (der islamischen «Heilsfront», vgl. unten das Kapitel über Algerien) bewahrten. In *Pakistan* wiederum waren es gerade viele Geistliche, die deutliche Kritik an den Islamisierungsschritten des Generals Zia ul-Haq übten. In *Ägypten, Saudiarabien* und *Nordafrika* dürfte die Mehrzahl der Gottesgelehrten den Versuchen der Islamisten, den Staat mit Gewalt an sich zu reissen, feindlich gegenüberstehen, – während sie jedoch den gewaltlosen Bemühungen der gemässigten Islamisten, die Gesellschaft stärker zu «islamisieren», nicht viel Widerspruch entgegensetzen können und wollen.

Diese Ambivalenz, auf die das Projekt der Islamisten bei den im traditionellen Islam verankerten Gottesgelehrten stösst, dürfte auch erklären, weshalb sogar noch gegenwärtig, nach dem Golfkrieg, in dem die Islamisten sich nach einigem Zögern auf seiten Saddam Husseins geschlagen hatten, Geld aus Saudiarabien weiter in die Taschen der Islamisten fliesst. Es dürften nun allerdings nicht mehr Staatsgelder sein, sondern eher Unterstützungen, die von reichen und frommen Privaten aus dem Königreich und aus dem Golf stammen, welche die Islamisten sich als Freunde zu gewinnen verstanden, unter anderem, indem sie versicherten, sie hätten nichts mit jenen «islamischen Revolutionären» zu tun, die mit Gewalt gegen ihre Regime vorgehen wollten. Immerhin, solche reichen und frommen Privaten können natürlich durchaus auch zu den herrschenden Königs- und Emirsfamilien gehören.

Man sieht an diesem Beispiel, wie stark sich die konkrete Politik der einzelnen Gruppen und der verschiedenen Regime von Staat zu Staat unterscheiden kann. Sie muss deshalb Land für Land analysiert werden. Die verschiedenen Staaten reagieren jeder auf seine Weise auf die Herausforderung der Islamisten, und deren politisches Vorgehen ist weitgehend durch die Behandlung bestimmt, die ihnen von seiten des Staates widerfährt.

Der Mehrheitsislam und die Islamisten

Obgleich es Übergangsformen zwischen dem radikalen Islamismus und dem Normalislam gibt (der oben erwähnte gemässigte Islamismus kann als eine solche Übergangsform angesehen werden), lässt sich doch eine Reihe von Kriterien angeben, die es erlauben, den Islamismus als Glaubensrichtung und Lebensphilosophie klar vom Mehrheitsislam zu unterscheiden. Der Islamismus ist dadurch gekennzeichnet, dass er alle Lebensbereiche umfassen und regeln will, ohne Ausnahmen zu dulden. Er zeichnet sich sodann durch «Literalismus» (Buchstabengläubigkeit) aus, d. h. durch seine Tendenz, alle Textstellen und Glaubensvorschriften möglichst wörtlich zu nehmen und Interpretationen nur dort zuzulassen, wo das wortwörtliche Verständnis einen offensichtlichen Unsinn ergäbe.

Das dritte und vielleicht in der Praxis des täglichen Lebens einschneidendste Charakteristikum des Islamismus ist sein Willen zur Ausschliesslichkeit. «Wer nicht mit uns ist, ist gegen uns», könnte ein Grundsatz lauten, nach dem viele Islamisten handeln. Das bedeutet auch, dass sie selten bereit sind, sich einer Diskussion zu stellen, von der sie nicht von vorneherein wissen, dass sie zu einer Bestätigung ihrer Thesen führen wird.

Diese charakteristischen Züge haben mit dem ideologischen Aspekt des Islamismus zu tun. Im Gegensatz zu einer Religion kann es eine Ideologie sich nicht leisten, Unstimmigkeiten und logische Widersprüche, vielfältige Meinungen und Meinungsverschiedenheiten in sich aufzunehmen. Die Ideologie ist eben nur ein Ideengebäude, das zusammenbricht, wenn es inneren Widersprüchen oder wirksamen Gegenargumenten von aussen her ausgesetzt wird. Eine Religion ist meist gegenüber Meinungsverschiedenheiten, Interpretationsunterschieden und Angriffen von aussen toleranter als eine Ideologie. Belege findet man in der Geschichte des Nationalismus und des Kommunismus sowie anderer «Ismen» in grosser Zahl, man muss nicht einmal an die zerstörerischste aller Ideologien denken, den Nationalsozialismus. Das soll nicht heissen, dass nicht auch Religionen fanatische Züge entwickeln können, wenn sie sich von Gegenkräften herausgefordert fühlen und gefährdet vorkommen. Doch ein Vergleich zwischen dem Normalislam und seiner islamistischen Spielart macht deutlich, wie viel toleranter sowohl nach innen wie nach aussen die Religion sich im Gegensatz zur Ideologie zeigt.

Es gibt weite Lebensbereiche, die der Islam in seiner klassischen und traditionellen Ausprägung nicht unter allen Umständen zu beherrschen trachtet. Dazu gehört in erster Linie das staatliche und das politische Leben. Gewiss, es besteht das Ideal eines Gottesstaates, und das Vorbild der Gemeinschaft, die der Prophet in Medina und später auch in Mekka leitete, wirkt bis heute. Doch die Muslime, im Gegensatz zu den Islamisten, wissen, dass die Jahrhunderte seither nicht spurlos vorbeigegangen sind. Der Gottesstaat ist ein Ideal, das ein guter Herrscher unter Führung und Beratung der Gottesgelehrten so weit wie möglich verwirklichen soll. Je mehr Zeit zwischen dem Goldenen Zeitalter, in welchem der Prophet auf Erden wandelte «und der Himmel über ihm offen stand» (wie es ein guter Muslim einmal dem Verfasser erklärte), verflossen ist, desto schlechter werden die Zeitläufte und desto weniger kann man von der politischen Ordnung auf dieser Welt erwarten.

Schon die Gelehrten der klassischen Epoche (vgl. z. B. das Werk von al-Mawardi, der im 11. Jhdt. lebte; Übersetzung von E. Fagnan, «Les status gouvernementaux ou règles de droit public administratif», Neudruck, Paris 1983) haben den muslimischen Anspruch gewaltig reduziert, der einer Regierung in der islamischen Welt noch gestellt werden durfte. Es genüge, sagten sie, dass der Herrscher den Muslimen erlaube, als Muslime zu leben. Sogar wenn er unrecht tue, sollten sich die Untertanen nicht gegen ihn erheben, weil ein Bürgerkrieg unter Muslimen, wie er aus einem solchen Aufstand hervorzugehen drohe, wahrscheinlich das grössere Übel sei als ein ungerechter Machthaber.

Zur gleichen quietistischen Grundstimmung des klassischen Islams gehört auch die Meinung, dass die Gottesgelehrten sich von der Regierung fernhalten sollten. Diese müsse sich oft mit Unrecht beflecken, weshalb es einem Gottesmann nicht anstehe, allzu engen Kontakt mit ihr zu pflegen. In der klassischen Zeit gab es sogar Fromme, die sich weigerten, das Amt eines islamischen Richters, des Qadi, zu übernehmen, weil dieses sie in allzu enge Abhängigkeit von den Herrschenden gebracht hätte. Jene angesehenen Gottesgelehrten innerhalb und ausserhalb des Irans etwa, die an der Theorie Khomeinys und des ihm vorausgegangenen Ideologen Mawdudi von der Herrschaft des Gottesgelehrten Kritik übten, vertraten diese altbekannte, klassische Einstellung.

Die Gottesgelehrten sollten nicht herrschen, sagten sie. Denn wenn sie die Herrschaft ergriffen, würden sie sich unweigerlich mit dieser Welt kompromittieren. Sie würden sich veranlasst, ja in vielen Fällen gezwungen sehen, als Herrscher zu handeln, die Unrecht keineswegs immer vermeiden könnten und dadurch dem Ansehen der Gelehrten, ja des Islams überhaupt schaden. Wer sich daran erinnert, dass die Folter in der islamischen Verfassung Irans ausdrücklich verboten ist, dass sie jedoch in einem Ausmasse angewandt wurde und noch wird, das höchstwahrscheinlich noch weit über jenes hinausgeht, das unter dem Schah bestand, versteht leicht, dass solche Warnungen der Gottesgelehrten nur allzu berechtigt waren und bleiben.

Der traditionelle Islam hat auch eine Lehre entwickelt, nach der es keinem Muslim zusteht, einen anderen Muslim als Ungläubigen abzuurteilen und auszustossen, wie es die radikalen Islamisten praktizieren, wenn sie ihre Regierungen als «heidnisch» erklären.

Zwar gilt das koranische Gebot, «das Böse zu verurteilen und das Gute zu fördern», und man hält sich auch an die Überlieferung des Propheten, der gesagt haben soll, es sei Pflicht der Muslime, gegen ein Unrecht mit Taten einzuschreiten, wenn sie es vermöchten; mit Worten, wenn ihnen Taten unmöglich seien, und in Gedanken, wenn auch Worte allzu gefährlich würden. Doch gleichzeitig besteht auch die Toleranzvorschrift, nach der ein Muslim letztlich gegenüber Gott zu verantworten habe, ob er *seinem* Gesetz folge und *seinen* Glauben richtig verstehe. Besonders in die Privatsphäre des eigenen Hauses haben nach dieser Ansicht die anderen Muslime nicht einzugreifen. Dies kann als ein Beispiel für die Art gelten, in der eine Religion gegensätzliche Vorschriften in sich aufnehmen und billigen kann, wobei es dem gesunden Menschenverstand zukommt, sie gegeneinander abzuwägen und ihren jeweiligen Anwendungsbereich zu bestimmen, während eine Ideologie, um nicht inneren Widersprüchen zu erliegen, das eine als richtig hinstellen und das andere als falsch ausgrenzen muss.

Weil der klassische Islam zwar in der Theorie einen Gottesstaat fordert, jedoch weiss, dass in der Praxis ein solcher nicht besteht und in der heutigen Welt auch keine grossen Aussichten hat, errichtet zu werden, kennt er in der Praxis immer zwei Machtpole, den weltlichen, den der Herrscher symbolisiert, und den geistlichen, der von den Gottesgelehrten in ihrer Gesamtheit bestimmt wird. Innerhalb dieses Spannungsbereiches spielt sich das Leben der Muslime ab. Sogar die als Gottesgesetz eigentlich nicht einschränkbare *Schari'a* wird in der Praxis dadurch limitiert, dass der Herrscher sich weite Bereiche der Gerichtsbarkeit selbst reserviert: Staatsrecht, Strafrecht, Kriegsrecht, sogar Teile des Wirtschaftsrechts übt er selbst aus oder lässt es durch seine Vertreter verwalten. Wenn er fromm ist, lässt er sich bei der Aufstellung der Regeln (man spricht in diesem Fall nicht von Gesetzen, sondern eher von Vorschriften, weil die Gesetze Sache des Gottesrechts sind) und bei ihrer Anwendung von Gottesgelehrten beraten. Doch diese sind normalerweise seine Vertrauensleute und Besoldeten. Im Falle der *Schi'a* besitzen sie in jüngerer Zeit eine grössere Unabhängigkeit vom Herrscher als ihre sunnitischen Kollegen, weil sie, wie oben erwähnt, über eigenen Grundbesitz und eigene Einkommensquellen verfügen.

Dass es ein solches Spannungsfeld zwischen dem Bereich des Herrschers und jenem der Gottesgelehrten gab, hat sich oft in der muslimischen Kulturgeschichte fruchtbar ausgewirkt. Der Herrscher als Mäzen setzte sich häufig über eine allzu enge und allzu puritanische Sicht der Gottesgelehrten hinweg, erlaubte und belohnte an seinem Hof das Philosophieren eines Ibn Sina oder Ibn Ruschd so gut wie das Musizieren berühmter Sänger und Sängerinnen, sorgte für die Errichtung von Prachtbauten für geistliche und für weltliche Zwecke, förderte die Malerei, die Ausübung von Wissenschaften wie der Medizin, Astronomie (und Astrologie), Mathematik, Botanik, Logik, die alle als nicht-koranische Wissenschaften den Gottesgelehrten strengster Observanz höchst verdächtig vorkamen.

In der Geschichte des Islams kommt es immer wieder vor, dass die Gottesgelehrten den Herrscher warnen, er solle keine gottlosen Handlungen begehen, doch nicht minder selten weist der Herrscher die Gottesgelehrten in ihre Schranken, wenn er der Ansicht ist, sie gingen in ihrem Puritanismus oder Fanatismus zu weit.

Neben diesem Spannungsfeld zwischen Rechtsgelehrten und Herrschern kannte der klassische Islam eine weitere Dimension des religiösen und geistigen Lebens: sie war durch die Mystik bestimmt. Die Mystiker anerkannten zwar die *Schari'a* und forderten von ihren Schülern, sie zu erfüllen. Doch ihre Anstrengungen der *direkten* Gottessuche gingen weit über sie hinaus, so sehr, dass in ihren Äusserungen, symbolischen Geschichten und Dichtungen immer eine gewisse Verachtung für die reinen Gesetzesgelehrten und ihre enge Sicht der Religion als blosses Gesetz mitschwingt, ja manchmal sogar sehr deutlich zum Ausdruck kommt.

Eine weitere Dimension ergibt sich durch das, was man Volksislam genannt hat: Tradition, Brauchtum, Vorstellungen und Mythen aus der vorislamischen Vergangenheit sind bei allen islamischen Völkern in das islamische Leben und Denken miteingeflossen und durch die Assoziation mit der *Schari'a* und dem islamisch gefärbten täglichen Leben mit einer islamischen Patina verbrämt, ja von ihr geheiligt worden. Für die ungelehrten Muslime besteht dabei kaum mehr ein Unterschied zwischen dem, was strenggenommen islamisch ist, und jenen Sitten und Gebräuchen vorislamischen Ursprungs, die in die Regeln und Vorstellungsbilder, die Feste und Riten ihres spezifischen Alltagsislams Eingang gefunden haben.

Im Spannungsfeld zwischen all diesen Mächten: *Schari'a*, Hof und Herrschaft mit ihren weltlichen Künsten und Wissenschaften, Mystik und Volksislam spielte sich das Leben der Muslime in der Vergangenheit ab, und diese Pole bestimmen gemeinsam auch heute noch Empfinden, Denken und Leben ihrer weitaus grössten Zahl.

Freilich hat sich seit dem 19. Jahrhundert noch eine weitere Dimension aufgetan und immer mehr in den Vordergrund geschoben: die von aussen hereingetragene und von den Muslimen unter dem Zwang der neuen Machtverhältnisse hineingenommene Verwestlichung, das heisst Übernahme europäischer Vorbilder, Errungenschaften, Lebensformen, Anschauungen, Wirtschafts- und Produktionsmethoden, politischer und erzieherischer Institutionen etc. Dies sind lauter exogene Elemente, die notgedrungen seit dem 19. Jahrhundert dem alten Stamm der islamischen Kultur aufgepfropft werden mussten. Es ist diese Entwicklung der Verwestlichung, welche gerade unter den führenden Schichten einen Teil der früher zentralen, vielgestaltigen und verschieden gefärbten Religionsausrichtungen überlagert und an den Rand gedrängt hat.

Mit ihnen ist der alte Reichtum der islamischen Kultur abgebaut worden. Es gibt heute den Herrscher in seiner alten, kulturell fruchtbaren Form nicht mehr, er hat sich in den meisten Fällen zum blossen Tyrannen gewandelt. Auch lebt die Mystik nicht mehr gleich sichtbar und allumfassend in den Städten und auf dem Land als das umfassende soziale Bindemittel, das sie in den Jahrhunderten vor der europäischen Überlagerung der Gesellschaft gewesen war. Sogar die Gottesgelehrten sind, wie wir im vorausgehenden Abschnitt gesehen haben, weit zurückgedrängt worden. An die

Stelle der einheimischen, selbst erarbeiteten und entwickelten Wissenschaften traten die aus Europa übernommenen Wissenszweige, Forschungsmethoden und Technologien, die nichts Islamisches mehr an sich trugen, und der Volksislam wird immer mehr als blosser Aberglauben oder den Fremdenverkehr unterhaltende Folklore empfunden und ausgeübt, so dass auch er sich dem Bereiche der Religion mehr und mehr entzieht. Es ist diese Verarmung der religiösen Sphäre und des islamischen Lebens, welche die Reduktion von der Religion zur Ideologie ermöglicht und ihr in bestimmten Fällen zum Durchbruch verhilft.

Aussenstehende sollten sich jedoch nicht vorstellen, dass dieser Vorgang der Reduktion oder gar ein Durchbruch in der gesamten islamischen Gesellschaft oder auch nur in ihrer Mehrheit vollzogen sei. Nur ein kleiner Teil aller Muslime in einem jeden Land neigt dem Islamismus zu. Wenn es Wahlen gibt und nicht – wie in Algerien – ganz bestimmte Gründe vorliegen, die eine islamistische Hochflut begünstigen (in diesem Fall primär die Korruption der lange Jahre allein und ohne Opposition regierenden Staatspartei), kann man damit rechnen, dass nicht mehr als ungefähr 15 Prozent der Bevölkerung islamistisch stimmen.

Man kann auch erkennen, dass es ganz bestimmte Schichten sind, die dem Islamismus zuneigen, in erster Linie Studenten der Naturwissenschaften, der Medizin, des Ingenieurwesens, oft auch junge Leute, die zum ersten Mal aus einer ländlichen Kleinstadt in die Grossstadt geworfen werden, um sich weiter auszubilden. In den Führungsrängen des Islamismus findet man oft Personen, die im westlichen Ausland studiert haben und sich dort aus irgendeinem Grunde nicht wohl fühlten oder nicht anpassen wollten. Unter den Geisteswissenschaftern sind die Islamisten viel seltener, vielleicht, weil diese Leute durch die Art ihrer Ausbildung einen Begriff davon haben, was Geschichte ist, und sich daher mit der ahistorischen Haltung der Islamisten, die heute einen Islam einführen wollen, wie er allenfalls zur Zeit des Frühmittelalters bestand, nicht anfreunden können.

Solche Personen, welche die mittleren und oberen Kader der Bewegung bilden, können dann mehr oder minder grosse Mengen von einfacheren Muslimen für sich gewinnen und mitreissen, wobei sie ganz bestimmte Techniken anwenden, die mehr als blosse Propaganda sind: etwa soziale Arbeit in den Armenquartieren, die heute eine jede nahöstliche Grossstadt einfassen. Islamisten richten manchmal Kliniken ein, geben Unterricht für Analphabeten, hauptsächlich mit dem Ziel, dass diese den Koran lesen lernen; sie unterhalten eigene Schulen und bringen es fertig, Naturkatastrophen, wie etwa bei dem jüngsten Erdbeben in Kairo vom Oktober 1992, rascher mit Hilfsleistungen bei der Hand sein als der schwerfällige Staat. In der Türkei unterhalten sie, gemeinsam mit dem Staat, ein eigenes Schulwesen für künftige Gottesgelehrte, das begabten Kindern aus einfacher Familie Stipendien gewährt.

Für solche einfache Mitläufer ist schwer oder gar nicht zu verstehen, warum das erklärte Ziel eines islamischen Staates denn nichts Gutes sein solle, um so mehr, als die Islamisten ihnen klarzumachen versuchen, dass die Gegner des von ihnen angestrebten Gottesstaates blosse Sklaven der westlichen Interessen seien und einen solchen Staat nur deshalb ablehnten, weil sie den Amerikanern oder den Europäern oder gar den Christen dienen wollten, die einen neuen Kreuzzug gegen den Islam planten.

Sogar jene Gottesgelehrten, die es besser wissen und die den Mut haben, ihren islamistischen Widersachern energisch entgegenzutreten, haben unter solchen Umständen einen schweren Stand, weil es ihren Gegnern immer leichtfällt, sie des «Verrates» an der «Sache des Islams und der Muslime» zu bezichtigen.

Doch trotz alledem ist der Islam als komplexe Religion zahlenmässig der eindimensionalen Ideologie des Islamismus weit überlegen, und auf längere Frist nicht nur in der Zahl, sondern auch an Vitalität, weil für die Islamisten einmal die Zeit kommen wird, in der sie ihre Versprechen erfüllen müssen und es aller Voraussicht nach nicht werden tun können. Dieser Augenblick tritt spätestens dann ein, wenn sie die Macht erlangt haben und beginnen, die Regierungsverantwortung zu tragen. Es ist denkbar, dass sie sich zu einem solchen Zeitpunkte nicht mehr von der Macht werden abwählen lassen, sondern, wie in Iran, mit allen Mittel versuchen, an der Regierung zu bleiben. Doch ihre Popularität wird auf jeden Fall absinken, selbst wenn es ihnen gelingt, sich mehr oder weniger permanent an der Macht zu halten.

Wenn es aussenstehenden Beobachtern, wie es die Europäer sind, nicht gelingt, zwischen dem Islam und dem Islamismus zu unterscheiden, und wenn sie statt dessen die beiden so verschiedenen Kräfte als ein Amalgam ansehen und entsprechend behandeln, arbeiten sie den Islamisten in die Hände. Gerade dies wollen die Islamisten ja; nämlich den Anspruch durchsetzen, sie verträten den Islam schlechthin, und folglich erreichen, dass wer mit dem Islam zu tun haben wolle, sich an sie wenden müsse. Jedesmal, wenn eine Figur wie Khomeiny als Muslim angesprochen und gewertet wird statt als Islamist, erweist der informierende oder wertende Unschuldige dem Islamistenchef einen Dienst. Er stellt ihn in den Rang, den er einnehmen möchte, und unterstützt seine unzutreffende Behauptung, dass er «den Islam» schlechthin vertrete und in seinem Namen zu sprechen vermöge.

Verglichen mit dem Islamismus ist der Islam ein viel schwierigeres und weniger sensationelles Objekt der Berichterstattung. Gerade weil er nur eine einzige Dimension besitzt, ist der Islamismus leichter zu beschreiben und weist ein scharfes Profil auf. Er eignet sich ebensogut als Hass- und Propagandaobjekt für seine Feinde wie als positiv gewertete Ideologie für seine Anhänger. Doch er ist etwas anderes als der Islam, der eine viel weiter ausgebreitete, vielgestaltigere, reichere und nuanciertere Geisteswelt darstellt als sein derzeit modischer, politisch-ideologischer Ableger, der im augenblicklichen historischen Zeitpunkt aus ganz spezifischen Gründen ins Rampenlicht gerückt ist und eine seiner wirklichen Bedeutung nicht angemessene Präsenz besonders in den westlichen Medien erlangt hat.

Die Europäer und der Islam

Die Gewaltmethoden der radikalen Islamisten, die sich manchmal auch gegen Europäer gerichtet haben, besonders im Fall der verschiedenen Geiselnahmen in Teheran und in Libanon, haben in den letzten Jahren dazu beigetragen, dass sich eine Welle der Furcht und des Misstrauens in Europa gegenüber dem Islam aller Spielarten ausbreitete.

Furcht und Misstrauen, paradoxerweise nicht selten gemischt mit einer tüchtigen Portion von Hochmut und Dünkel, haben allerdings schon früher die Haltung der Europäer gegenüber ihren muslimischen Nachbarn weitgehend bestimmt. Die Rivalitätskämpfe zwischen den beiden verwandten Religionen, die auf Grund der geographischen Nähe häufig gewesen sind, stellen eine historische Belastung für die gegenseitigen Beziehungen dar, die nicht unterschätzt werden darf.

Während es in den letzten zweihundert Jahren die Europäer und Amerikaner gewesen sind, deren christliche und jüdische Gemeinschaften für tiefe Einbrüche in den früheren Machtbereich der Muslime verantwortlich sind, die nach dem Ersten Weltkrieg bis zur fast völligen militärischen Besetzung beinahe aller muslimischen Staaten gingen, hatten in den Jahrhunderten zuvor die Muslime ihrerseits wiederholt Gebiete besetzt und unter ihre Herrschaft gebracht, die zum Herrschaftsbereich christlicher Staaten gehört hatten: die südlichen Teile des Oströmischen Reiches waren eine Beute der ersten grossen Expansion der Muslime geworden, als diese ihren Herrschaftsbereich von der Arabischen Halbinsel aus auf Syrien, Palästina, Ägypten und Nordafrika ausdehnten; die Eroberung von Spanien durch die Muslime folgte bald darauf, auf Raubzügen drangen sie bis nach Toulouse und an die Rhone vor. Sizilien wurde den Byzantinern entrissen und blieb bis 1091 arabisch. Eine zweite Welle muslimischer Expansion auf Kosten christlicher Herrschaft ging von den Türken aus und überspülte nach der Eroberung von Konstantinopel im Jahr 1453 den ganzen Balkan und grosse Teile des östlichen Mittelmeers. Die Türken standen zweimal vor Wien: 1529 und 1683, und die damalige «Türkengefahr» bestimmt heute noch das Islambild vieler Europäer. Die – muslimischen – Tataren dominierten Moskau bis 1502 und herrschten in Kazan bis 1552. Auf dem Mittelmeer und im Persischen Golf zogen sich die Korsarenkämpfe zwischen muslimischen und europäischen Kriegs- und Handelsschiffen, unterbrochen von nur relativ kurzen Waffenstillständen und Friedenabkommen, jeweils beschränkt auf einzelne Staaten, bis ins frühe 19. Jahrhundert hin. Die Gefangenen auf beiden Seiten wurden versklavt oder mussten durch Zahlungen der Angehörigen ihre Freiheit erkaufen.

Der christliche Gegenangriff auf die Muslime während des Hochmittelalters, den wir die Kreuzzüge nennen, den die meisten Muslime jedoch als einen Vorläufer des späteren europäischen Kolonialismus auffassen, färbt in der muslimischen Welt heute noch das Bild der Europäer und Christen, ebenso wie die Reconquista in Spanien und Portugal mit der ihr folgenden Vertreibung der Juden und Muslime, die um so schwerer wog, als sie sich, begleitet von den Verfolgungen durch die Inquisition, über zwei Jahrhunderte hinwegzog.

Diese bewaffneten Auseinandersetzungen haben dem Bewusstsein der Europäer überdeckt und in Vergessenheit gebracht, wie fruchtbar gleichzeitig das Zusammenleben der beiden durch ihre leicht divergierenden Religionen bestimmten Gesellschaften am Mittelmeer für die Kultur der Europäer des Hochmittelalters gewesen ist. Die Muslime hatten zwischen der Jahrtausendwende und dem 15. Jahrhundert (als der Fall von Konstantinopel den direkten Zugang der italienischen Renaissance zu den griechischen Manuskripten förderte) nicht nur die Philosophie des Aristoteles nach Paris an die Sorbonne gebracht, sondern auch eine gewaltige Fülle von Wissen praktischer und theoretischer Natur, von der Mathematik bis zur Landwirtschaft, vom Handels- und Geldwesen bis zu neuen Kunstformen und Handwerksmethoden, den Grundbegriffen der Chemie und der Physik, der Astronomie und der Geographie, Navigationstechniken, Kulturpflanzen und Bewässerungsmethoden, Bauformen und Techniken, medizinisches, botanisches, zoologisches Wissen, sogar neue musikalische und literarische Formen, die entscheidend zum Aufblühen der Nationalsprachen Europas beitragen sollten. (Über den wichtigen Vermittlungsbereich für all diese Wissenszweige, welchen die Iberische Halbinsel bildete, gibt es eine Darstellung, die dem heutigen Stand der Forschung gerecht wird, aus der Feder von Juan Vernet: «La cultura hispanoarabe en Oriente y Occidente», Barcelona 1978, deren deutsche Übersetzung in der Bibliothek des Morgenlandes des Artemis Verlages 1984 erschienen ist).

Während die heutigen Muslime, in erster Linie natürlich die Araber, deren Sprache entscheidend beteiligt war, sich des wichtigen Beitrages bewusst sind, den ihre Kultur damals zum Aufbau der europäischen Zivilisationen geleistet hat, ist er aus dem historischen Gedächtnis der Europäer, abgesehen von einzelnen Spezialisten, verschwunden. Dies teilweise wohl, weil das Geschichtsbild, das bei uns vorherrscht, mit der als linearer Fortschritt gesehenen Abfolge von Altertum, Mittelalter, Renaissance, Reformation, Aufklärung, Industrieller Revolution, den muslimischen Beitrag marginalisiert, in der Ansicht, er habe, insoweit er überhaupt erkannt wird, nur ein ohnehin von der Renaissance überholtes Mittelalter berührt. Eigentlich aber müsste heute auch den Nichthistorikern bekannt sein, dass dieses lineare Geschichtsbild eine Konstruktion darstellt, die dem Denken der Kolonialzeit entspricht, eben weil sie auf das Europa der Industriellen Revolution als die angebliche Krone aller Zivilisation hinzuführen beansprucht.

Aus der Sicht der Muslime kommt deshalb zu der Brutalität der heutigen Dominanz, die immer noch teilweise militärischer Art ist, hauptsächlich jedoch wirtschaftlicher und technologischer Natur, die Undankbarkeit der Europäer hinzu, die sich weigern, ihre alte Zivilisationsschuld anzuerkennen, und so tun wollen, als hätten sie alle Kultur selber erfunden. Gleichzeitig aber gibt es immer noch viele Europäer und Amerikaner, die naiv glauben, sie brächten der islamischen und besonders der arabischen Welt die Zivilisation schlechthin, sei es in der Form einer «mission civilisatrice», die als Rechtfertigung der Kolonialherrschaften diente, sei es als «American Way of Life», dessen weltweite Anwendbarkeit und Wünschbarkeit nicht hinterfragt wird.

Solche divergierenden Sichten belasten natürlich die Beziehungen und tragen dazu bei, dass auf der muslimischen Seite in bestimmten durch den Islamismus beeinflussten Kreisen eine scharfe, nicht selten überzeichnete Kritik an allem Westlichen, dem das Christliche zugrunde liegt, vorgebracht wird, während auf der Gegenseite in Europa die neue vermutete Aggressivität der «Muslime» (wobei es sich in Wirklichkeit um kleine, aber aktive islamistische Minderheiten handelt) Ablehnung, Kritik, Furcht und Antipathie hervorruft.

Über die sensationshungrigen und daher auch die konfliktuellen Aspekte stets heraushebenden Medien (immer das Anomale, Erregende und Aufregende ist «news», nicht das Unveränderte und in diesem Sinne Normale) gewinnen die Europäer den Eindruck einer islamistischen «Rebellion» gegen die früher offenbar unter weniger Protest hingenommene kulturelle Hegemonie «des Westens», wobei sie unter Vermischung des Islams und des Islamismus diese Auflehnung und Abkehr oft als eine «islamische» sehen. Die Muslime ihrerseits sehen «den Westen» in erster Linie in der Form, in der er sich bei ihnen breit macht, nämlich als nach wie vor dominierende und dominationsentschlossene Macht, die in jedem Lebensbereich, auch in den eigenen muslimischen Staaten, darauf auszugehen scheint, den Ton zu bestimmen (zum Beispiel, indem sie nach einem gewonnenen Blitzkrieg gegen den Irak eher naiv eine «neue Weltordnung» proklamiert) und die besten wirtschaftlichen Gewinne einzuheimsen.

Man sieht: zeitgenössische Reibungen und Gegensätze gehen auf altbestehende, historische Konfliktherde zurück, und beide zusammen wirken dahin, dass die in Wirklichkeit vorliegenden engen Verwandtschafts- und Nachbarschaftsbeziehungen zwischen den beiden Bruderkulturen verdunkelt werden und in vielen Fällen unerkannt bleiben. Es ist dieses kulturelle Klima des Unverständnisses und der Missverständnisse, das seinerseits dazu beiträgt, die Aggressivität der islamistischen Reaktion auf die westliche Herausforderung zu verschärfen und gleichzeitig auf der Gegenseite das westliche Unverständnis und die westliche Angst weiter zu steigern, so dass die Verwandlung bestimmter muslimischer Gruppen in islamistische zusätzlichen Auftrieb erhält, sowohl innerhalb der muslimischen Gesellschaft als auch von ausserhalb durch die europäische Reaktion auf das dortige Geschehen.

II. Islamismus in den einzelnen Staaten

Arabische und nichtarabische Muslime

Die arabischen Muslime sehen sich selbst ihrer Sprache wegen, die im Koran als die Sprache Gottes gilt, als das Herz der islamischen Welt an. Der Umstand, dass sich die beiden heiligsten Stätten des Islams, Mekka und Medina, auf arabischem Boden befinden, bestärkt sie in ihrer Ansicht. Zudem ist Mekka das Ziel der Pilgerfahrt für Muslime aus aller Welt. Doch ihrer Zahl nach sind die Araber nur ein kleiner Teil aller Muslime. Es gibt zwischen 160 und 180 Millionen Araber. Die nicht-arabischen Muslime dürften bedeutend mehr als 1000 Millionen sein, vielleicht zählen sie sogar 1,2 Milliarden. Die grossen Blöcke der nicht-arabischen Muslime bilden über 50 Millionen Türken, mehr als 50 Millionen Iraner, über 100 Millionen Pakistaner, über 100 Millionen Inder, gegen 100 Millionen Bangladeschis, mehr als 150 Millionen Indonesier, gegen 50 Millionen Muslime im bisher sowjetischen Kaukasus und Zentralasien; möglicherweise 15 Millionen Muslime in China, gegen 10 Millionen in Malaysia und etwa 18 Millionen in Afghanistan; afrikanische Muslime in Ländern südlich der Sahara dürfte es gegen 100 Millionen geben. Kein Wunder, dass die meisten Muslime, die von der Pilgerfahrt aus Mekka zurückkehren, berichten, das bedeutendste und am wenigsten erwartete Erlebnis ihrer Reise sei der Anblick der erstaunlichen Vielfalt von Menschen gewesen, die alle zur Gemeinschaft der Gläubigen gehörten!

Für all diese Muslime gilt die Regel, dass sie ihre rituellen Gebete in arabischer Sprache sprechen, wenngleich dem rituellen ein individuelles Gebet folgen kann, in dem man zu Gott in der eigenen Sprache spricht. Der Koran kann im Grunde nicht übersetzt werden. Die Übersetzungen, die es in allen muslimischen Sprachen gibt, gelten mehr als Lese- und Verständnishilfe für den arabischen

Text, der allein massgebend ist; denn er gilt als die direkte Sprache Gottes. Ein islamischer Gottesgelehrter kommt nicht ohne Arabisch aus; über den Text des Korans hinaus ist die gesamte Literatur des Gottesgesetzes und der koranischen Wissenschaften auf arabisch abgefasst.

Weil der nicht-arabische Muslim, der Anspruch auf Gottesgelehrsamkeit erhebt, des Arabischen unbedingt bedarf und es als Grundlage aller seiner Studien zu erlernen hat, wird das Arabische zur Fachsprache der Gottesgelehrten, gerade auch in der nicht-arabischen Welt, und nimmt dort eine ähnliche Stelle ein wie das Lateinische während Jahrhunderten in der katholischen Kirche. Es wird zur Sakralsprache für die nicht-arabischen Muslime. Der einfache Gläubige versteht sie nicht, aber der Gelehrte hat sie studiert und kann sie mindestens lesen, schreiben und rezitieren, wenn er sie vielleicht auch nicht immer fliessend zu sprechen vermag.

Weil die Gottesgelehrten in der nicht-arabischen muslimischen Welt ihre separate Kultsprache besitzen und sie – meist schon von Kind an – studiert und erlernt haben, unterscheiden sie sich als ein besonderer Stand von den einfachen Muslimen ihrer Länder. Auch im arabischen Bereich hebt sich ein Gelehrter mehr oder weniger deutlich von seinen Mitmuslimen ab. Man gibt ihm den Titel «Scheich», was ursprünglich «Alter» bedeutet und auch der Titel eines Stammesführers oder lokalen Würdenträgers sein kann.

In der arabischen Welt ist das klassische, koranische Arabisch zwar auch verschieden von der gesprochenen Sprache. Doch das Arabische – auch des Korans – wird durchaus als die eigene Sprache aller Araber empfunden. Es dient ja auch – in etwas vereinfachter Form – bis heute als die Schriftsprache der gesamten arabischen Welt. Der «Scheich» im religiösen Sinne des Wortes ist daher nicht so sehr Kenner einer besonderen Sakralsprache als Fachmann der theologischen und legalen Wissenschaften.

Der Titel, den der Gottesgelehrte im iranischen Bereich und in den Ländern weiter im Osten trägt, *Mullah*, stellt eine Verkürzung und Verballhornung des arabischen Begriffes *Mawlana* dar, der «Unser Herr» bedeutet und die besondere Stellung unterstreicht, die einem Gottesgelehrten in der nicht-arabischen islamischen Welt zukommt. In Pakistan gebraucht man den Begriff «Mawlawi».

Im iranischen Bereich ist die Sonderstellung besonders spürbar, gewiss weil auch eine theologische Besonderheit vorliegt, die den schiitischen Mullahs einen Sonderrang sichert: sie alle gemeinsam vertreten den in die Verborgenheit eingegangenen Imam der Schiiten, bis er am Jüngsten Tage zurückkehren wird.

Das Vorhandensein eines festen Standes von Gottesgelehrten in den nicht-arabischen Staaten und besonders im Iran führt verständlicherweise dazu, dass es dort in erster Linie Gottesgelehrte sind, welche die Führung der islamistischen Bewegung übernehmen. Es gibt zwar immer auch fromme Laien in ihren Rängen, schon weil der Islam als theologisches System keinen Unterschied zwischen «Geistlichen» und «Laien», nur mehr oder weniger gelehrte Muslime kennt; doch diese nicht zum Stand der Geistlichen gehörenden Islamisten wirken in einem Staat wie Iran eher als Gehilfen und Stützen der eigentlichen Machthaber, die «Geistliche» sind. Für diesen Begriff gebrauchen die iranischen Gottesgelehrten das Wort «Ruhanian», das genau dem deutschen Begriff entspricht und wie er vom Wort für Geist, Ruh, abgeleitet ist. Es bezeichnet einen Gottesgelehrten, der die formelle Schulung dieses Standes in den Medrese und *Hawze ílmiye*, «wissenschaftlichen Zentren», «Seminaren», durchgemacht hat. Man gewinnt den Eindruck, dass in Iran die Geistlichen ein eigenes innneres Verbindungsnetz besitzen, über das sie sich verständigen oder auch Streitigkeiten untereinander austragen können, ohne dass die «Laien» etwas davon in Erfahrung bringen müssen. Khomeiny hat seinerzeit erklärt, dass ein Geistlicher keinen anderen Geistlichen zum Tode verurteilen solle, und er hat sich selber daran gehalten. Seine geistlichen Widersacher wurden unter Hausarrest gestellt und durch Veröffentlichungsverbot mundtot gemacht, aber sie sind weder inhaftiert noch hingerichtet worden. Auch auf dem indischen Subkontinent scheinen die meisten Hauptfiguren des Islamismus Geistliche zu sein. Mawdudi war allerdings ein Laie mit mehr journalistischer als formeller theologischer Ausbildung.

Dies alles soll jedoch nicht heissen, dass die meisten Geistlichen dem Islamismus zuneigten. Im Gegenteil, die meisten dürften weder an die Möglichkeit einer Machtergreifung durch die Gottesgelehrten glauben noch eine solche als wünschenswert ansehen. Die arabischen Islamisten sind oft begabte Schüler, die aus einem Dorf oder einer Kleinstadt zu weiterer Ausbildung in die grösseren Universitätsstädte gekommen sind. Die arabische Sprache, deren literarische Hochform ihnen aus Schule und Universität vertraut ist, gewährt ihnen direkten Zugang zu den islamischen Grundschriften, besonders zum Koran und zur Sunna (d. h. Überlieferungen vom Leben, Tun und Lassen des Propheten), und die islamistische Ideologie legt ihnen nahe, dass ihre Religion weiter nichts brauche als was durch Selbststudium dieser Grundlagen, oft in Studienzirkeln mit Gleichgesinnten, erworben werden könne. Diese Grundschriften sind den Arabern eben leichter zugänglich als der viel grösseren Zahl ihrer Religionsgenossen, die des Arabischen unkundig sind.

Iran

Die Iranische Muslimische Revolution unter Khomeiny gab allen islamistischen Gruppen in den arabischen Staaten, in der Türkei, in Pakistan und Indien bis hin nach Indonesien und nach Schwarzafrika gewaltigen Auftrieb, weil in dieser Revolution zum ersten Mal Islamisten, freilich der Schiitischen Gemeinschaft zugehörige, die Macht zu ergreifen vermochten. Sie gab allen vorhandenen Gruppierungen neuen Ansporn, ihrerseits ebenfalls islamistische Machtergreifungen zu versuchen.

Die iranische Entwicklung hatte freilich sehr spezifische Eigenheiten. Sie war eine Reaktion auf die übertrieben rasche und qualitativ schlechte «Verwestlichung» oder «Amerikanisierung», welche der Schah seinem Volk hatte auferlegen wollen. Diese Politik wäre gar nicht möglich gewesen ohne das grosse Erdöleinkommen Irans, das sich in den Jahren nach 1973 vervielfacht hatte und eine Art von Geldschwemme auslöste, welcher die iranischen Regierungen weder moralisch noch organisatorisch gewachsen waren. Die Folgen waren eine Überhitzung der Wirtschaft, Korruption in noch nie dagewesenem Ausmass, masslose Bereicherung der Oberschichten rund um den Hof und Proletarisierung sowie Verelendung der persischen Bauern, die in Massen in die Städte strömten.

Weiter gehörte zu den spezifisch iranischen Vorbedingungen für die islamische Revolution Khomeinys die besondere Regierungsform, die der Schah entwickelt hatte. Man kann sie als «Regierung durch die Geheimdienste» beschreiben. Die Geheimpolizei *Savak* war unter dem Schah allmächtig geworden. Alle Minister hatten Grund, vor ihr zu zittern. Sie hatte im Auftrag des Schahs alle bestehenden politischen und gewerkschaftlichen Strukturen unterwandert und entweder stillgelegt – Parteien, Vereine, Gewerkschaften, Zeitungen – oder ihrer eigenen Leitung unterstellt. (Vgl. *Robert Graham:* Iran, die Illusion der Macht, Wien 1979, aus dem Engl. übersetzt.) Khomeiny hatte schon 1963 einen Aufstand gegen den Schah unter islamischen Vorzeichen versucht. Er war fehlgeschlagen. Doch 1978–79 sollte der zweite Versuch, der vom Exil aus unternommen wurde, gelingen, im wesentlichen, weil sich die Zustände in der Zwischenzeit für die grosse Masse der Iraner so stark verschlechtert hatten.

Weil sämtliche anderen Kanäle der Meinungsäusserung für die Iraner durch den Geheimdienst stillgelegt und verstopft worden waren, konnten die Geistlichen alle Unzufriedenheit über ihre Kanäle – Moschee, Basar, Predigten, unter der Hand verbreitete Kassetten – lenken. Sie wurden damit zu den Hauptträgern der Revolution, und sie haben diese, sobald sie im Februar 1979 zum Durchbruch kam, monopolisiert.

Die heutige Lage ist dadurch gekennzeichnet, dass es den geistlichen Machthabern primär darum geht, die Macht nicht mehr aus der Hand geben zu müssen. Diesem Hauptziel wird alles andere untergeordnet, auch die Entwicklung des Landes, die zwar wieder angekurbelt wurde, aber unter der Kontrolle der Geistlichen zu bleiben hat. Seit dem Tod Khomeinys (1989) besteht eine Art kollektiver Führung, in welche sich Staatspräsident Rafsanjani und der Nachfolger Khomeinys als «Geistlicher Führer», Khamenei, als Spitzenfiguren teilen. Es gibt viele Meinungsverschiedenheiten unter den Geistlichen. Alle drehen sich darum, wie eine islamische Wirtschaft, ein islamisches Erziehungssystem, eine islamische Aussenpolitik usw. auszusehen habe. Doch die Geistlichen wissen auch, dass sie vermeiden müssen, untereinander in nicht wieder gutzumachenden Streit zu gelangen, wenn sie die Herrschaft bewahren wollen. Sie wissen, dass sie zu diesem Zweck einen Schiedsrichter benötigen, der ihre Gegensätze auszugleichen vermag, und sie sind bisher bereit gewesen, diese Funktion Rafsanjani und Khamenei, die meistens gemeinsam handeln, zu überlassen. Die beiden haben dafür gesorgt, dass die sogenannten Radikalen unter den Geistlichen zuerst zurückgedrängt und dann ganz entmachtet wurden. Die Parlamentswahlen von März 1992 wurden so gesteuert, dass diese Radikalen ihre bisherigen Parlamentssitze weitgehend verloren. Aus der Regierung waren sie schon 1989 nach der Einsetzung Rafsanjanis in die Präsidentschaft entfernt worden. Als ihr Chef gilt der ehemalige Innenminister Muhtaschemi.

Doch die Radikalen sind in der Lage, sich auf frühere Entscheide, Äusserungen und politische Massnahmen Khomeinys zu berufen, und dieser gilt als eine so wichtige Autorität, dass die heutigen Lenker der Geschicke Irans auf solche Argumente immer etwas Rücksicht zu nehmen haben. Es muss eben alles getan werden, um einen Bruch unter den Geistlichen zu vermeiden.

Der Iran Rafsanjanis möchte eine Aussenpolitik führen, die nicht mehr, wie zu Beginn der Revolution, im Zeichen des «Revolutionsexportes» stehen soll, weil der Krieg mit dem Irak und die wirtschaftlichen Verluste, die er gebracht hat, den Verantwortlichen die Kosten einer solchen Politik vor Augen geführt haben. Es war jedoch ohne Zweifel die Politik Khomeinys gewesen, die Revolution zu exportieren, und deshalb kann man heute nicht ohne weiteres von ihr abrücken, wenn man es vermeiden will, einen grösseren Teil der Geistlichen und der die Revolution stützenden Waffenträger *(Pasdaran)* vor den Kopf zu stossen. Eine Kompromisspolitik hat sich eingependelt: Gewaltmassnahmen wie Geiselnahmen und Flugzeugentführungen sind künftig zu vermeiden; politische Meuchelmorde, welche die Geheimdienste verüben, sind abzustreiten. Doch sie finden weiterhin statt, mindestens solange die Opfer Personen sind, deren Tod Khomeiny gefordert hatte (Ex-Ministerpräsident *Bakhtiyar* in Paris dürfte ein solcher Fall gewesen sein. Für *Salman Rushdie* besteht weiter die Gefahr, auch als ein solcher zu enden).

Was die Hilfe angeht, die Iran «islamischen Staaten» gewährt, die ihrerseits ein islamistisches Regime aufziehen wollen, etwa dem Sudan, so wird sie nicht als Revolutionsexport verstanden. In solchen Fällen wird offenbar weiter Hilfe gewährt. Auch islamistische Oppositionsgruppen werden in ihrem Kampf gegen ihre Regierungen mehr oder minder offen unterstützt; so in Algerien, vielleicht eher propagandistisch als mit Geld und Waffen, und in Tunesien; tatkräftiger im benachbarten Irak, wo die irakischen Schiiten in ihrem Widerstand gegen Saddam Hussein einige iranische Hilfe erhalten. In Afghanistan tritt Iran neuerdings für Versöhnung ein. Teheran ist es heute viel wichtiger, Einfluss im ehemals sowjetischen Zentralasien zu gewinnen als in Afghanistan. Dort steht Teheran mit Ankara in Konkurrenz, weil Ankara laizistische, moderne Regime anpreist, Teheran aber islamische Regime nach iranischem Modell langfristig fördern möchte.

Sudan

Neben Iran ist der Sudan heute, 1993, das einzige Land, in dem Islamisten regieren. Die dortigen Muslimbrüder, Hauptpartei in einem Zusammenschluss, der sich «Nationale Islamische Front» nennt, stehen als Drahtzieher hinter dem Militärregime Oberst Omar Bashirs. Angesichts der äussert schwierigen Lage des Landes mit seinem Bürgerkrieg und seinen Devisenproblemen ziehen die muslimischen Aktivisten es jedoch vor, die Verantwortung nicht direkt zu übernehmen. *Omar Bashir* gehört zu einer Familie, die den Brüdern nahesteht, und er hat sich bis heute sehr bereit gezeigt, der politischen Orientierung durch die Brüder zu folgen. Der wirkliche Lenker der Geschicke des Landes ist ohne Zweifel *Dr. Hassan at-Turabi*, seit langer Zeit Chef der sudanesischen Brüder und Vorsitzender der Nationalen Islamischen Front. Andere Parteien sind verboten. Militärische und finanzielle Hilfe aus Iran hat es den sudanesischen Militärs erlaubt, im vergangenen Frühjahr erfolgreich gegen die nichtislamischen Aufständischen im Südsudan vorzugehen (was seit Jahren nicht mehr geschehen war). Dabei kam Khartum zustatten, dass die Aufständischen sich in zwei Gruppen gespalten hatten und dass das neue Regime in Äthiopien ihnen keine Hilfe mehr zukommen liess.

Teheran scheint heute Khartum als eine Art Transmissionsriemen für die islamische Revolution zu betrachten. Die von Iran unterstützte islamistische Internationale erhielt ihren Sitz in Khartum, und Turabi beaufsichtigt sie. Sie hat einen ersten «arabischen und islamischen Volkskongress» im April 1991 in Khartum durchgeführt, den alle namhaften Islamisten aus der arabischen Welt besuchten.

Iran kann so behaupten, es exportiere seine Revolution nicht mehr (direkt), und Khartum hat den Vorteil, eine sunnitische Hauptstadt zu sein, der gegenüber das Misstrauen der arabischen Sunniten gegen den Schiismus der Perser wegfällt. Die iranischen Islamisten haben keine Hemmungen, mit Sunniten zusammenzuarbeiten, solange diese nur ebenfalls auf der islamistischen Linie liegen, d. h. für einen islamischen Staat eintreten, so wie er den Islamisten vorschwebt. Khomeiny predigte, der Unterschied zwischen Sunniten und Schiiten sei geringfügig und es seien die Kolonialisten gewesen, die stets darauf bedacht waren, den Graben zwischen den beiden Religionszweigen zu vertiefen.

Während des libanesischen Bürgerkrieges arbeitete Teheran mit den sunnitischen Islamisten zusammen, die eine Zeitlang (1983–85) Tripolis beherrschten. Ihre Anführer, wie Scheich *Said Scha'ban*, besuchten oft Teheran und wurden dort als Ehrengäste behandelt.

Dank der unlängst veröffentlichten Studie des französischen Sudan-Spezialisten Gérard Prunier (Les frères et l'armée, in: Les cahiers de l'Orient, Paris No. 27, 3. Trimestre 1992) kennen wir heute mehr Einzelheiten über den Staatsstreich vom 30. Juni 1989, der die NIF (Nationale Islamische Front) an die Macht oder in die Nähe der Macht brachte. Der Staatsstreich wurde durchgeführt, wie die Regierungssprecher inzwischen selbst zugeben, weil die vorangegangene demokratische Regierung unter Ministerpräsident Sadek al-Mahdi sich anschickte, mit den aufständischen Südsudanesen unter Oberst Garang Frieden zu schliessen. Sadek al-Mahdi hatte unter Druck seines Generalstabschefs, General Fathi Ahmed Ali, der ihm am 22. Februar 1989 ein Ultimatum gestellt hatte, endlich den Entschluss gefasst, Friedensverhandlungen aufzunehmen. Um dies tun zu können, musste er sich von der NIF (der Nationalen

Islamischen Front) trennen, die zuvor im Rahmen einer Dreierkoalition die Regierung mitgetragen hatte. Die andere Koalitionspartei, die DUP (Democratic Unionist Party), war für den Frieden; ihr Hauptvertreter, der damalige Aussenminister Muhammed Osman al-Mirghani, hatte schon am 16. November 1988 in Addis Abeba eine Art Vorfriedensabkommen zwischen seiner Partei und Garang abgeschlossen, das seine Partei, aber anscheinend nicht die gesamte Regierung band. Dieses Abkommen war in Khartum sehr populär, wie der begeisterte Empfang deutlich machte, der dem Aussenminister nach seiner Heimkehr aus Addis Abeba bereitet wurde.

Im Frühjahr 1989 unternahm die Regierung endgültig Schritte, um einen Frieden zu verwirklichen. Sie stützte sich dabei auf die grösste Partei im Parlament, die Umma al-Mahdis (101 Sitze im Parlament) und auf die DUP al-Mirghanis (61 Sitze). Die NIF (51 Sitze) begab sich in die Opposition.

Ein Friedensschluss hätte für die NIF nicht nur eine politische Niederlage bedeutet, sondern wahrscheinlich auch ihre Aussichten vermindert, künftig eine zentrale politische Rolle zu spielen. Die islamistische Front entschloss sich daher zum Wagnis eines Putschversuches. Da sie wenig Einfluss unter den Offizieren besass, näherte sie sich der Offiziersgruppe an, die früher, vor dem Sturz des Diktators Numeiri (1985), die Hauptrolle in der Armee gespielt hatte, seit der Wiedereinführung der Demokratie jedoch auf ein politisches Nebengleis gerückt war. Die islamistische Front vermochte u. a. den sogenannten Numeiri-Offizieren eine Liste von 146 Namen zuzuspielen, welche Offiziere aufführte, deren Entlassung die Regierung vorbereitete. Viele Namen der einstigen Parteigänger Numeiris fanden sich darauf.

Der Coup wurde von nur 300 Soldaten und 40 Offizieren durchgeführt. Die Führung hatten zwei Offiziere übernommen, die als fanatische Islamisten galten: Major Ibrahim Schams ad-Din und Sanitätsmajor At-Taiyib Ibrahim Kheir. Der Major hatte drei Tanks zur Verfügung und kannte das geheime Passwort, das der Generalstabschef angesichts der ungewissen Lage vorsichtshalber ausgegeben hatte. Der Sanitätsoffizier brachte Sanitätsmannschaften und die Militärmusik in den Putsch. Die Kontakte mit den Numeiri-

Offizieren waren von Oberst Omar Hassan al-Bashir und Ali Osman Taha geführt worden, dem künftigen Chef der Militärjunta und dem zweiten Mann der NIF, der damals als Vorsitzender der Parlamentsfraktion der Front wirkte.

Weil die NIF auch nach dem Coup militärisch schwach war, sah sie sich gezwungen, das Bündnis mit den Numeiri-Offizieren so lange wie möglich aufrechtzuerhalten. Um dies zu ermöglichen, musste die Beteiligung der Front am Putsch und an der neuen Machtverteilung nach Kräften vernebelt werden. Oberst al-Bashir dementierte regelmässig, dass seine Junta etwas mit der NIF zu tun habe; Hassan at-Turabi, das Oberhaupt der NIF, blieb zunächst mit den anderen Parteichefs des gestürzten demokratischen Regimes im Gefängnis. Der zweite Mann der NIF, Ali Osman Muhammed Taha, war nicht eingekerkert worden. Dagegen wurden mehrere Pro-Numeiri-Offiziere freigelassen, die teils seit dem Sturz Numeiris gefangen sassen, teils seit einem fehlgeschlagenen Umsturzversuch gegen das demokratische Regime vom 18. Juni 1989. Die Gattin des exilierten Numeiri erhielt ein Visum, um nach Khartum zu reisen und dort Geschäfte zu erledigen. Numeiri selbst erklärte in seinem Exil in Kairo, wo er sich bisher sehr still verhalten hatte, er werde bald wieder die Macht in Khartum übernehmen. Die ägyptische Regierung scheint ähnlich geurteilt zu haben.

Während sie so den Numeiri-Anhängern Sand in die Augen streuten, waren die Junta und hinter ihr die NIF bemüht, im militärischen und im zivilen Bereich rücksichtslos vollendete Tatsachen zu schaffen. Einem ersten Schub von Offiziersentlassungen, 210 schon Ende Juli, einen Monat nach dem Umsturz, folgten weitere. Die Reinigungen im Heer dauern bis heute an. Sie sollen inzwischen nicht weniger als 3500 Offiziere betroffen haben; das wäre über die Hälfte des gesamten Offizierscorps. Andere Quellen sprechen von 2000 Entlassenen, was immer noch 40 % aller Offiziere gleichkäme. Ihre Nachfolger sind stets Anhänger der Front, die so rasch wie möglich befördert werden. Unter den zivilen Beamten wurden 1400 entlassen, anscheinend ohne Pension oder finanzielle Abgeltung, andere Quellen sprechen sogar von 2000, darunter Botschafter im Amt so gut wie Rektoren und Vizerektoren der Universitäten und eine besonders grosse Zahlen von Frauen.

Die ursprünglich von Sadik al-Mahdi geschaffene bewaffnete Miliz der Demokratischen Volkskräfte (PDF) wurde in eine islamistisch indoktrinierte Parteimiliz der Front nach dem Vorbild der iranischen Revolutionswächter umgeformt. Alle Provinzgouverneure erhielten junge Stellvertreter aus den Reihen der NIF zugeordnet.

Die Beibehaltung der Schari'a wird stets als das Hauptziel der Politik der Front angegeben; als zweites Ziel wird «die Bewahrung der Einheit des Sudans» genannt, was in der Praxis die Fortsetzung des Krieges gegen die südsudanesischen Aufständischen bedeutet.

Die Schari'a war in einer höchst primitiven und brutalen Form, mit der selbst die Islamisten nicht einverstanden waren, 1983 von Numeiri eingeführt worden, weil er sich von Dingen wie Handabhacken und Alkohol-in-den-Nil-Schütten eine gewisse Popularität und eine Verlängerung seiner schon damals schwankenden Herrschaft versprach. Die Südsudanesen erklärten schon damals und später bei jeder neuen Gelegenheit, sie seien nicht bereit, über Frieden auch nur zu sprechen, solange die Schari'a in Gültigkeit bleibe. Sie sind keine Muslime, sondern Christen oder Animisten.

Auch in der Zeit des demokratischen Zwischenspiels, 1986–89 (nach einer einjährigen Übergangszeit, 1985), war es unmöglich gewesen, die anerkanntermassen höchst unvollkommen formulierte und durchgeführte «Schari'a-Gesetzgebung» Numeiris wieder abzuschaffen. Die NIF sperrte sich dagegen, und Ministerpräsident al-Mahdi zögerte ebenfalls. Die Schari'a Numeiris wurde einzig im Bereich der Körperstrafen (Hudud) suspendiert, aber nicht aufgehoben. Die NIF formulierte einen Gesetzesvorschlag, um sie neu und besser zu kodifizieren, konnte damit jedoch während der parlamentarischen Periode nicht durchdringen. Diese Neuformulierung trat im Januar 1991 in Kraft. Doch es bleibt weiter unklar, ob und unter welchen Bedingungen die Körperstrafen angewandt werden sollen. Dies hat die Folge, dass gegenwärtig über 1000 zum Hand- oder Fussabhacken verurteilte Diebe und andere Strafgefangene in den Gefängnissen festgehalten werden und darauf warten, ob die Amputationen durchgeführt werden oder nicht (G. Prunier, wie oben, S. 60, Anm. 15.)

Trotz der massiven Durchdringung der militärischen und zivilen sowie paramilitärischen Machtapparate durch die NIF meint Prunier, es sei ungewiss, ob die Militärs der Junta die NIF beherrschten oder umgekehrt die Politiker der Front die mit ihnen zusammenarbeitenden Offiziere. Auf der Seite der Militärs gebe es Mitläufer der Front und auf der Seite der Zivilisten heimliche Verbündete der Militärs. Die Offiziere unter Omar al-Bashir verfolgten andere Ziele als die Leute der Front. In der Wirtschaftspolitik sollen sie für eine Kommandowirtschaft mit zentralen Wirtschaftskontrollen eintreten, die Islamisten mit dem gegenwärtigen Finanzminister, Abdur-Rahim Hamdi, jedoch für Privatisierung, Dezentralisierung und Eingehen auf die Wünsche des Internationalen Währungsfonds.

Im aussenpolitischen Bereich sollen die Offiziere eher pan-arabisch empfinden und denken, die Führer der Front jedoch eher pan-islamistisch. Die Politik des neuen Sudans laviere noch immer zwischen diesen teilweise widersprüchlichen Ausrichtungen, urteilt Prunier, und natürlich kommen auch reine Personal- und Machtfragen ins Spiel. Prunier glaubt, Hassan at-Turabi müsse sich vor seinem zweiten Mann hüten, Ali Osman Muhammed Taha, welcher die Front leitete, während at-Turabi sich im Gefängnis befand. Er ist auch der Ansicht, dass sowohl Präsident Mubarak wie auch Ghaddafi immer noch hoffen, die Offiziere könnten sich von der Front lossagen und dann eines der «gemässigten» Militärregime bilden, wie sie im Sudan Tradition haben.

Ghaddafi ist zwar offiziell ein Verbündeter des neuen Regimes von Khartum, doch hat er ohne Zweifel Grund, die Islamisten Hassan at-Turabis zu fürchten. Diese sollen versuchen, Sympathisanten seiner und der iranischen Ideologie in die Volkskongresse Libyens zu infiltrieren und in ihnen aufsteigen zu lassen.

Im Herbst 1991 wurde die volle Arabisierung der Schulen und Hochschulen angeordnet. Dies betrifft auch die (in vielen Fällen katholischen oder protestantischen) Privatschulen, die bisher meistens von Südsudanesen besucht wurden, Menschen, die nicht arabisch sprechen, weshalb diese Schulen Englisch als Unterrichtssprache verwendeten. Die Universität Juba (im Südsudan) etwa erhielt gerade ein Jahr zugestanden, um von Englisch auf Arabisch umzustellen. Doch nach Verstreichen dieses Termins wurde in Juba weiter Englisch verwendet.

Im November 1991 wurde angeordnet, dass die sudanesischen Frauen nicht mehr in ihren herkömmlichen langen Gewändern, Tob genannt, auf den Strassen erscheinen dürften. Sie sollten eine «islamische» Uniform tragen, die der iranischen glich. Dies sollte auch für alle Schulmädchen und Beamtinnen gelten. Doch die Massnahme konnte nicht durchgesetzt werden, weil sie gegen fest verankerte Kleidungstraditionen verstiess und die Stoffe für das ganze Volk ohnehin fehlten.

Schon zu Beginn des neuen Regimes wurden «Volkskomitees» in allen Quartieren organisiert. Sie sollen durch Wahl bestellt werden und sind verantwortlich für die Verteilung knapper Lebensmittel. Sie sollen auch als Übertragungsriemen zwischen der Bevölkerung und dem Regime dienen. Es scheint sich um eine sudanesische Variante der iranischen Komitees zu handeln, die zu den Kontrollinstrumenten der iranischen Revolution in ihren ersten Jahren gehört hatten.

Das Regime ist auch darauf aus, Furcht um sich zu verbreiten. Illegale und brutale Eingriffe der Sicherheitsbehörden nahmen gewaltig zu, und Folterungen scheinen nicht selten zu sein. Prunier erwähnt einen Professor, Faruk Muhammed Ibrahim, der am 30. November 1989 festgenommen und gefoltert worden sei, weil er angeklagt wurde, seine Studenten die Entwicklungstheorie Darwins gelehrt zu haben. (Eine Übersicht über die Machtmissbräuche gibt: Denying the honour of living: Sudan, a human rights disaster. Africa Watch Report, London 1990; daneben auch amnesty international und die Zeitschrift Sudan Monitor, London.) Prunier vertritt die Ansicht, die Lage sei nicht ganz so schlimm wie in Syrien und dem Irak.

Die Junta befahl den 1 500 000 Hüttenbewohnern der Vorstädte von Khartum, bis zum Winter 1990-91 ihre Wohnsitze zu verlassen. Diese Bevölkerung, die etwa ein Drittel der gesamten Einwohner Khartums ausmacht, setzt sich aus den Flüchtlingen zusammen, die vor 1988 in Khartum anlangten, und jenen, die seither aus dem Süden eintrafen. Für die schon seit längerer Zeit angesiedelten

700 000 ist ein Projekt in der Region von Jebel Awliya und Haj Yussuf, ausserhalb der Hauptstadt, vorgesehen. Sie sollen dort kleine Landstücke zugewiesen erhalten. Die 800 000 erst kürzlich Zugewanderten aus dem Süden sollen in ihre Heimatgebiete zurücktransportiert werden. Dort scheint es keinerlei Vorbereitungsmassnahmen für ihre Aufnahme zu geben, während ihre alten Hütten bei Khartum zerstört werden.

Einer anderen französischen Studie über die Lage im Sudan verdankt man Einblicke in die wirtschaftliche Grundlage, die sich die NIF in den Jahren zwischen 1977 und 1983 zu schaffen verstand. Numeiri verfolgte 1977 eine Politik der Nationalen Versöhnung.

Die Parteien, die zuvor verboten gewesen waren, wurden nun geduldet und sollten mit der Staatspartei Numeiris zusammenarbeiten. Hassan at-Turabi wurde aus dem Gefängnis entlassen, in dem er sieben Jahre zugebracht hatte. Die Gelder, die damals den Oppositionsparteien von aussen zuflossen (im wesentlichen aus der Arabischen Halbinsel), wurden von der Umma Sadik al-Mahdis verwendet, um ihre Anhänger zu verköstigen und zu entlöhnen; die Demokratische Unionspartei gebrauchte sie, um ihre mittleren Kader im Ausland weiterzubilden, die Islamisten der späteren NIF gaben einen Teil ihrer Gelder Händlern, die ihr Vertrauen genossen, damit diese die Kapitalien im Golf gewinnbringend anlegten, berichtet Roland Marchal in einem ausführlichen Artikel, den er «Le Soudan entre islamisme et dictature militaire» betitelt hat. (Machrek Maghreb, Paris, No 137, Juli-Sept. 1992 S. 56–80.)

Die Islamisten erhielten dank eines Abkommens zwischen Numeiri und at-Turabi Handlungsfreiheit, wonach der Islamistenchef frei politisch handeln konnte, unter der Bedingung, dass er seine Gefolgsleute in den sudanesischen Städten nicht gegen Numeiri und sein Regime mobilisiere. Seine Anhänger vermochten einen bedeutenden Teil des Export-Import-Handels zu monopolisieren, indem sie ihre Freunde innerhalb der staatlichen Bürokratie einsetzten. Sie trugen mit bei zur Entwicklung der sogenannten islamischen Banken, Faysal, Baraka und Tadamun, deren Kapitalien hauptsächlich saudische waren. Diese Banken genossen Steuervorteile und andere politische Vorzüge; sie konnten ihren Marktanteil im Sudan rasch ausdehnen. Die mit ihnen in Konkurrenz stehenden Staatsbanken zeichneten sich durch Unbeweglichkeit und Schwerfälligkeit aus. Die Mitarbeit in den islamischen Banken erlaubte es den Islamisten, ihre Kader unterzubringen und gleichzeitig zu schulen; die von ihnen verdienten Gelder wurden teilweise zum Ausbau der lokalen Parteinetze verwendet. Die islamischen Banken wurden auch zu Geschäftspartnern der kleinen Geschäftsleute und Händler in den Städten. Über sie vermochte die Front ihren Einfluss auf dieses Milieu auszudehnen.

Die Anhänger at-Turabis suchten auch ihren Einfluss auf die Armee auszudehnen. Gegen Ende der siebziger Jahre begannen sie, islamische Vereine innerhalb der Kasernen einzurichten und Moscheen für die Soldaten zu bauen. Diese Tätigkeit erlaubte ihnen, die frömmsten unter den Offizieren kennenzulernen. Ihnen wurden Aufenthalte in islamischen Zentren vorgeschlagen, wie dem «Islamisch-Afrikanischen Zentrum», wo viele Islamisten arbeiteten. Natürlich konnten die Islamisten im Kontakt mit den Offizieren auch ihre Feinde innerhalb der Armee identifizieren.

Im Inneren seiner politischen Gruppierung führte at-Turabi in jener Periode eine «Erneuerungskampagne» durch, um die junge Generation innerhalb der Front zu fördern. Die Erfolgreichsten erhielten Stipendien, um Hochschulen zu besuchen, besonders im Bereich der Information und Kommunikation. Heute besetzen sie die Regierungsämter. (Nach R. Marchal, wie oben S. 63 f.)

Syrien

Syrien hat ein elfjähriges Machtringen zwischen den Muslimbrüdern und Präsident Asad erlebt. Es begann sofort nach dem Machtantritt Asads (1971) und endete erst mit der teilweisen Zerstörung der Stadt *Hama* durch die syrischen Sondertruppen im Februar 1982, nachdem die dortigen Muslimbrüder einen Aufstandsversuch unternommen hatten. (Die Schätzungen der Zahl der Toten in Hama bewegen sich zwischen 3000 und 30 000; *P. Seale* – wie unten zitiert – setzt zwischen 5000 und 10 000 an.)

Das Ringen war um so bitterer, als Asad und viele seiner politischen Vertrauensleute zur Minderheit der *Alawiten* gehören (12 % der Syrer), einer heterodoxen Abzweigung des extremen Schiismus (sogenannte Siebener), die von den Sunniten traditionell als ausserhalb des Islams stehend angesehen wurde. Die Brüder suchten das unter der sunnitischen Mehrheit Syriens weitverbreitete Gefühl auszunützen, nach welchem nur ein Sunnite das Recht habe, das Präsidentenamt zu besetzen.

Es kam zu heftigen Untergrundkämpfen, zu Bomben- und anderen Mordanschlägen und zu höchst brutalen Durchgriffen der syrischen Geheimpolizei gegen die Brüder. Schon die Zugehörigkeit zu ihrer Partei wurde mit dem Tod bestraft. Die jordanischen und die irakischen Geheimdienste unterstützten die Brüder unter der Hand mit Waffen und Geld, und die syrisch-irakische Feindschaft wurde auf diesem Wege weiter verstärkt. Beide Seiten erlaubten sich grausame Übergriffe. Die Brüder organisierten am 16. Juni 1979 einen Anschlag auf die Artillerieschule von Aleppo, bei dem 83 Offiziersschüler, alle Mitglieder der alawitischen Gemeinschaft, erschossen wurden, und der Staat schreckte nicht vor Massnahmen wie der Massakrierung der Insassen eines Gefängnisses in Palmyra durch die Truppe zurück: Schätzungsweise 500 Gefangene wurden am 27. Juni 1980 getötet. Die Brüder ihrerseits hatten am Tag zuvor versucht, Präsident Asad durch einen Handgranatenanschlag zu ermorden. (Einzelheiten in: *Patrick Seale*, Asad, the Struggle for the Middle East, London 1988, S. 320–334 und, eher vom Standpunkt der Brüder aus geschrieben; bei *O. Carré* und *G. Michaud* im zitierten Buch. Les Frères musulmans, Paris, 1983, S. 131–161.) Seit der Niederschlagung des Aufstandsversuches in Hama verhielten die syrischen Brüder sich still. Viele von ihnen befanden sich ohnehin in den Gefängnissen.

Bemerkenswerterweise war die Niederschlagung der Brüder durch Asad kein Hindernis für die enge Zusammenarbeit Syriens mit Iran. Sie beruhte auf der gemeinsamen Feindschaft beider Staaten gegen den Irak. Sie hat während des ganzen irak-iranischen Krieges (1980–88) angedauert und besteht heute noch. Ihr sichtbarster Ausdruck war und bleibt bis heute die auf iranischen Wunsch durch Damaskus vorgenommene Unterbrechung der irakischen Ölleitung, die durch Syrien ans Mittelmeer führt.

Es war das Bündnis mit Syrien, das es den Iranern erlaubte, in Libanon eine politische Rolle zu spielen und ihre «Revolution» dorthin zu «exportieren», wie der damalige Slogan lautete. Iranische Pasdaran (Revolutionswächter) waren über Damaskus nach der libanesischen Bekaaebene transportiert worden. Diese war damals von syrischem Militär besetzt. Die Pasdaran richteten sich in der Abdullah-Kaserne bei Baalbek ein (Ende 1982, also nach der israelischen Invasion Libanons) und begannen unter der schiitischen Bevölkerung der Bekaa Propaganda im iranischen Stil zu verbreiten. Ihre radikalen Slogans fanden um so mehr Anklang, je länger die Israeli in Libanon blieben und je mehr sie von den Schiiten des libanesischen Südens als Besatzungsmacht empfunden wurden.

Es dürften Schiiten aus Hizballah-Kreisen gewesen sein, welche die grossen Anschläge durch Selbstmordkommandos gegen die amerikanischen und französischen Truppen in Beirut (später auch gegen israelische Truppen in Tyros) vom 23. Oktober 1983 durchführten, und den gleichen Kreisen müssen die Geiselnehmer nahegestanden sein, die sich in den folgenden Jahren in Libanon betätigten.

In jener Zeit diente die Infiltration der Hizballah-Aktivisten nach Libanon den Syrern wie auch den Iranern. Die Syrer suchten jede Art Hilfe, die sie gegen die Israeli erlangen konnten. Die Iraner erhielten eine Chance, ihre Revolutionsmethode in einem nicht iranischen, aber schiitischen Gebiet zu erproben. Bis heute gibt es Hizballah-Milizen in Libanon; sie sind die einzigen, die nicht von den Syrern entwaffnet wurden. Damaskus dürfte immer noch ein Interesse an ihnen haben, weil sie als aktive Vorkämpfer und Guerillas gegen Israel dienen. Israel hält nach wie vor einen Grenzstreifen im Süden Libanons besetzt, und die Syrer vermeiden es, direkt mit den Israeli in Fühlung zu geraten. Sie ziehen es vor, dass die schiitischen Extremisten die Rolle von Herausforderern der Israeli übernehmen.

Die seit den siebziger Jahren bestehende, gemässigtere schiitische Gruppierung in Libanon, *Amal*, spaltete sich unter dem Druck der Extremisten von Hizballah. Beide Gruppen agierten gemeinsam gegen Israel. Doch im Mai 1988 stiessen sie in den südlichen Vorstädten von Beirut so heftig zusammen, dass die Syrer eingreifen mussten, um Amal vor der Vernichtung durch Hizballah zu retten. Im Süden Libanons hatten kurz zuvor die Amal-Milizen gegen Hizballah gewonnen.

Die Geiselfrage wurde schrittweise beigelegt, als Teheran erkannte, dass längeres Festhalten der europäischen und amerikanischen Geiseln Iran mehr Nachteile als Vorteile brachte. Die letzten Geiseln kamen 1991 frei. Im Juli räumten die iranischen Pasdaran die Abdullah-Kaserne von Baalbek, doch ob alle von ihnen nach Iran zurückgekehrt sind, ist ungewiss. Jedenfalls haben sie eine aktive und radikale Organisation, die Hizballah, in Libanon zurückgelassen.

Dies zeigten die libanesischen Parlamentswahlen vom Sommer (August bis Oktober) 1992. In ihnen konnten 8 Mitglieder des Hizballah und weitere 4 Islamisten von der sunnitischen Seite Sitze im Parlament erringen. Die Gesamtzahl der Abgeordneten betrug 128. Es war das erste Mal, dass Islamisten in einer geschlossenen Gruppe ins Parlament einzogen. Der Wahlerfolg des Hizballah ging einerseits auf die straffe Organisation der schiitischen Aktivisten zurück; sie konnten aber auch von dem Umstand profitieren, dass die meisten libanesischen Christen die Wahlen boykottiert hatten, um dagegen zu protestieren, dass diese in Gegenwart der syrischen Truppen sowie der Israeli (in dem von ihnen besetzten Grenzstreifen) durchgeführt wurden.

Allen Islamisten, Schiiten wie Sunniten, dürfte auch zugute gekommen sein, dass die schweren wirtschaftlichen und sozialen Missstände bei Teilen der einfachen Bevölkerung die Grundreaktion auslösten, die man immer wieder in Verbindung mit dem Islamismus beobachten kann: «Es muss alles ganz anders werden! Die Regierung ist korrupt! Der Islam ist etwas Reines und Unbestechliches. Also stimmen wir für ‹den Islam›.»

Das Fernziel von Hizballah ist, wie die Partei offen zugibt, ein «islamischer Staat Libanon». (Vgl. das politische Manifest der Partei in: Cahiers de l'Orient, Paris, No. 2; 2. Trimester 1986, S. 253 ff. Im gleichen Heft auf S. 243 f. finden sich die Namen der leitenden Figuren. Vgl. auch: Les Cahiers de l'Orient No. 5; 1. Trimester

1987, S. 69 ff., Artikel von M. Djalili und A. Laurent.) Gegenwärtig jedoch stellt die Partei die Frage der Besetzung durch die Israeli und die von ihnen aufgestellte Miliz der sogenannten Südlibanesischen Armee in den Mittelpunkt ihrer Propaganda und Aktionen. Die Hizballah-Propagandisten bestehen wie alle islamistischen Gruppen darauf, dass nur durch Kampf im «Heiligen Krieg» (Jihad) die Israeli zum Rückzug aus den besetzten Zonen Libanons veranlasst werden können, und sie predigen – für eine entferntere Zukunft – auch die «Befreiung Jerusalems». Die Friedensverhandlungen, so versichern sie, würden nie zum Ziel führen.

Diese Propaganda ist wirksam, weil die Friedensgespräche in der Tat keinerlei Aussicht zutage gefördert haben, dass die Israeli die südliche Grenzzone Libanons räumen könnten. Ihre dortige Präsenz und ihre Kriegsaktionen sind gerade für die Schiiten, von denen ein grosser Teil den libanesischen Süden bewohnt, schwerwiegend. Die israelische Macht wirkt sich weit über die eigentlichen besetzten Gebiete des Grenzstreifens hinaus aus, weil die Israeli durch Bombardierungen, Artilleriebeschuss und gelegentliche Vorstösse auch Dörfer in Mitleidenschaft ziehen, die nördlich der von ihnen besetzten Zone liegen. Sie halten dadurch die einheimische, schiitische Bevölkerung unter beständiger Bedrohung und verursachen periodisch immer neue Flüchtlingswellen in Richtung Beirut.

Die Israeli begründen ihre aggressive Haltung damit, dass die Gegenseite immer wieder versuche, ihrerseits Anschläge und Überfälle auf israelische Patrouillen in den besetzten Gebieten und auf die von Israel eingesetzte Miliz der SLA (Südlibanesische Armee) durchzuführen. Meistens werden diese Anschläge von Kämpfern des Hizballah verübt, gelegentlich im Zusammenarbeit mit Aktivisten der radikalen Palästinensergruppen, welche die Friedensbereitschaft Arafats und der Seinen missbilligen. Hizballah erhält dabei ohne Zweifel Unterstützung aus Iran. Die Syrer lassen die schiitischen Aktivisten gewähren, wohl in erster Linie, weil sie in ihnen ein Druckmittel sehen für den Fall, dass die Verhandlungen mit Israel nicht die von Damaskus angestrebten Ziele erreichen. Natürlich ist dies ein Druckmittel, das sehr wohl zu neuen Erschütterungen in Libanon führen könnte, das Syrien jedoch erlauben würde, sich offiziell aus dem Konflikt herauszuhalten.

Insofern die Angriffe und die Angriffspropaganda des Hizballah in der Tat den Abzug der Israeli aus der Grenzzone verhindern, handelt es sich bei der Versicherung der Extremisten, sie würden «nie» abziehen ausser unter dem Zwang der Waffen, um eine «sich selbst erfüllende Prophezeiung». Doch all dies hindert nicht, dass die Kleinkämpfe und Zusammenstösse, die sich beinahe täglich im Süden Libanons abspielen und die stets zu heftigen israelischen Gegenschlägen führen, Wasser für die Mühle von Hizballah bedeuten. Die Bevölkerung des Südens bleibt «mobilisiert» und destabilisiert, so dass sie, wenn alle anderen Hoffnungen trügen, geradezu gezwungen ist, auf das von den Islamisten verheissene Gotteswunder zu setzen, um überhaupt weiter hoffen zu können.

Palästina

In Gaza hatte es seit der ägyptischen Zeit (1949–1967) und auch schon früher Muslimbrüder gegeben. Doch die aktivsten Kämpfer gegen die israelische Besetzung waren lange Zeit palästinensische Nationalisten, die sich durch die PLO vertreten fühlten. Die israelischen Behörden hatten die Brüder geduldet, weil sie in ihnen eine Rivalenorganisation zur PLO erblickten. Diese haben in der Tat die PLO stets kritisiert, weil sie nationalen und nichtislamistischen Zielen den Vorrang gab.

Dem Führer der Brüder im Gazastreifen, dem gelähmten, aber hochangesehenen Scheich *Ahmed Ismail Yasin*, war es gelungen, unter dem Decknamen «Islamischer Kongress» die Bruderschaft auszubauen, so dass sie sich bis in die Westjordangebiete, teilweise sogar ins eigentliche Israel, ausbreiten konnte. Ihr Zentrum blieben jedoch Gaza und die dortige Islamische Universität.

Nach dem Ausbruch der *Intifada* (am 8. Dez. 1987) hatte der Scheich zuerst versucht, an der bisherigen Politik der Bruderschaft festzuhalten, welche der Erziehung und der Ausbreitung des Islams (natürlich in der Lesart der Brüder) den Vorrang gab. Scheich Yasin war 1984 zu 15 Jahren Gefängnis verurteilt worden, weil er es zugelassen hatte, dass 60 Gewehre in seinem Haus versteckt worden waren; doch war er 1985 wieder frei gekommen, im Zuge eines

Gefangenenaustausches mit den Israeli, den die Jibril-Gruppe zustande brachte. Er musste seither seine Organisation, den Islamischen Kongress, über Anhänger leiten, die als Strohmänner dienten.

Im Februar 1988 gab der Scheich dem Druck seiner Schüler und Gefolgsleute nach, gründete seinerseits eine islamische Widerstandsorganisation, die *Hamas* genannt wurde (Abkürzung für «Bewegung des islamischen Widerstandes» auf arabisch) und die ihrerseits zum politischen Kampf gegen den Zionismus aufrief.

Bald entstand eine deutliche Rivalität mit der sog. «Vereinigten Führung» der Intifada, die sich zur PLO bekannte. Hamas rief zum Streik an jenen Tagen und Stunden auf, an denen die Vereinigte Führung die Öffnung der Geschäfte erlaubte. Hamas veröffentlichte seine eigenen Communiqués, in denen oft an der Verhandlungsbereitschaft der Fatah-Führung Kritik geübt wurde. Hamas ruft zum Kampf gegen Israel bis zum Verschwinden des Staates der Juden auf.

Eine zweite islamistische Gruppe wurde von Jordanien aus geleitet. Sie nannte sich «Islamischer Jihad», hatte Verbindungen zu Khomeiny und trug sich mit der Absicht, durch Gewalttaten eine Konfrontation zwischen Israel und der PLO zu provozieren, um so die Palästinenserorganisation von ihrer Politik, einen Frieden mit Israel anzustreben, abzubringen. Scheich *As'ad Bayoud at-Tamimi* in Amman, der 1980 aus Hebron ausgewiesen worden war und oft in Teheran auf Besuch weilte, übernahm die Rolle eines geistlichen Oberhaupts des Islamischen Jihads. Eine der erfolgreichen Aktionen dieser Gruppe war ein Anschlag mit Handgranaten auf eine Verteidigungszeremonie israelischer Rekruten an der Klagemauer im Oktober 1986 gewesen. Obgleich der Islamische Jihad langfristig gegen die Versöhnungspolitik der PLO arbeiten wollte, hatte er zunächst eine taktische Allianz mit ihr geschlossen, um die Mittel zu erhalten, seine Gewaltakte durchzuführen.

Die Israeli bewirkten, dass die Amerikaner Druck auf König Hussein ausübten, damit er die Verbindungsleute zwischen Fatah und dem Islamischen Jihad aus Amman ausweise. Als diese, *Bassem Sultan, Marwan al-Kiali* und *Muhammed Hassan Bahis*, in Zypern anlangten, fielen sie in Limassol einem Bombenanschlag zum Opfer, dessen ihre Freunde, wohl zu Recht, die Israeli bezichtigten. Im Mai 1988 nahmen die Israeli zahlreiche Aktivisten des Islamischen Jihad fest; einer wurde des Landes verwiesen.

Dann gingen die Israeli gegen Hamas vor; zwischen Juli und September 1988 nahmen sie 120 angebliche Mitglieder der Organisation fest und im Mai 1989 Scheich Yasin selbst und 260 seiner angeblichen Mitarbeiter. Doch im Gegensatz zum Islamischen Jihad, bei dem es sich um eine relativ kleine Kampfgruppe gehandelt hatte, war Hamas, besonders in Gaza, tief verwurzelt, und die Israeli selbst wussten, dass neue Führungsfiguren nachwachsen würden.

Hamas sucht gegenwärtig alle jene Palästinenser auf seine Seite zu bringen, die den Friedensangeboten der PLO gegenüber Israel nicht zustimmen. Alle Versöhnungsgesten und Friedenspläne gegenüber Israel werden als «unislamisch» verurteilt. Iran unterstützt diese Politik propagandistisch und wohl auch finanziell. Geld für Hamas dürfte auch aus Saudiarabien kommen. Vorläufig ist der Einfluss von Hamas in den besetzten Gebieten noch kleiner als der der PLO; doch ist Hamas im Begriff zu wachsen. (Vgl. Ze'ev Schiff and *Ehud Ya'ari*: Intifada, The Palestinian Uprising – Israels Third Front, New York 1989, besonders S. 54–58 und 221–239.)

Ägypten

Die Radikalisierung der islamistischen Kleingruppen, die aus der Zeit der Verfolgung durch Nasser und oft direkt aus den Gefängnissen und Lagern hervorgingen, kam in einer Reihe von Anschlägen zum Ausdruck, die sich bald gegen den Staat und seine Symbolfiguren richteten. Die wichtigsten seien hier genannt. 1972 stiessen die soeben befreiten Brüder an den Universitäten mit den Nasser-Anhängern und den Kommunisten zusammen; gleichzeitig begannen die neuen «Islamischen Gemeinschaften», sich am Rande der offiziellen Bruderschaft zusammenzufinden. Eine von ihnen griff am 18. April 1974 die Militärakademie von Heliopolis an; Mitverschworene unter den Kadetten sollten sich der Waffen der Akademie bemächtigen und damit die Autokolonne Sadats überfallen, deren Vorüberziehen in der Nähe erwartet wurde. Der Anschlag schlug fehl, weil die Wache das Feuer auf die meuternden Kadetten eröffnete. Der Hauptorganisator, *Salih Sirriye*, ein Palästinenser, der in Kairo lebte, wurde hingerichtet. Er hatte in Kontakt mit den Brüdern und wohl auch mit der sogenannten *Tahrir-Partei* des Scheichs *Taqi ad-Din an-Nabahani* gestanden, die ihr Zentrum in Jordanien hatte. Eine Verwicklung Libyens in den Anschlag hingegen scheint die ägyptische Polizei aus politischen Gründen konstruiert zu haben, vielleicht, um die Aufmerksamkeit der Öffentlichkeit von den islamistischen Motiven des Anschlages abzulenken. (Sadat gab sich damals gerne als guter Muslim und gläubiger Staatsmann.) (Vgl. *Gilles Kepel:* Le Prophète et Pharaon, les mouvements islamistes de l'Egypte contemporaine, Paris 1984, S. 93; dies ist das beste Buch über die radikalen Kleingruppen in Ägypten, ihre Ideen und Aktionen.)

Innere Auseinandersetzungen unter den verschiedenen islamistischen Gruppen folgten. Der Staat versuchte, die ihm getreuen Geistlichen gegen die radikalen Gruppen zu mobilisieren. Diese Kämpfe und Polemiken brachten *Mustafa Schukri*, den Chef einer «Muslimischen Gemeinschaft», zum Entschluss, den ehemaligen Minister für religiöse Angelegenheiten, Scheich *Muhammed Hussein adh-Dhahabi*, zu entführen. Der Scheich hatte eine Schrift gegen die Extremisten verfasst. Für seine Freilassung forderten die Leute der «Gemeinschaft» Korrekturen des ägyptischen Gerichtsurteiles und Zurücknahme dessen, was ihnen als «Verleumdungen» erschien. Da ihren Forderungen nicht stattgegeben wurde, ermordeten sie am 7. Juli 1977 ihr Opfer. Eine Jagd auf die Schuldigen folgte. Ein Militärgericht liess Schukri und vier seiner Mitangeklagten im November 1977 hinrichten. Schukri war erst 1971 aus den Gefängnissen und Lagern des Nasser-Regimes entlassen worden.

1977 war auch das Jahr der Brotunruhen in Kairo (Januar) sowie jenes der Reise Sadats nach Jerusalem (November). Im folgenden Jahr sorgten die Behörden dafür, dass die Islamisten nicht mehr, wie zuvor, die Studentenwahlen an den Universitäten gewannen. In diesen war der «beschämende Frieden mit Israel» heftig kritisiert worden. Die Zeitschrift der Islamisten, *ad-Da'wa* (der Ruf), musste eingestellt werden.

Im April 1980 kam es zu heftigen Zusammenstössen zwischen Islamisten und Kopten in der mittelägyptischen Stadt Assiut. Die Konfrontation mit den Kopten wurde zur zweiten Hauptfront der Islamisten und ist es bis heute geblieben, nach der ersten und wichtigsten, der steten Konfrontation mit dem «heidnischen» Staat.

Nach der Schari'a sollten die Christen (und Juden) als «Völker» zweiten Ranges unter dem Schutz und der Aufsicht der Muslime stehen und sich nicht erkühnen, Gleichberechtigung mit ihnen zu fordern. Dieser Schari'a-Grundsatz kollidiert natürlich mit dem Grundprinzip eines modernen Staates, nach dem all seine Bürger gleichberechtigt sein sollen.

Die Islamisten suchten (und suchen noch heute) diesen Widerspruch auszunützen, indem sie gegen die Kopten agitierten, polemisierten und ihnen die Absicht unterstellten, sie wollten «die Muslime beherrschen». Da sich die Kopten anfänglich zur Wehr setzten, wozu ihr selbstbewusster Klerus sie ermutigte, gaben sie einer solchen Agitation allerhand Vorwände. (Vgl. die Darstellung von Mohamed Heikal: Autumn of Fury, London 1984, S. 147–174 und 225–288.)

Die oft blutigen Auseinandersetzungen mit den Kopten sollten nach dem Dafürhalten der Islamisten dazu dienen, die Sympathie der Muslime zu gewinnen, die Schwäche des Staates aufzuzeigen, der dieser Unruhen nur mit Mühe Herr wurde, und allgemein ein Klima der Unsicherheit und des Misstrauens gegen den Staat zu schaffen und auszubreiten.

Die Agitation gegen die Kopten fällt den Radikalen insofern leicht, als sie alten islamischen Regeln und Vorurteilen zu entsprechen scheint («die Ungläubigen müssen in ihren niedrigeren Rang zurückgewiesen werden»). Diese Überzeugungen sitzen so tief, dass es beispielsweise einem einfachen Polizisten (praktisch immer ein Muslim) schwerfällt, zu verstehen, warum er einen Kopten vor den Muslimen schützen soll. Ist seine Aufgabe als Vertreter des islamischen Staates Ägypten nicht eher die umgekehrte? mag er sich fragen.

Blutige Unruhen zwischen Islamisten und Kopten gab es auch im Juni 1981, in Kairo selbst (im Aussenquartier *Zawiya al-Hamrah*).

Im September liess die Regierung die islamistischen Gruppierungen verbieten. Der populäre islamistische Prediger *Abdul Hamid Muhammed Kischk* wurde eingekerkert. Sadat ordnete die Verhaftung von 1536 politischen Oppositionellen an, darunter viele Kopten und Islamisten. Die oppositionelle Presse wurde stillgelegt. Am 6. Oktober 1981 wurde Sadat ermordet, als er eine Armeeparade abnahm. Zwei Tage darauf versuchten die Islamisten in Assiut einen Aufstand, der die Polizei völlig überraschte, aber von der Armee blutig niedergeschlagen wurde.

Der Mörder Sadats, *Khalid al-Islambuli*, war ein 24jähriger Artillerieleutnant, dessen Bruder sich unter den 1536 von Sadat festgenommenen Oppositionellen befand. Er stand in Kontakt mit dem Ideologen einer der Aktivistengruppe, *Abdus-Salim Faraj*, der eine neue theologische Theorie entwickelt hatte, jene von der «verborgenen Pflicht». Der Islam kennt fünf Grundpflichten (Glaubensbekenntnis, Gebet, Almosensteuer, Ramadanfasten, Pilgerfahrt); nach Faraj gibt es auch eine sechste, «verborgene», nämlich Heiligen Krieg zu führen, besonders gegen eine muslimische Regierung, die versucht, den Muslimen ein nicht-muslimisches Gesetz aufzudrängen. Denn sie fällt damit selbst vom Glauben ab und zwingt auch ihre Untertanen in den Unglauben. (Vgl. Kepel, op. cit., S. 186 ff.)

Weitere islamistische Kontaktpersonen des Leutnants waren ein Hauptmann der militärischen Sicherheit in Kairo, *Abbud az-Zumur*, und *Karam Zuhdi*, der Chef einer islamistischen Gruppe in Assiut, welcher der Ansicht war, es seien die Kopten, die hinter der «anti-islamischen» Orientierung der Regierung steckten. Zuhdi hatte geglaubt, er könne in Assiut einen Volksaufstand auslösen. Abbud az-Zumur hatte eher an Kairo gedacht, hatte jedoch Zweifel, ob Kairo für den Aufstand reif sei, und forderte zwei Jahre weiterer Vorbereitungen. Doch die Parade, an der Islambuli teilnehmen sollte, war in den Augen der Mehrheit der Verschwörer eine zu günstige Gelegenheit, als dass man sie hätte verstreichen lassen dürfen.

Alle Genannten, Islambuli, Zuhdi, az-Zumur und Faraj, wurden am 15. April 1982 hingerichtet.

Nach dem Mordanschlag wurde in Ägypten der Ausnahmezustand ausgerufen. Er dauert, immer wieder verlängert, bis zum heutigen Tage an, und die Sicherheitsbehörden erklären, sie könnten ihn nicht aufheben, solange die islamistische Unruhe fortdauere.

Sadats Nachfolger, Präsident Mubarak, schlug eine doppelte Politik ein, indem er einerseits die gemässigten Muslimbrüder duldete, andererseits alles in seiner Macht Stehende tat, um gegen die staatsgefährdenden Elemente durchzugreifen. Er versuchte auch, den Vorwurf, Ägypten sei ein «heidnischer Staat», zu entkräften, indem er islamischen Zeremonien und Institutionen Unterstützung gewährte (Gebetszeiten im Fernsehen, Fernsehpredigten, Bilder des betenden Staatschefs, religiöse Seiten in den offiziellen Zeitungen, offiziell zugelassene – und kontrollierte – religiöse Gruppierungen, darunter auch die Mystiker, traditionelle Feinde der Islamisten; etc.). Gleichzeitig wurden die Prediger in den Moscheen einem strengen Zensurregime unterstellt; sie durften und dürfen bis heute nur jene Predigten halten, die ihnen von der entsprechenden Stelle des Religionsministeriums vorgeschrieben sind.

Die *offiziellen Muslimbrüder* erhielten keine Zulassung als Parteien. Doch wurde ihnen erlaubt, sich einzeln auf die Listen anderer Parteien setzen zu lassen, und die sog. Sozialistische Partei wurde zu ihrem politischen Partner und Protektor, unter dessen Namen jeweils kleinere Gruppen von bekannten Muslimbrüdern als Abgeordnete in die verschiedenen Parlamente gelangen konnten.

Diese Abgeordneten konzentrierten ihre Aktionen auf die Einführung der Schari'a als «einzige Quelle des ägyptischen Gesetzes». Sie setzten diese Forderung grundsätzlich sogar durch. Doch die Regierung hat bisher durch Kommissionen, die über die praktische Anwendung dieses Grundsatzes und seine Durchführung beraten, die Durchsetzung von neuen «islamischen» Gesetzen hinauszögern und relativieren können.

Die Extremisten jedoch sind bis heute in der Lage, Mordanschläge gegen Personen durchzuführen, die sie als ihre Feinde ansehen, und ihre Agitation gegen die Kopten, besonders in Mittel- und Oberägypten, wo sie recht schwer eingeschränkt werden kann, hat im Mai und Juni 1992 einen neuen Höhepunkt mit den blutigen Vorfällen in *Dairut* (bei Assiut) erreicht.

Der Umstand, dass nun der Sudan als Hochburg arabischer Islamisten zur Verfügung steht, beunruhigt natürlich die Verantwortlichen in Ägypten und belastet die Beziehungen zu Khartum. (Vgl. Le Monde, 2. 7. und 30. 7. 92. NZZ 24. 6. 92 und 30. 7. 92; Ermordung von Faraj Foda: Le Monde 10. 6. und 12. 6. 92.) Am 15. Juli 1992 wurden daher strenge Sondergesetze erlassen, die der Polizei zusätzliche Vollmachten erteilen. Eine grosse Polizeifahndung fand Ende Juli 1992 im Distrikt Assiut statt. In ihrem Verlauf wurden gegen 300 Menschen verhaftet und gegen 500 Waffen beschlagnahmt; am 22. und 23. August erschoss die Polizei in der gleichen Provinz im Dorf Manqabad sieben angebliche Islamisten, die von einem Haus aus, welches die Polizei durchsuchen wollte, das Feuer auf sie eröffnet hätten, wie die Polizei mitteilen liess. In der ganzen Region wurde wochenlang strenges Ausgehverbot verhängt, was das Leben für die gesamte Bevölkerung äusserst schwierig machte. Doch schon am 15. Oktober kam es zu neuen Zwischenfällen zwischen Kopten und Islamisten, in deren Verlauf vier Kopten ihr Leben verloren. Die Täter seien Mitglieder einer «Jamaa Islamiya» (= islamistische Gemeinschaft) gewesen; sie hätten einen der Ihrigen rächen wollen, der von Kopten zu Tode geprügelt worden sei, wollte die Polizei wissen.

Im September 1992 warnten die Islamisten, dass Touristen, die sich nach Oberägypten wagten, «wegen der dortigen Kämpfe» Gefahren ausgesetzt sein könnten; sie sollten sich deshalb nicht nach Luxor und Kena begeben. Am 8. Oktober erklärte sich eine «Islamische Jamaa» für zwei Anschläge verantwortlich, die kurz zuvor verübt worden waren, eine Explosion in einem Eisenbahnzug und die Beschiessung eines Touristenschiffs, bei der vier Ägypter das Leben verloren und 20 verletzt wurden. Kurz darauf kam es zu neuen Schüssen auf ein Touristentaxi, durch welche eine Engländerin tödlich verletzt und andere Ausländer verwundet wurden. Dies drohte der Beginn einer gezielten Aktion gegen den ägyptischen Tourismus zu werden, der wirtschaftlich für das Niltal von überaus grosser Bedeutung ist. Die Islamisten gaben auch drei Forderungen bekannt, die erfüllt werden müssten, wenn sie ihre Aktionen beenden sollten: das Recht, Missionsarbeit in ihrer Sache zu treiben; die Freilassung ihrer festgenommenen Mitglieder und ein Ende der

Folter von gefangenen Islamisten. Dass die ägyptische Polizei mit Hilfe von Foltermethoden verhört, ist in der Tat nur allzu wahrscheinlich.

Das Erdbeben in Kairo im Oktober 1992 bot den islamistischen Gruppen beider Schattierungen, der extremistischen wie der gemässigten, neue Gelegenheit, ihr Prestige bei der Bevölkerung zu steigern. Ihre Hilfsgruppen waren rascher mit Erster Hilfe und ersten Hilfsgütern (Zelte, Wolldecken, Nahrung) zur Hand als die Regierungsstellen. Gleichzeitig traf die Regierung der Vorwurf, sie habe nicht für eine konsequente Durchführung der Bauvorschriften gesorgt und sei daher mitschuldig am Zusammensturz vieler nicht vorschriftsmässig gebauter Häuser. Der «Kapitalismus», den die Regierung seit der Wirtschaftsöffnung unter Präsident Sadat zuliess, so betonten die islamistischen Kritiker weiter, sei ebenfalls schuld an der Überbevölkerung der Grossstadt und der schlechten Bauweise ihrer Massenquartiere und somit auch an der grossen Zahl der Erbebenopfer. Dies kann als weiteres Beispiel für die allgemeine Regel gelten, nach welcher die Islamisten aus allen Missständen politischen Gewinn zu ziehen vermögen, – jedenfalls bis zu dem Zeitpunkt, an dem sie selbst die Regierung übernehmen.

Die sich zäh fortsetzenden Unruhen haben natürlich sehr viel mit dem Elend zu tun, in dem ein grosser Teil der ägyptischen Bevölkerung lebt. Einfache Leute, aber auch Schüler, Studenten und Intellektuelle sind um so leichter für die Ideen der radikalen Islamisten mobilisierbar, je weniger Hoffnung sie hegen können, je auf einem anderen Wege als jenem des Gotteswunders (dem durch «Heiligen Krieg» nachgeholfen werden kann) dem Elend der Gegenwart und Zukunft zu entrinnen. Dabei handelt es sich nicht allein um materielles Elend, sondern auch um grundsätzliches Unwohlsein innerhalb ihrer heutigen «amerikanisch dominierten» Umwelt.

Jordanien

Jordanien beherbergt seit langer Zeit Muslimbrüder. Doch sind sie in Jordanien selbst selten gewalttätig geworden. Man kann dies damit in Verbindung bringen, dass sie nie mit ähnlich brutaler Gewalt unterdrückt worden sind wie ihre Glaubensgenossen in Ägypten und Syrien. Der jordanische Staat hat es bisher vermeiden können, dass sich die Spirale von Insurrektion und Repression allzustark hochschraubt. Die jordanischen Brüder fanden allerdings auch in den Nachbarländern, in Syrien wie in Israel und den besetzten Gebieten, hinreichend Betätigungsfelder für ihren Aktivismus.

In den ersten freien Wahlen für ein jordanisches Parlament, im November 1989, erhielten 20 von 26 als Muslimsbrüder bekannten Kandidaten sowie 11 weitere, die zur «islamischen Ausrichtung» gehörten, Sitze in der 80 köpfigen Versammlung.

Im August 1992 wurden in Jordanien zwei Parlamentarier des muslimischen Blocks und einige ihrer Anhänger festgenommen; auch *Mamduh Muheisin* wurde verhaftet, ein Muslimbruder, der zur Lokalregierung von Zerka gehört. Die Polizei warf den Parlamentariern vor, sie hätten Verbindungen mit bewaffneten Gruppen unterhalten und ihnen ein Auto für Waffentransporte zur Verfügung gestellt.

Die Polizei nützte den Umstand aus, dass während der Parlamentsferien in Jordanien die Parlamentarische Immunität der Abgeordneten nicht gilt. Sie will sechs verschiedene Waffenverstecke mit Hunderten von Schusswaffen und grossen Mengen von Munition ausgehoben haben, alle in Amman und deshalb nach Ansicht der Sicherheitskräfte für einen Aufstand gegen die Regierung Jordaniens bestimmt, nicht für die Infiltration nach Israel. In jenem Falle wären sie in der Nähe der Grenze angelegt worden, meinten die Polizeisprecher.

Mamduh Muheisin wurde angeklagt, diese Verstecke angelegt zu haben. Einem der Abgeordneten, *Leith Shubeilat*, wurde zur Last gelegt, er habe eine Jugendgruppe geleitet, die «Jugendgruppe der islamischen Mobilisation» heisse und in deren Lokalen ebenfalls Waffen gefunden worden seien. Diese Gruppe, hiess es weiter, habe mit den Aktivisten des Palästinensers *Ahmed Jibril* zusammengearbeitet, welcher seinerseits seit geraumer Zeit mit Teheran kollaboriert. Die beiden Hauptangeklagten erhielten 20 Jahre Gefängnis, wurden jedoch im November 1992 von König Hussein amnestiert.

Die Muslimbrüder haben im Irak 1951 zu wirken begonnen. Ihr Chef hiess *Sawaf*, und sie nannten sich «die Bruderschaft». Sie haben jedoch keine grössere Rolle zu spielen vermocht. Die Revolution von 1958 wurde von nationalistischen Militärs ausgelöst und durchgeführt, und später kam die ebenfalls nationalistische und dem Laizismus zuneigende Baath-Partei an die Macht. Die Bruderschaft hatte ohnehin nur die Chance, unter einem Viertel der Iraker zu wirken, nämlich unter den sunnitischen Arabern. Ein weiteres Viertel der Bevölkerung sind Kurden, und die andere Hälfte sind schiitische Araber.

Unter den Schiiten jedoch entwickelte sich eine eigene islamistische Bewegung in den Jahren zwischen 1954 und 1956. Ihr Hauptinitiator war der Geistliche von Najaf, *Muhammed Baqer as-Sadr*. Er scheint seine Bewegung, *ad-Da'wa* (der Ruf), ursprünglich gegründet zu haben, um dem wachsenden Einfluss des Kommunismus im armen irakischen Süden entgegenzutreten. Die Kommunisten fanden dort einen Ansatzpunkt, nicht nur weil die Bevölkerung arm war, sondern auch, weil die Schiiten des Iraks als Minderheit, was die politische Macht betrifft, den arabischen Nationalismus nicht als ihre Sache, sondern als jene der Sunniten ansahen. Ein pan-arabischer Zusammenschluss hätte eine gewaltige sunnitische Mehrheit ergeben, innerhalb derer die Schiiten dann auch zahlenmässig eine noch machtlosere Minderheit geworden wären. In den frühen sechziger Jahren gab es in Bagdad folgerichtig schiitisch-links gerichtete und sunnitisch-nationalistische Quartiere, deren Aktivisten einander blutig bekämpften.

Neben Baqer as-Sadr spielte die *Hakim*-Familie eine wichtige Rolle bei der Mobilisierung der schiitischen Jugend im Rahmen von Da'wa. *Muhsin al-Hakim*, der Grossayatullah, liess sich nur selten auf Politik ein. Um so aktiver waren seine Söhne. Der exilierte Khomeiny lebte in Najaf in Verbindung mit Baqer as-Sadr. As-Sadr verfasste das wichtigste Buch zur Wirtschaft, das in islamistischen Kreisen erschien, «Iqtisaduna» («Unsere Wirtschaft»), gefolgt von dem weniger bekannten «Falsafatuna», «Unsere Philosophie».

Er war es auch, der die theologischen Grundlagen für die Doktrin des «herrschenden Gottesgelehrten» formuliert hat, die Khomeiny dann zu der seinigen machen sollte. (Vgl. *Chibli Mallat*, Aux origines de la guerre Iran-Irak: l'axe Najaf-Téhéran, in: Les Cahiers de l'Orient, Paris, No 3; drittes Trimester 1986, S. 119–136.)

Schon kurz nach der Machtübernahme des Baath im Jahr 1968 kam es zu ersten Zusammenstössen zwischen den politischen Autoritäten und den schiitischen Geistlichen. Die Baath-Partei, deren damals zweiter Mann und Sicherheitsbevollmächtigter Saddam Hussein war, liess 1969 einen Sohn von Ayatullah Muhsin al-Hakim verhaften und klagte ihn der Kontakte mit der CIA an. Beim Tod Muhsin al-Hakims im folgenden Jahr kam es zu Volksdemonstrationen gegen diese Anschuldigungen.

Muhammed Baqer as-Sadr wurde nach seinen Biographien 1972, dann wieder 1974 und 1977 verhaftet. 1979 wurde er noch einmal festgenommen, als er sich an der Spitze einer Delegation nach Teheran begeben wollte, um Khomeiny zu seiner erfolgreichen Revolution zu gratulieren. Er wurde nach Volksprotesten in Najaf, die seine Schwester, *Bint al-Huda*, organisiert hatte, wieder freigelassen. Doch nach einem Anschlag am 1. April 1980 in der Munstansiriya-Universität in Bagdad, in dem *Tareq Aziz*, der künftige Aussenminister, leicht verletzt wurde und dem mehrere Studenten erlagen, sowie nach einem Bombenattentat auf den Trauerzug für die Opfer am 5. April liess Saddam Hussein Muhammed Baqer as-Sadr und dessen Schwester am 8. April festnehmen und hinrichten, nach iranischen Quellen «zu Tode foltern». Informationen über diesen Schritt kamen erst am 17. April in Paris ans Licht, und am 22. April liess Khomeiny in Iran die Staatstrauer verkünden. Die Spannungen an der irakisch-iranischen Grenze nahmen von da an rasch zu, und Provokationen von beiden Seiten waren an der Tagesordnung, bis der Irak im September 1980 den Krieg auslöste.

Einem Sohn al-Hakims, *Muhammed Baqer al-Hakim*, gelang die Flucht nach Teheran. Zusammen mit einem anderen Schüler des hingerichteten Sadr, *Mahmud al-Haschimi*, zog er 1982 in Teheran den «Obersten Rat für die Islamische Revolution im Irak», auf (engl. Abkürzung SAIRI), der seither eine Art islamischer Alternativregierung im iranischen Exil zum Regime des Baath im Irak darstellt.

Im Irak brach eine wütende Verfolgung der Anhänger von Da'wa aus. Allein aus der al-Hakim-Familie wurden 1983 130 Personen festgenommen, mindestens sechs davon (darunter drei Brüder von Muhammed Baqer al-Hakim) wurden hingerichtet. Zugehörigkeit zu Da'wa zog die sofortige Todesstrafe nach sich.

Die Schiiten beugten sich der staatlichen Gewalt. Doch gab es mehr Fahnenflüchtige, die sich während des Krieges in den grossen Sümpfen an der irakisch-iranischen Grenze versteckten, als das Regime zugeben wollte. Von der verbotenen Da'wa-Partei, die gelegentlich Bombenanschläge in Bagdad verübte, durfte während des Krieges in den irakischen Zeitungen überhaupt nicht gesprochen werden. Gleichzeitig war die Regierung bemüht, durch demonstrative Aktionen wie die Vergoldung der Kuppel der Moschee von *Kerbela*, durch Besuche des Staatschefs in dieser heiligen Stadt der Schiiten und ähnliches im Volk den Eindruck von islamischer Frömmigkeit zu erwecken.

Dass jedoch im geheimen die Loyalität der Bevölkerung gegenüber der schiitischen Führung weiter Bestand hatte, wurde deutlich, als im Februar 1991, nach der Niederlage Saddam Husseins in Kuwait (zweiter Golfkrieg), ein Volksaufstand gegen sein Regime ausbrach. Er erfolgte im Zeichen der islamischen Revolution und der Da'wa, erhielt einige iranische Unterstützung, propagandistisch wie materiell, forderte jedoch durch seine demonstrative Loyalität gegenüber der islamischen Revolution Irans das Misstrauen der Saudis heraus, die den Amerikanern rieten, den Aufstand nur ja nicht zu unterstützen. Diese liessen sich das gerne sagen, weil sie ihrerseits ihre Soldaten möglichst rasch zurückziehen und den «Sieg» feiern wollten. Dies geschah, der Aufstand brach zusammen, zuerst jener der Schiiten, dann auch jener der Kurden, der aus andern Gründen begonnen hatte, und die Bevölkerung des Südiraks sowie der kurdischen Berge hatte die Rechnung zu begleichen. Heute, zwei Jahre später gibt es Versuche der Amerikaner, die irakische Opposition doch wieder zu beleben und die in die Sümpfe geflüchteten Schiiten vor den Luftangriffen des Regimes von Bagdad zu bewahren. Hunderttausende von Schiiten und Kurden, in erster Linie Zivilisten, haben inzwischen unnötigerweise ihr Leben lassen müssen, und viele weitere Opfer sind zu erwarten, weil das blosse

Überfliegungsverbot der irakischen Schiiten natürlich keinen echten Schutz gegen die Brutalität der Schergen Saddam Husseins gewähren kann.

Saudiarabien

Dass in Saudiarabien etwas vom alten Geist der Wahhabiten aus der «Vorölzeit» lebendig geblieben war, erwies schlagartig die Besetzung der grossen Pilgermoschee von Mekka am 20. November 1979, dem ersten Tag des 15. Jahrhunderts nach islamischer Zeitrechnung. Sie wurde durchgeführt von einer Gruppe, die sich «Brüder» (Ikhwan) nannte und insgesamt etwa 3000 Anhänger besessen haben soll. Etwa 400–500 Personen (darunter sogar Frauen und Kinder) waren an der Besetzung beteiligt. Ihr Führer war *Juhaiman al-'Utaibi*. Das Wort «Ikhwan» bezog sich wohl nicht so sehr auf die Muslimbrüder als auf die arabischen *Ikhwan*, mit deren Hilfe Abdul-Aziz Ibn Saud sein wahhabitisches Reich aufgezogen hatte, die aber später gegen ihn rebellierten und deren Aufstand mit Gewalt niedergeschlagen wurde (1927–30).

Die Moscheebesetzer scheinen gehofft zu haben, dass die Bevölkerung von Mekka und vielleicht Teile der saudischen Armee ihnen zu Hilfe kommen würden. Jedenfalls riefen sie über die Lautsprecher der Minarette dazu auf. Sie wurden nach zähen Kämpfen und mit der Hilfe französischer Antiterrorspezialisten (die Tränengas verwendeten) aus der Moschee und deren unterirdischen Gängen vertrieben. 63 von ihnen wurden im Januar 1980 hingerichtet. Die gewaltsame Besetzung der besonders heiligen Pilgermoschee, in der und in deren Nähe alle kriegerischen Aktionen verboten sind, und deren Folgen galten den meisten Muslimen als grosser Frevel, und die Regierung nutzte diesen Umstand aus, um die Kritik, welche die Aufständischen an ihr übten, zu ersticken. Diese lautete im wesentlichen, die Regierung sei in Wirklichkeit «unislamisch» und korrupt. Die Aufständischen forderten u. a., alle nicht-muslimischen Fremdarbeiter hätten Saudiarabien zu verlassen, während alle Muslime ohne Einschränkungen zugelassen werden sollten.

Stärkere Betonung der äusserlichen Erfüllung der muslimischen Vorschriften im Königreich, z. B. obligatorische Schliessung aller Geschäfte während der Gebetszeiten und strengere Vorschriften der Geschlechtertrennung, waren die Konsequenzen, die die Regierung aus der Moscheebesetzung zog. Sie wollte künftig mehr denn je vermeiden, aus irgendwelchen formalen und äusserlichen Gründen als nicht-islamische Regierung verschrieen zu werden.

Gerade Saudiarabien galt während vieler Jahren als eine der Hauptquellen für die – oft beträchtlichen – Gelder der Islamisten. Anfangs, als die Saudis gemeinsam mit den exilierten Muslimbrüdern gegen Abdel Nasser kämpften, war es nicht erstaunlich, dass sie ihren Verbündeten mit Geld aushalfen. Später jedoch, als die Islamisten ausgesprochen revolutionäre Züge entwickelten und zu einer Gefahr für alle Regierungen der Region wurden, schien es widersprüchlich, dass das konservative Königreich Gruppen wie etwa jene Turabis im Sudan, die FIS in Algerien und andere mit ähnlichem Programm unterstützte.

Man kann aber viele und komplexe Gründe dafür anführen, dass dies doch geschah. Einer war die fast alles andere überschattende Rivalität mit Iran. Die Saudis konnten durchaus begründet der Meinung sein, dass, wenn sie solche Gruppen nicht unterstützten, diese sich in die Hände der Iraner begeben würden, mit denen zur Zeit der Herrschaft Khomeinys ein bitterer Streit bestand, der sich u. a. in iranischen Protestversuchen und politischen Demonstrationen auf der traditionellen Pilgerfahrt nach Mekka niederschlug, besonders im Juli 1987.

Doch spielte wohl auch eine Rolle, dass Saudiarabien als Ideal und ursprüngliches Ziel ebenfalls ein Gottesstaat vorgeschwebt hatte und dass viele führende Saudis noch immer der Ansicht waren, dieser sei im Königreich einigermassen erfolgreich verwirklicht. Solche Grundauffassungen machten es für die Saudis, und besonders die islamisch Interessierten unter ihnen, schwierig zu erkennen, dass gerade die Islam-Enthusiasten radikal islamistischer Observanz ihre eigentlichen Feinde waren.

Aus derartigen Gründen scheinen die saudischen Gelder weiter in die Kassen der arabischen Islamisten geflossen zu sein, jedenfalls bis zum Zeitpunkt des Kuwait-Krieges. Durch ihn sahen sich die Islamistenführer der arabischen Welt dann gezwungen, für oder gegen Saudiarabien Stellung zu nehmen. Die meisten versuchten, dem auszuweichen, indem sie sich zunächst als Vermittler anboten. Doch die vorherrschenden Volksmeinungen gegen Saudiarabien und für Saddam Hussein veranlassten schliesslich fast alle, sich für Saddam Hussein zu erklären, natürlich zur Wut und Enttäuschung der Saudis. Diese Parteinahme belastet heute das Verhältnis der Saudis zu den radikalen Gruppen, doch jenes zu den gemässigten Brüdern etwa in Ägypten oder Jordanien besteht fort. Ähnlich stehen die Dinge auch in den anderen Staaten des Golfkooperationsrates.

Afghanistan

Der Islamismus hat eine wichtige Rolle im Kampf der Afghanen gegen die sowjetische Besetzung gespielt; er droht aber auch eine entscheidende Wirkung auf das Nachkriegsringen auszuüben, das mit der Besetzung Kabuls durch die Widerstandskämpfer begonnen hat. Zur Zeit des Diktators Daoud, der 1973 den König gestürzt hatte und 1978 von seinen früheren Freunden, den Kommunisten, seinerseits gestürzt wurde, gab es an der Universität Kabul einen einflussreichen Professor der islamischen Theologie, der islamistische Thesen unter die Studenten bracht: *Burhanuddin Rabbani.* Zwei seiner Anhänger und er selbst haben in der späteren Politik eine wichtige Rolle gespielt. Rabbani war zwischen 1958 und 1960 in Ägypten gewesen und hatte dort begonnen, den Koran-Kommentar von Sayyid Qub zu übersetzen.

Die Islamisten Rabbanis waren erbitterte Gegner der Kommunisten, mit denen sie sich an der Universität – manchmal gewalttätig heftig – stritten. Im Jahr 1975 erhoben sie sich gegen Daoud, weil sie seine enge Bindung an die afghanische KP und die Sowjetunion missbilligten. Sie erhielten Unterstützung aus Pakistan, doch ihr Aufstandsversuch schlug fehl, weil die Bevölkerung nicht bereit war, ihnen zu folgen. Daoud rächte sich mit grausamen Verfolgungen, und viele der jungen Islamisten wurden eingekerkert oder umgebracht. Rabbani sowie den beiden jungen Aktivisten *Gulu-*

buddin Hekmatyar, einem Studenten der Ingenieurswissenschaften, und *Ahmed Schah Mas'ud*, einem Absolventen des französischen Lycées von Kabul, gelang es, nach Peshawar zu entkommen. Als 1978 die afghanischen Kommunisten mit Hilfe pro-kommunistischer Offiziere die Macht ergriffen, lebte der Widerstand im Namen des Islams wieder auf, weil die Jungkommunisten der neuen Regierung höchst rücksichtslos mit den Bräuchen und Gewohnheiten der konservativen Bauern umsprangen.

Nach dem Einmarsch der Sowjetarmee, welcher 1979 das bedrohte KP-Regime in Kabul retten sollte, breitete der Widerstand sich allgemein aus; die Amerikaner unterstützten ihn mit Waffen und Geld, und die Islamisten begannen, in ihm eine wichtige Rolle zu spielen.

Schon vor dieser Zeit, in den Jahren 1976 und 1977, war es unter den exilierten Islamisten in Peshawar zu einer Spaltung gekommen. Hekmatyar hatte seine eigene Partei aufgezogen, *Hizb-e-Islami* (die «Islamische Partei»), während Rabbani seine *Jami'at-e-Islami*, «Islamische Gesellschaft», beibehalten hatte. «Partei» bedeutete für Hekmatyar eine Kaderpartei: er strebte eine zentral geführte Elitegruppe an. «Gesellschaft» hingegen stand nach dem Denken Rabbanis für einen Zusammenschluss von Muslimen aller Art, der sich möglichst viele Richtungen anschliessen sollten. Ausserdem spielten ethnische Differenzen eine wichtige Rolle. Hekmatyar gehört zum Staatsvolk der Pashtunen (oder Pathanen), welche bisher Afghanistan beherrscht hatten. Rabbani war ein Tajike, das heisst Angehöriger der persophonen, meist städtischen Minderheit, die das grösste der vielen Minderheitsvölker Afghanistans darstellt. Die Minderheiten hatten bisher geringen Anteil an der Leitung des Staates gehabt und fühlten sich unterdrückt, was in der Tat besonders für die schiitischen Hazara der zentralen Bergtäler der Fall war. Die «Islamische Partei» Hekmatyars sollte später eine neue Spaltung weitgehend geographischer Art durchmachen, als sich die «Islamische Partei» unter Yunus Khales von ihr trennte. (Für Einzelheiten vergleiche: *Olivier Roy:* L'Afghanistan, Islam et modernité politique, Paris 1985.)

Unter den sieben «Parteien» genannten Kampfgruppen, die von Peshawar aus gegen die sowjetische Armee vorgingen, war jene

Hekmatyars das bevorzugte Instrument des pakistanischen Geheimdienstes. Dies war von grosser praktischer Bedeutung, weil die pakistanischen Militärs sich ausbedungen hatten, dass sie die Verteilung der von den USA gelieferten Waffen an die Partisanen übernähmen. Hekmatyar und die Seinen erhielten so die meisten und die besten Waffen und auch viel Geld. Die Pakistaner, damals unter Zia ul-Haq, der selbst den Islamisten nahestand, erblickten in Hekmatyar und seiner Partei ein Instrument, das es ihnen erlauben würde, nach einem eventuellen Sieg in Afghanistan über die Sowjetunion (früher ein politischer Gegner Pakistans und ein Freund Indiens) entscheidenden Einfluss auszuüben. Die Feinde Hekmatyars waren der Ansicht, er sei nichts anderes als ein «bezahlter Agent» des pakistanischen Geheimdienstes. Seinen Gefolgsleuten in Peshawar wurden viele Morde an andersdenkenden afghanischen Intellektuellen in Peshawar und im Inneren Afghanistans zur Last gelegt. Die Morde blieben alle unaufgeklärt, nach Ansicht der Kritiker Hekmatyars, weil der pakistanische Geheimdienst ihn schützte.

Ahmed Schah Mas'ud wurde andererseits der wichtigste Feldkommandant Rabbanis und dessen Jamiat-e-Islami. Militärisch führte er einen heroischen Abwehrkampf gegen die Russen im Panjshir-Tal. Politisch bildete er einen gemeinsamen Rat vieler Widerstandsgruppen im – tajikischen – Nordosten des Landes.

Ein «islamischer Staat» schwebt sowohl den Leuten der «Jamiat» wie jenen der «Partei» vor; auch die anderen Gruppen, von denen eine weitere, die von *Abdur-Rasul Sayyaf* (dem besonderen Günstling Saudiarabiens), ebenfalls als islamistisch zu gelten hat, sprechen von einem islamischen Staat. Die politisch entscheidende Frage jedoch ist immer, a) wer ihn regieren soll und b) was genau unter dem Begriff zu verstehen sei. (In Pakistan hatte sich der Streit um die genaue Definition eines islamischen Staates von 1948 bis 1958 hingezogen, bis der General Ayoub Khan die Macht an sich riss.) In Afghanistan wird die Auseinandersetzung dadurch noch weiter verschärft, dass c) das ethnische Moment hinzukommt: Wird dieser islamische Staat ein Staat der Paschtunen sein, oder werden die Minderheiten in ihm ein Mitspracherecht erhalten, und wenn ja, in welcher Form? Und gilt dieses Recht auch für die schiitische Minderheit?

Um diese drei Grundfragen drehen sich die neuen Kämpfe, die nach dem Einzug des Widerstandes in Kabul begonnen haben. Sie drohen das schwer geprüfte Land zugrunde zu richten. Neues Material über die inneren Kämpfe unter den afghanischen Widerstandsgruppen, in denen sich die Gruppe Hekmatyars bisher immer besonders hervortat, findet man in der ausführlichen Darstellung von *Michael Pohly*: Krieg und Widerstand in Afghanistan, Berlin 1991. Dort besonders Kapitel V: Der Krieg im Krieg: Islam killing oder *berâdar kûschi*, S. 340–384, und der dazugehörige Dokumentationsteil S. 460–490. Aus diesen Dokumenten und Erläuterungen geht die kalte Entschlossenheit Hekmatyars hervor, die Macht an sich zu reissen und alle Rivalen und Andersdenkenden mit Gewalt aus dem Weg zu schaffen. Das Buch macht auch die enge Abhängigkeit Hekmatyars vom pakistanischen Geheimdienst ISI noch deutlicher als zuvor.

Tunesien

In Tunesien begann der Islamismus Ende der siebziger Jahre mit der Einführung von «Gruppen zur Bewahrung der Korans» unter Scheich *Schadli Nayfar*; sie wurden von der Regierung unterstützt. Diese Unterstützung dauerte geraume Zeit an, weil Staatsgründer und -präsident Bourguiba in erster Linie die kommunistischen Intellektuellen fürchtete und in den islamischen Predigern ein nützliches Gegengewicht gegen sie sah. Die «Islamische Tendenz», wie sie sich nannte, konnte sogar zwei Zeitschriften veröffentlichen, *al-Maarifa* und *al-Mujtamaa*. Als ihr hervorragendster Intellektueller und Prediger trat *Raschid al-Ghannuschi* hervor, der als Philosophieprofessor wirkte.

Doch nach der iranischen Revolution und gewiss unter ihrem Einfluss politisierte sich die Bewegung. 1981 forderten ihre Mitglieder, dass ihre Gruppierung unter dem Namen «Bewegung der Islamischen Tendenz» als politische Partei anerkannt werde. Sie erklärten sich als Gegner der Gewaltanwendung und forderten, im demokratischen Prozess Tunesiens mitwirken zu dürfen. Doch sie sollten nie eine Zulassung als Partei erhalten, weder unter Bourguiba noch unter seinem Nachfolger Ben Ali. Der Staat gab als

Grund an, dass die Religion nicht als Argument in der politischen Auseinandersetzung verwendet werden dürfe; dies sei auch schon durch die Verfassung ausgeschlossen.

Am 18. Juli 1981 wurden die 25 Leiter der Gruppe verhaftet. (Namensliste der Festgenommenen mit Berufen und Herkunftsorten in *Sou'al* [Paris], Nr. 5, April 1985, S. 178; dort auch übersetzte Texte der Bewegung.) Rund 60 ihrer Aktivisten wurden ebenfalls festgenommen. Im August 1984 kamen sie, nach Verhandlungen mit der Regierung, ohne Prozesse wieder frei. Im Januar jenes Jahres waren in Tunis «Brotunruhen» ausgebrochen. Es kam in der Folge zu Spaltungen innerhalb der Bewegung: Radikale Gruppen wollten revolutionäre Gewalt anwenden; eine Gruppe von fortschrittlich orientierten Intellektuellen hingegen liess eine Zeitschrift erscheinen, die in Anspielung auf das 15. Jahrhundert der muslimischen Zeitrechnung und das bevorstehende 21. Jahrhundert der «Moderne» «15/21» hiess). Die Autoren versuchten darin für ein «aggiornamento» des Islams zu wirken, aber ihre Anstrengungen wurden von den Islamisten vehement zurückgewiesen. «Jüdische und freimauererische Verbindungen», das war noch der mildeste Vorwurf, dem sie sich von seiten der Islamisten ausgesetzt sahen.

Die Auflösung der Bewegung in verschiedene Gruppen bewirkte, dass einige – möglicherweise von der Polizei dazu provozierte – junge Islamisten zu gewalttätigen Demonstrationen schritten. Dies führte zu erneuten Festnahmen und mehreren Todesurteilen gegen angebliche Mitglieder eines «Islamischen Jihad» am 10. Juli 1986 durch ein Militärgericht; drei Hinrichtungen fanden statt.

Im März 1987 wurden 24 führende Mitglieder der Bewegung verhaftet, unter ihnen auch al-Ghannuschi. Sie wurden angeklagt, mit iranischer Unterstützung einen Umsturz vorbereitet zu haben, bestritten diese Vorwürfe jedoch. Tunesien brach seine Beziehungen mit Iran ab. Es kam zu Demonstrationen an der Universität und zu Bombenanschlägen, für welche die «Bewegung» die Verantwortung ablehnte. Weitere Verhaftungen und Verschwörungsanklagen folgten im Mai und Juni 1987. Es kam zu «Geständnissen» vor laufender Fernsehkamera. Ein Prozess vor einem Staatssicherheits-Gericht begann am 27. August und sprach am 27. September 1987 sieben Todesurteile aus (davon 5 in Abwesenheit). Al-Ghannuschi wurde zu lebenslänglichem Zuchthaus verurteilt, andere Strafen lauteten auf 2 bis 20 Jahre Zuchthaus; 14 Angeklagte wurden freigesprochen.

Die Absetzung Bourguibas durch seinen Ministerpräsidenten, früheren Innenminister und Geheimdienstchef, *Zain al-Abidin Ben Ali*, hing mit diesem Prozess zusammen. Bourguiba hatte eine grössere Zahl von Todesurteilen gefordert, sein Ministerpräsident sah dies jedoch als unverantwortbar an und schritt zu Bourguibas Unfähigkeitserklärung und Absetzung am 7. November 1987.

Ben Ali liess die Islamisten weitgehend begnadigen. Al-Ghannuschi wurde im Mai 1988 freigelassen und verliess im Jahr darauf Tunesien. Weitere Amnestien folgten bis ins Jahr 1989 hinein. Es entstand ein politischer Dialog der Regierung mit der Opposition, an dem sich die «Bewegung der Islamischen Tendenz» beteiligen durfte. Sie durfte auch eine Wochenzeitung herausgeben, *«al-Fajr»* (die Morgenröte). Doch eine Zulassung als Partei erhielt sie nach wie vor nicht.

Diese Zeit der Entspannung ging jedoch zu Ende, als die Bewegung vom November 1989 an heftig mit dem Erziehungsminister *Muhammed Cherfi* zusammenstiess. Sie hatte sich inzwischen den neuen Namen «en-Nahda» (Wiedergeburt) gegeben, um alles Islamische aus ihrem Namen auszumerzen, gewiss in der (vergeblichen) Hoffnung, dadurch eher als Partei zugelassen zu werden. Der Erziehungsminister wollte alte Lehrbücher über den Islam aus der Zeit des unter Bourguiba laizistischen Staates wieder einführen. Den neueren warf er vor, sie lehrten die Kinder den «Obskurantismus, wie er für die ‹integristische› Bewegung charakteristisch» sei.

Die Islamisten bezeichneten dies als eine Verunglimpfung «des Islams» und eine «Verletzung der heiligsten Gefühle unseres Volkes». Sie forderten seinen Rücktritt, agitierten an den Universitäten und an den Mittelschulen. Doch der Präsident deckte seinen Erziehungsminister.

In der Folge kam es zu fortwährenden Unruhen und kleineren Zusammenstössen zwischen Islamisten aller Gruppierungen und der Polizei. Sie dauerten an, bis am 18. Mai 1991 der Staatschef in einer Rede vor einem Kongress der Staatspartei ein angebliches Komplott der Islamisten enthüllte, das auf einen Umsturz hingearbeitet habe. Al-Ghannuschi dementierte von Algier aus. Er besass nun einen sudanesischen Diplomatenpass, mit dem er zwischen Paris und der arabischen Welt reiste. Das Innenministerium teilte mit, 300 Personen seien verhaftet worden, davon 100 Militärs, auch Offiziere bis zum Grad von «Commandants». Ein Bericht von *amnesty international* sprach von 8000 Verhaftungen in 18 Monaten und von Folterungen (4. März 92). Zwei Prozesse gegen die der Verschwörung angeklagten Islamisten, 171 Mitglieder von «en-Nahda» und, in einem zweiten Verfahren, gegen 108 angebliche Angehörige einer Organisation, die sich «Opferkommandos» genannt habe, begannen im Juli 1992. Mehrere Angeschuldigte erklärten, ihre Geständnisse seien durch Folter erpresst worden.

Ende August wurden die Urteile verkündet. Obgleich die Anklage 19 Todesurteile gefordert hatte, davon 10 in Abwesenheit der Angeklagten, sprach das Militärgericht keine Todesurteile aus. Sechs der 171 Angeklagten wurden zu 30 Jahren Zuchthaus verurteilt, andere zu Haftstrafen von drei bis 20 Jahren. Die vom Gericht als erwiesen erachtete Anklage lautete, die Gruppierung habe den Umsturz des Staates angestrebt, zu diesem Zweck Waffenlager angelegt und auch geplant, Staatschef Ben Ali durch eine «Stinger»-Rakete, die auf sein Flugzeug abgeschossen werden sollte, zu ermorden. Vier Angeklagte, alle Mitglieder der Streitkräfte, wurden freigesprochen. Von den 171 Abgeurteilten waren nur 134 in Haft, die übrigen befanden sich ausser Landes und wurden in Abwesenheit verurteilt. Die meisten der Angeklagten erklärten, sie seien durch Folterungen zu falschen Geständnissen gezwungen worden. Auch im zweiten Prozess gegen 108 Personen wurden keine Todesurteile ausgesprochen; doch 11 Personen wurden zu 30 Jahren Gefängnis verurteilt. Es gab fünf Freisprüche. Die übrigen Angeklagten erhielten zwischen einem und 20 Jahren Gefängnis.

Die bekanntesten Führer von «en-Nahda», unter ihnen Rachid Gannouchi, waren geflohen und wurden im Abwesenheitsverfahren zu lebenslänglichen Strafen (= 30 Jahre) verurteilt. Unter den in Tunesien Verbliebenen befanden sich *Sadok Chourou* und *Habib Ellouz*, die beiden Hauptführer der Gruppierung in Abwesenheit Ghannouchis.

Vor den Zusammenstössen seiner militanten Anhänger mit der Polizei Bourguibas und später Ben Alis galt Ghannouchi als der offenste und am stärksten demokratisch ausgerichtete unter allen arabischen Islamisten. Doch Präsident Ben Ali ist seinerseits nicht gewillt, der Partei Ghannouchis eine Chance zu geben. Seiner Ansicht nach besteht die Gefahr, dass sie die Macht mit demokratischen Mitteln ergriffe, danach jedoch einen jeden demokratischen Machtwechsel ablehnte. Er hatte konsequenterweise auch dem algerischen Präsidenten, Ben Jedid, davon abgeraten, die algerische FIS als Partei zuzulassen. (Vgl. NZZ 25. Aug. 1992.)

Das harte Vorgehen Ben Alis gegen die tunesischen Islamisten hat ohne Zweifel mit den Erfolgen zu tun, die sie in Algier davongetragen haben. Dort hatte die «Rettungsfront» die Lokalwahlen vom Sommer 1990 gewonnen, und sie war im Begriff, die Parlamentswahlen vom Januar 1992 ebenfalls zu gewinnen, als die algerische Armee eingriff. Die tunesischen Behörden hatten mehrmals durchblicken lassen, dass ihrer Ansicht nach Präsident Chadli Ben Jedid einen Fehler begangen habe, als er der «Rettungsfront» (FIS) erlaubte, als Partei aufzutreten. Jedenfalls waren sie nicht gewillt, ihrerseits ihren tunesischen Islamisten zu gestatten, auf der politischen Ebene zu konkurrieren.

Der grosse politische Widerhall, den die Islamisten in Tunesien fanden, dürfte mit der Lage der tunesischen Jugend zusammenhängen. Der Staat hatte eine grosszügige Erziehungspolitik betrieben; doch die Schaffung von Arbeitsplätzen, vor allem höheren, wie sie Absolventen der Mittelschulen und Universitäten anstrebten, hatte nicht mit der verbesserten Schulbildung der Bevölkerung Schritt gehalten. Leitende Posten waren oft von Vertretern der älteren Generation besetzt, die nach der Unabhängigkeit aufgerückt waren. Die wenigen Stellen, die frei wurden, waren für die Privilegierten der Staatspartei und deren Kinder reserviert. Die meisten Schul-

und Universitätsabsolventen haben daher wenige oder gar keine Aussichten auf ein befriedigendes Berufsleben.

Französisch bleibt in Tunesien die Sprache des politischen und wirtschaftlichen Erfolges, und wer auf Arabisch beschränkt ist, hat wenig Aufstiegsaussichten. Deshalb war die Aufwertung des Arabischen stets eine volkstümliche Forderung der Islamisten. Die Islamisten entfalteten darüber hinaus eine rege soziale Aktivität, Unterricht in den Elendsvorstädten, medizinische Versorgung, Mütterberatung, juristische Beratung, Hilfe beim Haus- und Hüttenbau, dies alles durch ihre Freiwilligen. Ihre sozialen Bestrebungen hatten für sie einen doppelten Nutzen; sie machten sie beliebt bei der unterprivilegierten Bevölkerung, und sie gaben ihren Freiwilligen eine befriedigende Beschäftigung, auf die sie mit Recht stolz sein konnten.

Es gelang den Islamisten auch lange Zeit, Gelder von ihren Freunden aus Saudiarabien und den Golfstaaten für ihre Wohltätigkeitsprojekte locker zu machen. Der Staat, in der selbstzufriedenen Ruhe seiner *de-facto*-Einheitspartei erstarrt, die oft mit Korruption einherging, fand sich auf sozialem Gebiet von den Islamisten unversehens überboten. Um so schärfer reagierte er auf vermeintliche oder tatsächliche Verschwörungsversuche. (Vgl. auch: *Muhamed Elbaki Hermassi*: La société tunisienne au miroir islamiste, in: Maghreb-Machrek Nr. 103, 1. Trimester 1984, S. 39–56.)

Algerien

Auch in Algerien erblickte ein grosser Teil der Bevölkerung in den Islamisten eine neue Hoffnung, nachdem alle Hoffnungen und Erwartungen, die man nach der mit vielen Opfern verbundenen Erringung der Selbständigkeit gegenüber dem «eigenen, unabhängigen und sozialistischen Staat» gehegt hatte, zunichte geworden waren. Die algerischen Regierungen unter Boumédiène und Chadli Ben Jedid waren in der Lage gewesen, dank dem Erdöleinkommen des Staates ihre schon von Beginn an falsch konzipierte Wirtschaftspolitik so lange weiterzuführen, bis das Land tief verschuldet war: Ohne sein Erdöl hätte es gar nicht so viele Schulden machen können. Die herrschenden Schichten, immer eng verschränkt mit der Armee und den Sicherheitskräften, arbeiteten um so konsequenter in die eigene Tasche, je deutlicher sie erkannten, dass das staatliche Wirtschaftssystem das Land nicht wirklich voranbrachte. Wenn sie schon für Algerien nichts tun konnten, wollten sie wenigstens etwas für ihre Familien und Freunde erreichen und dabei selbst gut leben!

In den vom Staat gelenkten Zeitungen konnte man von Korruption nichts lesen; doch die Bevölkerung sah die Luxusautomobile und -restaurants ihrer privilegierten Schicht und bezahlte, weil es nicht anders ging, selbst Schmiergelder und Schwarzmarktpreise, so dass sie sich den Rest gut ausmalen konnte. Tiefste Skepsis über die Herren von der Staatspartei griff um sich, man hielt sie, keineswegs ohne Grund, alle für hoffnungslos korrupt. Geburtenüberschuss, Wohnungsnot, grossstädtisches Elend, Schwarzmarkt, Korruption und Arbeitslosigkeit, vor allem der jungen Generation, zusammen mit einer verfehlten Erziehungspolitik taten das Ihrige, um den Islamisten in die Hand zu spielen.

In der Folge wurden die Schulen sehr schnell und sehr plötzlich arabisiert. Dazu wurde eine Methode gewählt, die auf unverstandenem Nachplappern beruhte und zur Folge hatte, dass die sogenannten «Arabisierten» am Ende ihrer Mittelschule *weder* des Arabischen *noch* des Französischen mächtig waren noch einigermassen klar zu denken vermochten. Dies hatte wiederum zur Folge, dass die wenigen rentablen und gut bezahlenden Staatsunternehmen, vor allem Sonatrach, die Erdölfirma des Staates, welche unter vielen Kandidaten auswählen konnten, systematisch jene bevorzugten, die eine «nicht arabisierte» französische Schulausbildung besassen. So war es kein Wunder, dass die grosse und beständig wachsende Masse der enttäuschten und sich benachteiligt fühlenden «Arabisierten» zum Fussvolk der Islamisten wurde.

Ohnehin sah der grösste Teil der Algerier im Islam der «Rettungsfront» (dies ist die richtige Übersetzung des arabischen Namens, nicht die übliche, über den Umweg des Französischen zustande gekommene «Heilsfront») etwas grundlegend Neues, das versprach, einen endgültigen Schlussstrich unter das bisherige, als völlig verrottet geltende Regime zu ziehen.

Die islamistische Bewegung wurde zuerst in den Vorstädten sichtbar, wo inoffizielle Gebetsräume entstanden, oft in Garagen und Kellerräumen, mit Predigern, die oft erstaunlichen Zulauf genossen. Später gelang es vielen der Islamisten, die offiziellen Moscheen zu übernehmen und die vom Staat bestallten Prediger auszuschalten, oft durch Demonstrationen der Gemeinde, die ihre Abneigung gegen die «Staatlichen» deutlich machten. (Vgl. *Ahmed Rouadjia:* Les frères de la mosquée, Enquête sur le mouvement islamiste en Algérie, Paris 1990.)

Es gab auch schon früh einen gewalttätigen, «revolutionären» Islamismus. Er drückte sich am deutlichsten in der Bewegung des früheren Widerstandskämpfers *Mustafa Bouyali* aus. Doch schon zuvor war es zu Zusammenstössen mit der Polizei gekommen: Ein grosser Streik der «Arabophonen» führte am 2. November 1982 zu Zusammenstössen zwischen Islamisten und Progessisten auf dem Universitätsgelände von Algier-Ben Aknoun; ein Student wurde dabei erstochen. Dies führte zu 29 Verhaftungen, worauf eine Protestgebetsversammlung von 5000 Personen folgte, die eine Petition an die Regierung aufsetzten. Sie forderten eine noch energischere Arabisierung und eine Regelung des Familienrechtes, die sich noch enger an jene der Schari'a anschliesse. Die drei Hauptinitianten wurden festgenommen: die beiden greisen Scheichs, *Ahmed Sahnun* und *Abdellatif Soltani*, beide bekannt als moralisierende Prediger im Sinne der Islamisten, sowie der Philosophie- und Theologieprofessor *Abbassi Madani.* Dieser blieb ein Jahr lang eingekerkert, während die beiden Scheichs bald wieder entlassen wurden.

Mustafa Bouyali scheint sich gegen den Staat erhoben zu haben, nachdem die Polizei seinen Bruder erschossen hatte und ihn selbst hatte verhaften wollen. Er floh durch ein Fenster. Zwischen Ende 1982 und Februar 1987 vermochte er in seinem Heimatgebiet nördlich von Algier regelmässig der Polizei zu entkommen, wenngleich diese zahlreiche seiner Gefährten verhaftete. Er überfiel Polizeiposten, um sich Waffen zu verschaffen, und verfügte über einen organisierten Bund von Mitgliedern mit Verantwortlichen für verschiedene Aufgaben wie Ankauf von Medikamenten, von Stichwaffen, Beschaffung von Geldern, Öffentlichkeitsarbeit etc. Seine

Bewegung nannte sich «Mouvement Islamiste d'Algérie»; er selbst war «Emir» der Bewegung. Er fiel schliesslich einem Polizeihinterhalt zum Opfer. Mehrere Prozesse gegen seine Anhänger wurden unter Geheimhaltung durchgeführt, namentlich 1985 gegen 134 seiner angeblichen Anhänger mit eher milden Urteilen und 1987 gegen 202 Angeklagte mit strengeren Verurteilungen; darunter vier Todesurteile, eines davon in Abwesenheit des Angeklagten, fünf lebenslängliche, sieben zwanzigjährige Haftstrafen etc. Über Bouyalis Projekte und Pläne weiss man nicht sehr viel.

Die Anklageschriften wurden geheimgehalten; nur dem Oppositionellen Ben Bella gelang es, im Ausland Auszüge aus ihnen zu veröffentlichen. Danach habe es Pläne gegeben, den Ministerpräsidenten zu ermorden und den Parteichef der Staatspartei, Messaadia, zu entführen; weiter das grosse Hotel Aurassi in Algier, den Sitz der Frauenbewegung der Staatspartei, ein Bierlokal etc. zu sprengen. Dazu war es freilich nie gekommen. *Ali Ben Haj*, heute der zweite Mann der «Rettungsfront» (FIS), gehörte zu den Parteigängern Bouyalis. Seine Guerilla scheint aus einer Gruppe hervorgegangen zu sein, die seit Juli 1982 bestanden hatte und sich «Verteidigungsgruppe gegen das Verbotene» (verboten natürlich nach dem Gottesgesetz) nannte. Die damaligen algerischen Zeitungen sprachen nur von «Banditen», doch die Bevölkerung wusste natürlich mehr. (Vgl. *François Burgat*, L'Algérie de la laicité islamique à l'islamisme. In: Maghreb-Machrek (Paris), Nr. 121, 3. Trimester 1988, S. 43–59. Siehe auch das «Dossier» in der folgenden Nummer.)

Der Durchbruch zur legal anerkannten Partei gelang der islamistischen Front, FIS, nach den verzweifelten und blutigen Unruhen vom 5. bis 10. Oktober 1988 in Algier, die von der Armee niedergeschlagen wurden; jedoch in solch grausamer Weise, dass Ben Jedid sich nach ihnen entschloss, ein demokratisches Mehrparteiensystem zuzulassen.

Die neuere Entwicklung dürfte noch in so frischer Erinnerung sein, das hier Stichworte genügen mögen: Lokalwahlen mit Sieg des FIS, absolute Mehrheit in kommunalen und regionalen Wahlen am 12. Juni 1990. Ausnahme Kabylei, Festung des laizistischen FFS (Front des Forces Socialistes) von *Hussein Ait Ahmed*. Im Vorfeld der

Parlamentswahlen: Machtprobe zwischen dem Staat und dem FIS im Mai und Juni 1991. Die Front ist unzufrieden mit dem Wahlgesetz, das sie ihrer Ansicht nach benachteiligt. Sie schreitet zu Massendemonstrationen und Streiks, fordert ein neues Wahlgesetz und vorgezogene Präsidentschaftswahlen nach sofortigem Rücktritt Chadli Ben Jedids. Die Armee greift durch: offiziell 17 Tote am 4. Juni in Algier, Ausnahmezustand für 4 Monate, Verschiebung der Wahlen; Massenverhaftungen von FIS-Aktivisten; am 9. Juni stehen 244 Angeklagte wegen Auflehnung vor Gericht. Neue Unruhewelle ab 20. Juni. Bis zum 29. gibt es 26 Tote und 220 Verwundete. Am 30. Festnahme von Abbassi Madani und Bel Haj wegen «Verschwörung gegen die Sicherheit des Staates», Verhaftung von 2500 FIS-Mitgliedern. Madani und Bel Haj bleiben im Gefängnis.

Der erste Wahlgang der Parlamentswahlen wird vom 26. bis 28. Dezember 1991 durchgeführt. Der FIS gewinnt ihn mit 188 Mandaten (von total 430); FLN (Front de la Libération Nationale) erhält nur 16 Mandate; FFS 25; 3 gehen an Unabhängige. Für die Stichwahl bleiben 199 Wahlbezirke; davon versprechen 171 Erfolg für den FIS, 46 für den FLN. Am 11. Januar 92 muss Chadli ben Jedid unter Druck der Armee zurücktreten. Das Parlament wird aufgelöst. Ein Hoher Sicherheitsrat und Staatsrat werden gebildet. Im Sicherheitsrat sitzen drei Generäle (Nezzar, Guennaizia und Belhker), der Innenminister, der Ministerpräsident, der Aussenminister und der Justizminister. Den Vorsitz des Staatsrates übernimmt am 14. Januar 1992 die historische Figur des Algerischen Freiheitskampfes, *Muhammed Boudiaf.* Offizielle Zahl der Verhafteten: 5000, der FIS spricht von 14 000. Angriffe auf vereinzelte Soldaten und Polizisten, Unruhe an allen Universitäten. Ausrufung des Notstandes auf 12 Monate am 9. Februar. Offizielle Zahlen am 17. Februar: 8891 Verhaftete, davon 6786 in Lagern in der Sahara. Auflösung der FIS am 4. März. Die Anschläge auf Polizisten und Soldaten nehmen ab, aber hören nicht auf. Boudiaf wird am 29. Juni 1992 in Annaba ermordet. Neuer Präsident wird *Ali Kafi.* Abbassi Madani und Ali Bel Haj werden am 15. Juli zu je 12 Jahren Gefängnis verurteilt. Dies Urteil gilt als milde, die Todesstrafe war beantragt. Doch das Anklagedossier scheint von geringfügigem Inhalt und entsprechender Beweiskraft gewesen zu sein.

Über den Mord an Boudiaf gehen Gerüchte um, die wissen wollen, hinter dem Mord steckten nicht die Islamisten, sondern eine «Mafia» von Mächtigen, welche die Massnahmen Boudiafs gegen die Korruption gefürchtet habe ... Andeutungen von manchen Behörden scheinen dies zu bestätigen. Die Anschläge auf Polizisten und Soldaten dauern weiter an. Ob die regierenden Machthaber in der Lage sein werden, die wirtschaftliche Notlage des Landes grundlegend zu verbessern, scheint höchst ungewiss. (Vgl. NZZ, 1. Aug. 92)

Marokko und Libyen

In Marokko und Libyen sind die Islamisten nie sehr stark geworden, und zwar in beiden Staaten aus dem gleichen Grund: Sie werden regiert von charismatischen Staatschefs, die genau darauf achten, dass keine Konkurrenzbewegung ihnen den Wind aus den Segeln nimmt. Im Falle Marokkos ist dies König Hassan II., der selbst eine religiöse Stellung einnimmt. Sie geht auf die Geschichte des Landes zurück. Die Könige tragen den Titel «Befehlshaber der Gläubigen», den sie sich in den Jahrhunderten der Kämpfe gegen die spanischen, portugiesischen und französischen Eroberer erstritten hatten. Von den einfachen Leuten, besonders auf dem Lande, werden sie heute noch als die von Gott eingesetzten und in seinem Namen herrschenden «Befehlshaber» angesehen. Hassan II. versteht es, dieses Prestige zu kultivieren und auszunützen. Er ist aus diesem Grund in der Lage, bei allen Wahlen eine «Partei des Königs» aufzuziehen, die dann die Wahlen gewinnt, gleich unter welchem Namen, solange nur klar bleibt, dass sie die Partei des Königs ist.

Die Geistlichen des Landes werden genau überwacht, um zu verhindern, dass sie dem Prestige der Monarchie Schaden tun können. Unter diesen Umständen kommt es wohl einmal zu einzelnen kritischen Stimmen; sie werden jedoch durch die Sicherheitsdienste zum Schweigen gebracht, sobald sie als gefährlich eingestuft werden.

Die Episode von *Abdus-Salam Yasin* ist bezeichnend. Dieser ideologisch den Muslim-Brüdern nahestehende Einzelgänger schrieb 1974 einen offenen Brief an den König, dessen Titel schon seine These klar macht: «Der Islam oder die Sintflut». Entweder der König bekehre sich zum Islam der Brüder, oder es sei mit seiner Herrschaft vorbei. (Auszüge in französischer Sprache in *Sou'al* 1985 – wie oben – S. 151–157.) Dieser Brief trug Yasin 3½ Jahre Gefängnis und Internierung in einer Nervenheilanstalt ein. Später versuchte er immer wieder, Zeitschriften zu veröffentlichen und Vereine zu gründen, was ihm stets neue Übergriffe der Polizei eintrug.

Auch der Fall von *Muhammad Abdulkarim Mutí* (auch Moti geschrieben) ist typisch. Er war ursprünglich Aktivist und Gewerkschaftsführer der Linkspartei USFP (Union Socialiste des Forces Populaires) gewesen, kehrte aber als neubekehrter Muslimbruder von seiner Pilgerfahrt nach Mekka zurück. Mit Billigung des Staates gründete er eine «Islamische Jugend», die sich den damals modischen «Maoisten» entgegenstellte. Er hielt sich oft in Saudiarabien auf, zeitweise als Flüchtling, weil ihm vorgeworfen wurde, er habe beim Mord an dem bekannten Sozialistenführer *Umar Ben Jallun* am 18. Dezember 1975 mitgewirkt – vielleicht als Instrument der Polizei.

Die Verhältnisse in Marokko und jene in Saudiarabien legen den Gedanken nahe, dass unter weitgehend traditionellen Herrschaftsstrukturen in islamischen Ländern Macht und Religion so eng miteinander verwoben sind, dass die Islamisten nur schwer ein Vakuum finden, das die Verbreitung ihrer Lehre begünstigt. In den vorübergehend eher «laizistischen» Staaten, deren Regime anfänglich den westlichen nachgebildet waren, scheint dies anders zu sein. In ihnen kümmerte der Staat sich weniger um die Religion und liess die Moscheen vorübergehend relativ frei und unbeaufsichtigt, so das sie den Islamisten als Keimzellen dienen konnten (vgl. Iran, Ägypten, Syrien, Sudan u. a.).

Was Libyen angeht, so galt Ghaddafi unmittelbar nach seiner Machtergreifung von 1969 den Islamisten als ein Freund. Er war damals der Ansicht, Abdel Nasser habe nur einen einzigen Fehler begangen, nämlich den, dass er die Bedeutung des Islams unterschätzt habe. Doch Ghaddafi sollte in späteren Jahren seine eigene Ideologie entwickeln, die er in den «Grünen Büchern» niederlegte. Diese Ideologie widerspricht bis auf die Farbe der Bücher in vielem dem traditionellen Islam. So lehnt Ghaddafi etwa die Schari'a ab, weil er ihre Grundlage, den *Hadith* (Überlieferungen vom Propheten), als ungewiss ansieht. Er stiess mit den Religionsgelehrten hart zusammen, als er 1979 nach Fertigstellung des 3. Teils seines Grünen Buches forderte, dieses solle von den Kanzeln der Moscheen den Gläubigen vorgelesen werden.

Die Muslim-Brüder versuchten im Mai 1984 einen bewaffneten Putsch gegen Ghaddafi, indem sie die Kaserne in Tripolis stürmen wollten, auf deren Gelände der libysche Staatschef normalerweise wohnt. Der Versuch schlug fehl, und seither findet man die Muslim-Brüder in Libyen nur noch in den Gefängnissen. Es gibt Vermutungen, nach denen die damaligen Angreifer in Marokko geschult worden seien.

Die Türkei

Die Rahmenbedingungen für die Ausbreitung des Islamismus in der Türkei unterscheiden sich von jenen der arabischen Welt, weil die Türkei früh, unter Atatürk, eine scharfe Trennung von Staat und Religion nach europäischem Muster durchgeführt hatte, eine Trennung, wie sie in den damals den Kolonial- und Mandatsmächten unterstellten arabischen Zentralgebieten undenkbar gewesen wäre; sie hätte dort zu heftigen Aufständen gegen die Kolonialherren geführt, was diese – und sei es bloss aus finanziellen Gründen – unbedingt vermeiden wollten. Atatürk hatte im März 1924 das Kalifat abgeschafft und den letzten Kalifen verbannt. Im gleichen Jahr hatte er die islamischen Gerichte aufgehoben; 1925 hatte er die Sufi (= Mystiker)-Orden verboten und europäische Kleidung für obligatorisch erklärt. 1926 waren Zivil-, Straf- und Handelsrechtskodizes nach europäischen Vorbildern eingeführt worden. 1928 war der Islam als Staatsreligion abgeschafft und das lateinische Alphabet eingeführt worden. Im folgenden Jahr war ein neues Schulgesetz gefolgt, durch das alle islamischen Schulen abgeschafft wurden. Der Islam konnte zwischen 1929 und 1949 nicht mehr legal gelehrt werden. In jenem Jahr wurden «islamische Gebetsschulen» eingeführt.

Die Ausschaltung des Islams aus dem politischen und öffentlichen Leben war von energischer Verfolgung jener Personen begleitet, die sich den Geboten des Staates nicht fügen wollten.

Eine gewisse Re-Islamisierung, d. h. Rückkehr des Islams ins öffentliche Leben, ereignete sich in kleinen Schritten nach der Einführung einer echten pluralistischen Demokratie mit freien Wahlen seit 1954. Die Politiker lernten bald, dass sie Stimmen erhielten, wenn sie auf den Wunsch der Bevölkerung eingingen, Moscheen bauen und unterhalten zu dürfen, von Gottesgelehrten unterrichtet zu werden und dem Islam wieder eine Rolle im öffentlichen Leben einzuräumen. Dieser Entwicklung waren freilich enge Grenzen gesetzt. Die Erben Atatürks in der staatlichen Bürokratie, in der Partei des früheren Präsidenten, der Republikanischen Volkspartei und besonders in den Streitkräften waren entschlossen, den «Laizismus» des grossen Staatschefs zu verteidigen. Er galt ihnen als einer der Hauptpfeiler, auf denen die neue Türkei ruhte.

Dennoch ist in den letzten 30 Jahren der Islam in kleinen Schritten, aber unaufhaltbar zu einer wichtigen Rolle innerhalb der türkischen Gesellschaft zurückgekehrt. Nach der Zeit des Baus von vielen Moscheen durch private Personen, Stiftungen und Vereine, die zu diesem Zweck gegründet wurden, kamen die Jahre, in denen schrittweise die Ausbildung von muslimischen Geistlichen wieder ermöglicht wurde, besonders seit der Eröffnung der sogenannten Imam-Hatip (d. h. Moscheevorsteher- und Prediger-Schulen) und später Oberschulen (ab 1955), deren Bedeutung in den letzten Jahren immer zugenommen hat.

Die mystischen Orden, *Tarikat*, die in der Geschichte der Türkei ein enormes Gewicht besassen, sind zwar theoretisch noch immer verboten, doch werden sie in der Praxis geduldet, solange sie nicht in das politische Leben eingreifen, und sie wachsen rasch an, sowohl an Zahl wie an Mitgliedern. Einige von ihnen – wie die berühmten Mawlawi («Tanzende Derwische») sind historisch und gehen auf das Mittelalter zurück, andere sind Neugründungen der letzten Jahrzehnte und haben eine Geschichte der Verfolgungen durch den Staat hinter sich wie die *Süleymanci* und die *Nurcu*.

Auch die Palette ihrer religiösen Ausrichtungen ist reich; einige dieser Orden dürften heute dem Islamismus nahestehen, andere können als erklärte Gegner dieser politisierenden Ausrichtung gelten. Der Orden der *Naqschabandi* ist in der Vergangenheit ein erklärter Gegner des Wahhabismus gewesen, und seine Mitglieder haben viele Streitschriften gegen die in ihren Augen wenig islamischen Puritaner der Wüste verfasst. Doch in den letzten Jahren ist ein Bündnis zwischen den Naqschabandi und den von Saudiarabien geförderten panislamischen Gruppierungen zustande gekommen, wohl weil dies beiden Seiten dient. Die Naqschabandi erhalten Geld, und die Saudis können von ganzen Netzen ihrer Anhänger profitieren, die sich weit über Asien erstrecken und besonders im ehemals sowjetischen Zentralasien wichtig sind. Dieser Orden spielt auch in der Türkei eine bedeutende Rolle, besonders als Träger von «Schulvereinen» und Ausbildungsstätten.

Eine politische Partei nimmt sich besonders der Wiederbelebung des Islams an. Sie wird von *Necmettin Erbakan* geleitet, wurde 1973 unter dem Namen «Nationale Heilspartei» gegründet, musste diesen jedoch mehrmals ändern, da sie verboten wurde und – wie fast alle türkischen Parteien – unter neuem Namen wiedererstand. Zur Zeit heisst sie «Wohlfahrtspartei». Ihr Zentrum ist die konservative Stadt Konya. Sie ist kritisch gegenüber dem «Laizismus» Atatürks und betont die Bedeutung des Islams in der türkischen Tradition. Sie ist aus diesem Grunde jedesmal mit den Armeeoffizieren zusammengestossen und von ihnen vor Gericht gestellt worden, wenn diese die Macht übernahmen und die Demokratie vorübergehend stillegten, was 1960, 1971 und 1980 geschah. Auch die extrem nationalistische Partei, die unter der Leitung von Oberst *Türkeş* steht, zur Zeit heisst sie «Nationalistische Arbeitspartei», und ihre Jugendgruppe ist auch unter dem Namen «graue Wölfe» bekannt, hat in der jüngsten Zeit ein steigendes Interesse am Islam gezeigt. Sie sieht in ihm eine der wichtigen Kräfte, die in der grossen osmanischen Zeit Macht und Glanz der Türken ermöglichten. Darüber hinaus gibt es in der nach dem letzten Militäreingriff neu gegründeten «Mutterlandspartei» des gegenwärtigen Staatschefs, *Özal*, einen pro-islamischen Flügel, der ursprünglich aus der Partei Erbakans stammte und zur Zeit ihrer Gründung zur Mutterlandspartei hinübergewechselt war. Özal selbst und sein Bruder, *Korkut Özal*, gehörten zu jenen Politikern.

Wie weit in all den heute legalen oder geduldeten Institutionen und Kräften Ausrichtungen wirken, die als islamistisch bezeichnet werden können, das heisst einen islamischen Staat in der Türkei anstreben, der durch die Schari'a definiert wäre, kann niemand mit Sicherheit sagen. Wenn die betreffenden muslimischen Aktivisten dies offen ankündigten, würden sie sich strafbar machen. Man kann jedoch beobachten, dass beispielsweise die Schriften der Muslimbrüder ins Türkische übersetzt worden sind, offen zum Kauf aufliegen und ohne Zweifel gelesen werden.

Es ist auch kein Geheimnis, dass es in den Städten der Türkei heute sogenannte «muslimische Viertel» gibt, das heisst Quartiere, in denen die Türken, welche entsprechend dem Religionsgesetz leben wollen, sich zusammenfinden und ein gemeinsames Leben führen, das oft unter dem Einfluss einer oder mehrerer besonders verehrter «heiliger Personen» steht. In solchen Quartieren gehen die Frauen verhüllt, viele Männer tragen ein Käppchen, es gibt keinen Alkoholausschank, und es herrscht eine gewisse Solidarität und gegenseitige Hilfe unter muslimischen Brüdern. Dass die heute modischen Ideen der Islamisten dort Eingang finden, ist zu vermuten, doch ist keineswegs gewiss, dass sie immer dominieren, vor allem, weil der Einfluss der mystischen Orden ebenfalls gross sein dürfte.

Im Ausland, unter den türkischen Gastarbeitern, sind die islamistischen Sprecher und Agitatoren oft freier als in der Türkei, ihre Lehre zu verbreiten und offen eine soziale Rolle zu übernehmen. Dort geniessen sie den Schutz der Religionsfreiheit, wie sie in Europa verstanden wird.

Von der Türkei lässt sich sagen, dass der Islam heute wieder eine bedeutende Rolle spielt und dass diese in Zukunft noch anwachsen wird. Doch ist keineswegs gewiss, welche Richtung des Islams dort obsiegen wird, falls überhaupt eine bestimmte den Ausschlag geben wird. Die Vielfalt der Strömungen ist gross, und ihre aus legalen Gründen halb versteckte Natur trägt nicht dazu bei, die Einzelheiten klar erkenntlich zu machen. (Über die gesetzliche Lage in der Türkei mit ihren heutigen komplexen Verhältnissen und Widersprüchen siehe: *Christian Rumpf:* Laizismus und Religionsfreiheit in der Türkei, Rechtliche Grundlagen und gesellschaftliche Praxis, Stiftung Wissenschaft und Politik, D-8026 Ebenhausen, 1987.)

Pakistan unterscheidet sich von allen heutigen muslimischen Staaten, weil es bewusst als islamischer Staat gegründet worden war. «Dass in ihm Muslime entsprechend ihrer eigenen Religion zusammenleben konnten», war der eigentliche Zweck der Staatsgründung 1947 und der für alle Betroffenen äusserst schmerzhaften Teilung Indiens gewesen. Die Opfer, die erbracht worden waren, durften nicht vergeblich gewesen sein, und dies war ein Grund dafür, dass der islamische Staat Pakistan, damals noch mit seinen beiden Teilstaaten Ost- und Westpakistan, ein Erfolg werden *musste*. Ein anderer war natürlich, dass die Schaffung eines islamischen Staates den Islam der pakistanischen Muslime vor eine Bewährungsprobe stellte, die, wenn sie fehlschlug, negative Folgen sowohl für Pakistan wie für den Islam haben würde.

Die grundlegende Bedeutung, die der Begriff Islam, durchaus auch im politischen Sinne, für Pakistan hatte, brachte es ironischerweise mit sich, dass die Politiker zehn Jahre lang darüber stritten, was ein islamischer Staat zu sein habe und wie seine Verfassung aussehen müsse. Dies dauerte so lange, bis *Liyaqat Ali Khan*, der eigentliche Erbauer der jungen Nation, 1951 von einem Afghanen ermordet wurde und 1958 der General *Ayub Khan* die Macht ergriff.

Unmittelbar zuvor hatte *Mawdudi* (vgl. 1. Teil) seine bis dahin bestehende «religiöse Assoziation», *Jamaat-e-Islami*, in eine politische Partei umgewandelt, um an den Wahlen von 1958 teilnehmen zu können. Seine politische Stunde kam jedoch viel später; nämlich erst, als General *Zia ul-Haq*, der Sohn eines Armeegeistlichen, damals Generalstabschef, 1977 seinen Ministerpräsidenten, Ali Bhutto, zu Fall brachte und später hinrichten liess. Der neue Präsident und Oberkommandant der Armee, der das Land elf Jahre lang beherrschen sollte, stand der islamistischen Ausrichtung Mawdudis nahe – jedoch nicht nahe genug, um Zwiste und Gegensätze ganz zu vermeiden. Nach dem Tod Mawdudis (1979) spaltete sich seine islamistische Partei in zwei Flügel, von denen der eine Teheran und Khomeiny zuneigte, der andere eher dem General und Präsidenten. Schon zuvor war aus den Kreisen der Islamisten, besonders dem islamistischen Studentenbund, Kritik an Zia ul-Haq laut geworden, weil er das islamistische Ideal nicht rasch und vollständig genug verwirklichen konnte. Gleichzeitig gab es auf dem Gegenflügel eine demokratische Opposition, die dem General vorwarf, er führe seine «islamische» Politik in erster Linie, um die versprochene Rückkehr zur Demokratie hinauszögern zu können. Die islamische Politik des Generals bestand in der Tat aus teilweiser und schrittweiser Einführung von Schari'a-Vorschriften in die pakistanische Gesetzgebung.

Dies musste vorsichtig betrieben werden, weil der Diktator nicht in der Lage war, den mächtigen wirtschaftlichen Interessen der reichen Grosskapitalisten entgegenzuhandeln, die vor allem das Bankwesen beherrschten. So gab es z. B. eine *Zakat*-Regelung (Zakat ist die «Almosensteuer», die eigentlich ein jeder Muslim entrichten müsste), nach welcher Zakat-Beiträge in den Sparkassen von den Guthaben der kleinen Leute automatisch vom Staat abgezogen wurden. Doch dies betraf nicht die Banken. Die später berüchtigte und als kriminell bezeichnete IBCI (International Bank of Commerce and Industry) wuchs in jener Periode in Pakistan zur «internationalen Institution» heran. Sie galt als ein grosser Erfolg des «islamischen Regimes».

Der pakistanische Islamismus ist wahrscheinlich ausserhalb des Landes von grösserer Bedeutung als in Pakistan selbst. Im inneren stösst er immer wieder auf die Gegebenheiten eines armen und entwicklungsbedürftigen Landes, das sich eine allzu rücksichtslose Hinwendung zur Schari'a nicht leisten kann. Doch die Intellektuellen unter den Islamisten, die meist gut englisch können, lassen sich gerne von Saudiarabien für die internationalen islamischen Organisationen anstellen und beherschen diese in der Praxis weitgehend, obgleich sie natürlich von Saudiarabien bezahlt werden. So geschieht es gelegentlich, dass mit saudischem Geld islamistische Propaganda im Stil und im Sinne Irans getrieben wird, weil die eigentlichen Leiter pakistanische Islamisten pro-iranischer Ausrichtung sind. Ein deutliches Beispiel ist das *Muslim Institute* unter *Dr. Kalim Siddiqui* in London, einem Khomeiny-Anhänger und -Apologeten, der kürzlich in Grossbritannien ein «islamisches Parlament» mit von ihm ernannten Islamvertretern eröffnet hat. (Für den militanten Ton dieser Institution vgl. die in Toronto und London in englischer Sprache erscheinende Zweiwochenschrift *Crescent International*.)

In Pakistan selbst lässt sich heute im Rückblick aus einiger Distanz erkennen, dass die Islamisten in erster Linie aus Indien eingewandert waren und besonders unter den anderen «Muhâjerin» (Eingewanderten) Schule machten. Dies ist insofern verständlich, als die alten Zentren islamischer Gelehrsamkeit im heutigen Indien liegen: Deobad, Bareilly, Delhi, Lucknow. Die Intellektuellen, die von dort nach Pakistan auswanderten, waren besonders qualifiziert, eine Ideologie auszuarbeiten, die den islamischen Staat auf ihre Fahnen schrieb. Mawdudi war einer von ihnen. Das heutige Pakistan, einst die Nord-West-Grenze des Indischen Reiches, wobei Sind eine schon seit alten Zeiten islamisierte Randprovinz darstellte, ist ein gewachsener Körper, dem diese Ideologie vor allem eben durch die Einwanderer aufgedrängt wurde, und der selbst einen viel komplexeren und älteren Islam besitzt. Dies ist ein Volksislam mit vielen mystischen Einflüssen und sogar hindu-islamischen Mischformen, weit entfernt von dem ideologischen System eines Mawdudi. *Sind* besitzt auch eine starke schiitische Minderheit.

Die sprachlichen Verhältnisse spiegeln die gleichen Tatsachen. Die offizielle Sprache, Urdu, ist in Pakistan nicht heimisch, sondern «eingewandert». Die sich heute zu Schriftsprachen entwickelnden «Dialekte», Sindi, Panjabi, Pashtu, Belutch, sind die eigentlichen Landessprachen. Zu all dem kommt noch das Englische als die Sprache der Verwaltung und der grossen Zeitungen.

Man kann die politischen Kämpfe der letzten Jahrzehnte mit dieser komplexen Bevölkerungssituation in Zusammenhang bringen. Die Bhuttos als Vertreter des einheimischen Sindi-Elementes stossen auf ein Zweckbündnis aus «eingewanderten» Islamisten und ihre Privilegien verteidigenden Punjabi-Staatsbeamten und Militärs. Die Belutchen und Pathanen verfolgen, soweit wie möglich, ihre eigenen Interessen. Unter Umständen verbünden sie sich mit den Sindi gegen die «zentralisierenden» Punjabi und «Eingewanderten».

Nach dem Zwischenspiel von *Benazir Bhutto*, das 1990 mit der Absetzung der Ministerpräsidentin durch den Staatschef *Ishak Khan* endete, vermochte der Punjabi-Politiker *Nawaz Scherif* seiner muslimischen Front, die sich IJI nannte, *Islam Jamhoori Ittehad*, «Islamische Masseneinheit», den Wahlsieg zu verschaffen. Die Front eroberte in den Wahlen von Ende 1990 zwei Drittel der Sitze im Parlament von Islamabad.

Doch diese islamische Front ist gegenwärtig, zwei Jahre nach ihrem Wahlsieg, vom Zerfall bedroht. Bezeichnenderweise waren es die Islamisten, die sie zuerst verliessen. Zuerst die Gruppierung der Islamistischen Gottesgelehrten, *Jamiat Ulemaye-Islami*, dann im Mai 1991 die *Jamaat-e-Islami*, die Mawdudi gegründet hatte und die nun unter der Führung des Islamisten *Qazi Hussain Ahmed* steht. Die Jamaat war nicht damit einverstanden, dass die Regierung Nawaz Scherif von Hekmatyar in Afghanistan Abstand nahm und sich zu einer Politik durchrang, die auf die Beendigung des Bruderkrieges in Afghanistan abzielte, statt der bedingungslosen Unterstützung des afghanischen Islamisten, die zuvor die Linie Pakistans und seines Geheimdienstes gewesen war. Die Jamaat gelobte, sie werde Hekmatyar weiter unterstützen.

Schliesslich stiess die Armee in Karachi mit einem weiteren Bestandteil der Allianz zusammen, mit der Partei der Emigranten aus Indien, der sogenannten *Muhâjir* (Auswanderer, nach dem Vorbild des Propheten, der Mekka verlassen musste und in Medina Zuflucht fand), dem MQM (Muhâjr Qawmi Harakat, Nationale Bewegung der Muhâjir), der in Karachi grossen Einfluss besitzt. Dies bewirkte, dass die Muhâjir-Politiker in den Untergrund gehen mussten.

Einzelne Politiker von Gewicht begannen ebenfalls der Allianz den Rücken zu kehren. Wie alle pakistanischen Politiker, die in Bedrängnis geraten, versuchte Nawaz Scherif daraufhin, die muslimische Karte auszuspielen, indem er einen Vorschlag zur Verfassungsreform vorlegte, der die theokratischen Züge der Regierung von Pakistan verstärken soll. Doch ob ihm dieses Manöver erlauben wird, seinen Machtverlust auszugleichen und den Sturz seiner Regierung hinauszuschieben, bleibt abzuwarten Es dürfte weitgehend von der Haltung der Armee abhängen.

Die Muslime Südostasiens

Die Muslime des Fernen Ostens und des Indischen Subkontinents machen mehr als die Hälfte aller Muslime der Welt aus. Auch unter ihnen machen sich heute islamistische Strömungen bemerkbar. Sie wirken jedoch, nicht anders als im Nahen Osten, nur als ein Strang im komplexen Gewebe der jeweiligen Politik und müssen deshalb im Zusammenhang mit der Gesamtlage der Muslime in den verschiedenen Ländern und innerhalb ihres gesamten Verhältnisses zu ihren Regierungen beurteilt werden.

Indien

Das überragende Faktum im Leben der indischen Muslime ist der Umstand, dass sie innerhalb der Indischen Union eine Minderheit bilden. Obwohl ihre Zahl heute 100 Millionen Menschen übersteigen dürfte, stellen sie doch nur gegen 11 Prozent der indischen Gesamtbevölkerung dar. Dies zwingt sie, unter einer nicht-muslimischen Regierung zu leben.

Sich den Angehörigen einer fremden Religion politisch unterordnen zu müssen, ist für eine muslimische Gemeinschaft schwierig, ja eigentlich unmöglich, weil der Islam schon kurz nach seiner Geburt als siegreiche Religion grosse Teile der Welt überzogen hatte und in seiner klassischen Staatslehre die Lage von Muslimen, die unter die Herrschaft von «Ungläubigen» kommen, eigentlich überhaupt nicht vorsieht. Deshalb sind manche der klassischen Theologen der Ansicht, die Muslime müssten in diesem Falle eigentlich auswandern.

In Indien wird diese von den Muslimen selber als anormal empfundene Lage durch verschiedene Umstände weiter erschwert. Die Muslime waren einige Jahrhunderte lang das Herren- und Staatsvolk in Indien, das den Subkontinent von Delhi aus beherrschte; nachdem sie zuvor, auch einige Jahrhunderte lang, Raubzüge und kriegerische Einfälle nach Indien unternommen hatten. Sie sehen sich also in Indien als einstiges Herrenvolk zur Minderheit deklassiert.

Die Teilung Indiens 1947 und die Gründung Pakistans war für die Muslime, welche in Indien zurückblieben, eine höchst traumatische Erfahrung. Die blutigen Massaker auf beiden Seiten hinterliessen ein Erbe von noch weiter vertieftem Misstrauen, nachdem schon während Jahrhunderten zuvor ein Graben zwischen den Hindus und den Muslimen bestanden hatte.

In Indien waren die verbleibenden Muslime weitgehend die «Besiegten»; nach der Trennung gehörten sie zur schwächeren Gemeinschaft, und während der Kriege, die Pakistan mehrfach mit Indien führte, waren sie gezwungen, sich still zu verhalten, um nicht als potentielle Verräter eingestuft zu werden. Die Auswanderung der kulturellen und wirtschaftlichen Eliten nach Pakistan bewirkte darüber hinaus, dass die indischen Muslime ihrer Oberschichten weitgehend beraubt wurden und nur das einfache Volk zurückblieb.

Rettungsanker für die indischen Muslime wurde unter diesen Umständen die Kongresspartei, die darauf ausging, ein säkularisiertes, religiös neutrales Regime zu schaffen, weshalb die Muslime sich vom Kongress Schutz gegen Hindu-Aktivisten und Fanatiker erhoffen konnten.

Gleichzeitig zogen sich aber auch die durch die blutigen Ereignisse der Teilung erschütterten muslimischen Gemeinschaften auf sich selber zurück. Es gibt natürlich auf dem riesigen Subkontinent sehr viele in sich recht unterschiedliche muslimische Gruppierungen im Norden der Halbinsel, an ihren südlichen Küsten und in vielen südlichen Innengebieten. Viele der einfachen Muslime lebten nach der Teilung einen konservativen und engen «Ghetto-Islam» der Armut und islamischen Absonderung. Nur allmählich entstand eine neue Elite von Unternehmern und Intellektuellen, die bewusst auf den Säkularismus und den gesamtindischen Nationalismus der Kongresspartei setzten, der ihnen Schutz und Gleichberechtigung bot.

Der Umstand, dass die Nehrus als nordindische Aristokratenfamilie auf eine lange Koexistenz mit Muslimen zurückblickten, was auch im sprachlichen Bereich durch die enge Verwandtschaft zwischen Urdu und Hindi zum Ausdruck kommt, half den neuen muslimischen Eliten, ihren Platz in der Indischen Union und unter den

Fittichen des Kongresses zu finden. Der Kongress sorgte zum Beispiel dafür, dass die Muslime mindestens eine symbolische Vertretung an der Spitze des Staates erhielten, indem lange Jahre hindurch Muslime, *Dr. Zakir Husain* und *Fakhr ad-Din Ali Ahmed*, als Staatspräsidenten wirkten.

Folge dieser Entwicklung war, dass einige Intellektuelle sich intensiv mit dem Problem des Islams in der Moderne befassten, folglich auch mit den Fragen einer «Modernisierung», besser: eines zeitgemässen Verständnisses der islamischen Gesetzgebung und des Islams überhaupt, *Abdul Kalam Azad, A. A. A. Fyzee, Sayid Abid Husain*, um nur die allerbedeutendsten zu nennen, während jedoch die Masse der Muslime weiterhin einem ausgesprochen engen, konservativen und traditionellen Religionsverständnis anhing.

Zusammenstösse zwischen Hindus und Muslimen liessen sich nie ganz vermeiden. Die schlimmsten ereigneten sich in Ahmedabad im Jahr 1969. Doch man braucht nur die Sammlung der Berichte des hervorragenden Journalisten *M.J.A. Akbar* zu lesen (Riot after Riot, reports on caste and communalism in India, Penguin Books [India] 1988), um zu verstehen, dass solche Unruhen auch heute noch überall ausbrechen können und periodisch ausbrechen – sowie auch, warum dies der Fall ist. Diese Frage kann man kurz mit dem Hinweis beantworten: weil meistens gewisse Personen und Gruppen, demagogisch veranlagte Politiker, extremistische Parteien, einseitig ausgerichtete Polizeitruppen, durch die Unruhen auf ihre politische Rechnung kommen. Die Inder sprechen von *«vote-banks»*, also Stimmenanhäufung, die dadurch erzielt wird, dass eine jede Gemeinschaft, traumatisiert durch Unruhen und Massaker, ihre Stimmen den extremistischen Politikern beider – von diesen selbst zuvor aufeinander gehetzten – Gemeinschaften gibt.

Als sich die «Nehru-Dynastie» nach der Ermordung von Gandhi und ihrem Sohn und Nachfolger, Rajiv, dem Ende zuneigte, mehrten sich die inneren Konflikte, die man in Indien als «kommunale Konflikte» bezeichnet, weil sie eine *«Community»* (Gemeinschaft) gegen die andere aufhetzen. Im Zeichen des politischen Rivalenkampfes um die Nachfolge der Kongresspartei, auf Unions- und auf Staatenebene verschärfte sich der «Hindu-Fundamentalismus», teilweise weil ihn skrupellose Politiker als Werkzeug verwendeten, um die Gunst der Hindu-Mehrheit für sich zu mobilisieren, teilweise auch, weil sich die Hindus durch andere «kommunale» Bewegungen herausgefordert fühlten, wie es die der *Sikhs* war und die Unruhen von *Kaschmir* werden sollten, die natürlich ihrerseits unter teils islamischen, teils kaschmiri-nationalistischen Vorzeichen standen.

Die Muslime machten gefährliche Zeiten durch. Auf ihrer Seite fehlte es nicht an Stimmen, die zur gewaltsamen «Verteidigung» aufriefen. Jene des *Imams Bukhari* in der Hauptmoschee von Delhi war eine der lautesten. Daneben gab es praktisch in allen Gemeinschaften, vor allem Nordindiens, mehr oder minder angesehene Anführer, die glaubten, sie müssten die «Verteidigung» ihrer Glaubensgenossen organisieren.

Kennzeichnend und wegen der Bedeutung des Ortes geradezu symbolisch für den Konflikt zwischen Muslims und Hindus ist der seit 1885 schwelende Streit um die Moschee von Ayhodhya in Uttar Pradesh, der 1992 neu entbrannte und weltweit für Schlagzeilen sorgte. Das Bauwerk ist beiden Gemeinschaften heilig, weil es nach der Hindu-Tradition am Geburtsort des Gottes *Rama* steht, während es für die Muslime als eine Gründung des frühen muslimischen Eroberers *Babur* zu ihren Glaubenssymbolen gehört.

Diesmal waren es die Hindu-Aktivisten, welche den Streit neu entfachten. Wenn es zu Zusammenstössen kam, pflegte nach vielen übereinstimmenden Aussagen die bewaffnete Gendarmerie der verschiedenen Staaten Nordindiens (PAC, für Provincial Armed Constabulary, in Uttar-Pradesh) zugunsten der Hindus einzugreifen, und sie soll in gewissen Fällen die Unruhen erst so richtig in Gang gebracht haben. Diese Polizeitruppen der einzelnen Staaten sind praktisch ausschliesslich aus Hindus zusammengesetzt, und sie gelten im Falle von Unruhen mit den Muslimen als die «Lieblingskinder» der Hindu-Gemeinschaften. Die Armee musste gelegentlich mobilisiert werden, um Ruhe zu schaffen. Sie gilt im Gegensatz zu den Gendarmen als diszipliniert und strikt neutral. Doch die Militärs sehen sich selbst als Verteidiger der indischen Grenzen gegen äussere Feinde und übernehmen ungern die Rolle einer inneren Polizei.

Die letzte Unruhewelle zwischen Muslimen und Hindus erreichte im ersten Halbjahr 1990 ihren Höhepunkt und dauerte auch noch im Jahr 1991 an.

Es gab damals viele Muslime in Nordindien, die es nicht mehr wagten, in den Eisenbahnzügen zu reisen, weil es dort, wie zur Zeit der Teilung, zu Massakern an muslimischen Passagieren kam. In einigen Fällen sind sie nachgewiesen, in anderen wurden sie, wie das in solchen Fällen immer geschieht, durch Gerüchte erst geschaffen oder aufgeblasen. Weil Gerüchte bei allen derartigen Zusammenstössen eine bedeutende Rolle spielen, gibt es stets zweierlei Information über die Ereignisse. Einerseits stammen sie aus der Gerüchteküche innerhalb der Gemeinschaften, heute oft verstärkt durch die Zeitungen in den lokalen Sprachen, welche der einen oder der anderen Gemeinschaft zuneigen. Andrerseits ist die Regierung bemüht, die Vorfälle herunterzuspielen und womöglich die Meinung zu verbreiten, es sei kaum etwas geschehen.

Manche der «nationalen» Zeitungen in englischer Sprache schliessen sich dieser Haltung mehr oder minder an, weil sie es vermeiden wollen, die Stimmung noch weiter anzuheizen. Doch das Hinabspielen der Ereignisse durch die offizielle und offiziöse Information bewirkt dann natürlich seinerseits, dass die Gerüchteküchen – eine jede bei ihrem eigenen Publikum – um so mehr Widerhall finden.

Die muslimischen Gemeinden Indiens sind zwar in vielen Fällen isoliert, doch so sehr sind sie nicht vom «Welt-Islam» abgesondert, als dass sie nicht von den Ideen der Islamisten beeinflusst würden. Diese Ideen passen nicht wirklich zu ihrer Lage. Der Ruf nach einem islamischen Staat ist für die indische Minderheit im besten Falle unrealistisch, im schlimmsten selbstmörderisch, denn in Indien sind die Muslime nun einmal der schwächere Teil.

Den Wunsch, die Schari'a uneingeschränkt anzuwenden, können sie insofern zur Geltung bringen, als sie im Personal- und Familienbereich eine eigene Gesetzesordnung besitzen, die der Staat anerkennt und schützt. Sie können darauf bestehen, dass diese Ordnung streng nach der Schari'a gehandhabt werde (wobei es freilich immer Diskussionen darüber gibt, was nun die richtige und zeitgemässe Schari'a-Lösung wäre).

Tatsächlich hat es Mitte der achtziger Jahre einen in ganz Nordindien Aufsehen erregenden Fall gegeben, in dem unter Druck durch die konservativen Geistlichen die Schari'a-Ordnung mit Hilfe des Unionsparlamentes gegen ein Urteil des Obersten Gerichtshofes durchgesetzt wurde. Der Oberste Gerichtshof hatte den geschiedenen reichen Mann einer Muslim-Frau, die *Schah Bano* hiess, dazu verurteilt, ihr eine Pension zu bezahlen. Doch die Gottesgelehrten waren nicht damit einverstanden, weil dies ihrer Ansicht nach dem Schari'a-Familienrecht widersprach. Sie setzten durch, dass der Kongress ein Gesetz verabschiedete, nach dem die Schari'a für Muslime im Bereich des Familienrechtes den Vorrang vor den Urteilen des Obersten Gerichtshofes erhielt. Die empörten Hindus beschwichtigte Rajiv Gandhi, der damalige Ministerpräsident, mit der Zusage, dass die Moschee von Ayodhya, die jahrelang geschlossen gewesen war, wieder eröffnet werde. Auf diesem Weg war die Agitation der islamistischen und konservativen Muslime mit den späteren blutigen Unruhen, die von den fundamentalistischen Hindus ausgingen, direkt verbunden (vgl. Vijay Singh: Tuer et mourir pour un temple ... in: Le Monde Diplomatique, April 1991).

Doch sogar solche Kämpfe liegen weit unterhalb der Schwelle, welche die Islamisten im Nahen Osten interessiert. Die traditionellen Rechte der indischen Muslime im Bereich des Personalstatuts, die in solchen Aktionen verteidigt wurden, sind als *Minderheitsrecht* definiert, und sie können unter den gegebenen Verhältnissen niemals Staatsrecht für alle werden, wie es von den Islamisten in Ländern angestrebt wird, in denen die Muslime die Mehrheit bilden.

Der islamistische Einfluss aus dem Nahen Osten läuft unter solchen Umständen auf nicht mehr hinaus als eine mögliche Verschärfung des Tones und des Klimas, in dem sich die traditionellen Auseinandersetzungen abspielen. Die zusätzlichen Spannungen entstehen dadurch, dass die neue islamistische Bewegung allen synkretistischen Erscheinungen abhold ist und gegen sie auftritt, obwohl Indien sie seit langer Zeit kannte und sie in der Mystik und im Volksislam heute weiter lebendig sind.

Soweit sich heute eine Verschärfung der Auseinandersetzung feststellen lässt, geht sie wahrscheinlich nur in zweiter Linie auf die aus dem Nahen Osten und aus Pakistan eindringenden islamistischen Einflüsse zurück. In erster Linie dürfte sie gegeben sein durch das allgemein angespanntere Klima unter den indischen Gemeinschaften, wie es auch in der Neubelebung des Hindu-Fundamentalismus und in den blutigen Kämpfen der Sikhs um einen eigenen Staat sichtbar wird. Diese Erscheinungen wiederum dürften mit dem Abnehmen des Einflusses der Zentralgewalt und des Kongresses in Verbindung stehen.

Jene indischen Muslime, zweifellos eine bisher kleine Minderheit, die ihren Islam nach dem Vorbild der benachbarten Islamisten ausrichten, können unter diesen Umständen ihre Ansichten lediglich verbal verbreiten, ohne dass für sie eine wirkliche Möglichkeit zu bestehen scheint, politisch aktiv zu werden.

In dem immer wieder überhitzten Klima der «kommunalen» Auseinandersetzungen können freilich auch blosse Worte gefährlich werden, weil schon kleine Funken genügen, um Unruhen zu entfachen. In diesem Sinne sind die islamistischen Einflüsse auch unter den indischen Muslimen gefährlich; sie tragen dazu bei, dass die ohnehin schon grosse Brandgefahr unter den gegenseitiger Aufhetzung jederzeit zugänglichen Gemeinschaften noch weiter anwächst.

Bangladesch

Im Unabhängigkeitskrieg Bangladeschs haben die Anhänger der *Jamaat-e-Islami* Mawdudis, die in Ostpakistan eher zahlreicher waren als in Westpakistan, sich auf die Seite Westpakistans gestellt. Dies ist darauf zurückzuführen, dass sie organisatorisch von der Partei in Westpakistan abhingen. Doch wichtiger noch war der Umstand, dass die überwiegende Zahl ihrer Mitglieder nicht Bangalen waren, sondern sogenannte *Bahari*, das heisst zur Zeit der Teilung Indiens nach Ostpakistan ausgewanderte, Urdu sprechende indische Muslime. Die Bahari hatten sich schon vor 1971, dem Jahr der Lostrennung des östlichen Flügels von Pakistan, in Ostbangal, ihrer neuen Heimat, unbeliebt gemacht, weil sie – jedenfalls in den Augen ihrer bangalischen Mitbürger – auf die Bangalen, aufgrund von deren Sprache und «unislamischen Kleidung» herabsahen und sich selbst als die wahren Muslime und daher Vollbürger Pakistans betrachteten. Im Befreiungskrieg hielten sie überwiegend zu Westpakistan. Für die meisten Bangalen deckte sich die Bezeichung *Jamaat-e-Islami* mit dem Begriff *Bahari.*

Nach der Gründung von Bangladesch wurden die Bahari als «Landesfeinde» in Lager verbracht, um nach Westpakistan transportiert zu werden. Doch die Regierung Bhutto weigerte sich, sie aufzunehmen. Erst zur Zeit von Zia ul-Haq konnten sie allmählich nach Pakistan auswandern. Die Bangalen warfen ihnen vor, dass sie bei den Massakern an bangalischen Patrioten mitgewirkt hätten, welche die pakistanische Armee unmittelbar vor der Lostrennung des östlichen Landesteiles in Ostpakistan verübt hatte.

Der Chef der ostpakistanischen *Jamaat-e-Islami, Ghulam Azam,* war ebenfalls nach (West)Pakistan geflohen. Er kehrte jedoch nach der Ermordung Mujib ur-Rahmans, des Gründervaters von Bangladesch, im Jahre 1975 mit einem Touristenvisum nach Bangladesch zurück und begann dort die *Jamaat-e-Islami* neu aufzubauen. 14 Jahre später, in den demokratischen Wahlen vom Februar 1991, gelang es der *Jamaat,* zwanzig Abgeordnete ins Parlament zu bringen. Ghulam Azam hielt die Zeit für gekommen, sich offen zu zeigen. Eine Kampagne für seine Einbürgerung in Bangladesch begann, und er selbst liess sich zum Emir der *Jamaat* in Bangladesch wählen.

Doch die grosse Mehrzahl der Bangalen war nicht bereit, sich mit dem «Verräter» auszusöhnen. Bürgerkomitees wurden gebildet, welche eine gerichtliche Anklage gegen Ghulam Azam forderten, und am Jahrestag der Unabhängigkeit Bangladeschs, dem 27. Juli 1992, fand im Beisein von Tausenden ein Schaugericht über den «Verräter» auf dem gleichen Platz der Hauptstadt Dhakka statt, auf dem normalerweise die Unabhängigkeit des Landes gefeiert wird. Die Regierung hatte Azam im letzten Augenblick in Schutzhaft genommen, um einer Lynchjustiz vorzubeugen. Er wurde von seinen selbsternannten Richtern nach ausführlichen Anklagereden in Abwesenheit zum Tode verurteilt. Die Regierung liess die 24 Personen festnehmen, welche die Rolle von Richtern übernommen hatten. Dies führte zu weiteren Protesten, und ein legales Gericht liess sie wieder frei, weil sie nichts Illegales begangen hätten.

Die Opposition zwang die Regierung darauf im Juli 1992 durch Boykottierung des Parlaments, Anklage gegen Ghulam Azam zu erheben. Die Regierung unter Begum *Khaleda Zia ur-Rahman* musste gezwungen werden, den Prozess anzustrengen, weil der verstorbene Gemahl der Ministerpräsidentin, General Zia ur-Rahman, zu seiner Regierungszeit Freiheit von gerichtlicher Verfolgung für die Mörder seines Vorgängers, Mujibur Rahmans, durchgesetzt hatte und weil seine Witwe, die gegenwärtige Ministerpräsidentin, offenbar fürchten musste, ein Prozess gegen Ghulam Azam könnte über den Gegenstand der blutigen Auseinandersetzungen bei der Gründung von Bangladesch 1971 weit hinausführen und die ungelösten Fragen in Zusammenhang mit dem späteren Mord an Mujibur Rahman neu aufwerfen. Viele Bangalen glauben, dass der General und spätere Staatschef, Zia ur-Rahman, bei dem Mord die Hand im Spiele gehabt habe. Doch dies ist nie bewiesen worden. Umgekehrt hat sich die Anführerin der Hauptoppositionspartei, *Scheikh Hasina*, die Tochter des ermordeten Mujibur Rahmans, die Aufklärung jenes Mordes zum Ziel gesetzt.

Diese ganze komplizierte Episode sagt allerhand aus über die Stellung der wichtigsten islamistischen Partei in Bangladesch. Die grosse Mehrheit der Bangalen will offenbar nichts von der *Jamaat-e-Islami* wissen, weil sie durch ihre politische Vergangenheit allzu belastet ist. Dennoch ist es dem «Touristen» Ghulam Azam gelungen, die Partei wieder soweit aufzubauen, dass sie in den Wahlen von 1991 einen Achtungserfolg erringen konnte.

Die Erklärung dieses Widerspruchs dürfte mindestens teilweise auf der Arabischen Halbinsel und in ihren Erdölfeldern zu suchen sein. Die *Jamaat* verfügt nach wie vor über gute Beziehungen zu Saudiarabien und anderen Erdölstaaten am Golf. Für die armen Bangalen ist Saudiarabien ein wichtiges Auswanderungsziel und ein schwerreicher Geldgeber. Im Königreich sind die Bangalen als staatliche Strassenfeger und Reinigungsarbeiter bis in die entlegensten Oasen präsent; für die besser Ausgebildeten gibt es auch höhere Positionen, etwa im Bankwesen.

Unter den gegebenen Umständen muss die islamistische Partei in Bangladesch als eine Gruppierung erscheinen, die den reichen Erdölstaaten nahesteht und die Auswanderung dorthin erleichtern kann. Natürlich dürfte auch einiges saudisches Geld für die Partei selbst zur Verfügung stehen. Es bildet sich so um die von der Masse offensichtlich wenig geliebte Partei herum eine Sondergruppe von Interessierten und «Parteigängern des (von den Erdölstaaten unterstützten) Islams», welche sie tragen und für sie stimmen.

Die Regierung von Bangladesch, besonders unter dem nun abgesetzten General Erschad und auch schon unter seinem Vorgänger, Zia ur-Rahman, war ihrerseits auch darauf angewiesen, sich mit den Saudis gut zu stellen und einen «Islam», wie er den saudischen Vorstellungen entsprach, eher zu kultivieren als vor den Kopf zu stossen. General Erschad betrieb auch, ähnlich wie sein pakistanischer Kollege Zia ul-Haq, eine «islamische» Politik, um demokratische Wahlen hinauszuschieben.

Malaysia

Das überragende politische Faktum in Malaysia ist die Spannung zwischen den muslimischen Malaien und den Chinesen. Diese stellen etwa 30 Prozent der Bevölkerung dar, sind aber der reichste und geschäftstüchtigste Teil der Landesbewohner. Die Malaien haben sich selbst eine privilegierte politische Sonderstellung reserviert: Nur sie sind Vollbürger. Sie rechtfertigen dies mit der Notwendigkeit, Herren in ihrem eigenen Land zu bleiben.

Die Verfassung definiert einen Malaien als eine «Person, die der muslimischen Religion angehört, die malaiische Sprache spricht und malaiische Gebräuche befolgt». Alle politischen Schlüsselpositionen werden von Malaien eingenommen. Die Definition der Verfassung ist bemerkenswert, weil sie zeigt, dass die Sprache allein nicht genügt, um die Malaien zu definieren. Offensichtlich gibt es viele Chinesen, die – auch – malaiisch sprechen; also muss die Religion zu Hilfe genommen werden. Doch diese allein genügt auch wieder nicht; es gibt nämlich, in China und damit auch in der Emigration, Millionen von muslimischen Chinesen. Der etwas vage Begriff der malaiischen Gebräuche muss deshalb auch noch ins Feld geführt werden. Auf diesem verschlungenen Weg werden die Chinesen von der malaiisch-muslimischen Politik weitgehend ausgeschlossen, ohne dass Rassenkriterien offiziell angeführt werden müssen. Es handelt sich jedoch im Grunde klar um eine Rassenunterscheidung.

Der seit dem Beginn der chinesischen Masseneinwanderung im 19. Jahrhundert vorhandene Graben zwischen Chinesen und Malaien hat sich entscheidend zur Zeit der «Emergency» vertieft, nämlich 1948–50, als die britische Armee mit malaiischer Hilfe die prokommunistische Guerilla bekämpfte, die sehr weitgehend aus Chinesen bestand, wenngleich die kommunistische Führung immer versuchte, mindestens auch einige Malaien in den leitenden Gremien des Aufstandes zu haben. Diese Guerilla wurde in einem zähen und blutigen Dschungelkrieg niedergekämpft, wobei die malaiischen Soldaten und Hilfstruppen der Briten eine Hauptrolle spielten. Die chinesische Zivilbevölkerung in den Städten hingegen stand im Verdacht, der Guerilla heimlich zu helfen.

In den späteren Jahren, nach der Gründung des selbständigen Staates Malaysia, dauerte der Dschungelkrieg als Kleinkrieg weiter an. Es gab bis in die achtziger Jahre hinein kleine Überreste der chinesischen Guerilla, die im Raum der thailändisch-malaysischen Grenze operierten und grosse Teile der malaysischen Armee in Atem hielten. Nach manchen Quellen soll es auch gegenwärtig noch hier und dort kleine Zusammenstösse in den Dschungeln an der Nordgrenze geben.

Wie der zitierte Verfassungspassus zeigt, ist der Islam eng mit dem Malaientum verbunden. Er wird dadurch auch zum staatstragenden Element. Doch der Staat ist gleichzeitig darauf angewiesen, dass die malaiischen Muslime und die nichtmuslimischen Chinesen (sowie die muslimische chinesische Minderheit) soweit harmonisch zusammenleben, dass Unruhen und Zerstörungen vermieden werden. Die schweren Unruhen von 1969 zwischen Malaien und Chinesen dürfen sich nicht wiederholen, wenn der wirtschaftliche Aufstieg des Landes nicht gefährdet werden soll.

Zu jenen Unruhen war es gekommen, als die Chinesen in Kuala Lumpur einen Wahlsieg ihrer Seite feiern wollten. Die Malaien fielen aufgebracht über sie her, und ein mehrtägiger Kampf zwischen beiden Gemeinschaften begann. Über 100 Tote waren zu beklagen. Die Zusammenstösse wurden durch einen von der Obrigkeit auferlegten «Pakt» beendet, der die öffentliche Diskussion von heiklen Themen verbot. Zu diesen Themen gehören: Religion und zivile Rechte, Sonderrechte der Malaien, der Status des Islams als offizielle Religion, die politischen Rechte der Bürger versus diejenigen der religiösen Gemeinschaften. Als Schiedsrichter in all diesen «nicht öffentlich zu diskutierenden» Bereichen wirken die traditionell erblichen regionalen und lokalen Herrscher (Sultane) und der für je fünf Jahre von ihnen und aus ihren Reihen gewählte «König», die eine Art von Oberhaus bilden.

Im Zeichen des Islamismus traten jedoch später, nach der Machtübernahme Khomeinys in Iran, neue Gruppen und einzelne Prediger auf, die der Regierung vorwarfen, sie sei «unislamisch», nichts als ein Instrument Grossbritanniens und des amerikanischen Imperialismus; sie diene bloss als ein Schleier, hinter dem die westlichen Imperialisten das Land nur um so besser ausbeuten könnten. Man fasst diese Gruppen in Malaysia als die «Dakwa»-Bewegungen zusammen, wobei es sich um das arabische Wort, «da'wa» handelt, «Aufruf, Predigt, Mission», das zum Vokabular des Islamismus gehört.

Im Jahr 1984 sah sich die Regierung veranlasst, gegen diese Gruppen einzuschreiten. Sie hatten sich namentlich innerhalb der Panmalayischen Islamischen Partei, PAS (Parti Islam Se Malaysia, auch unter der englischen Abkürzung PMIP – Pan Malayan Islamic Party – bekannt) bemerkbar gemacht, nachdem innerhalb dieser Partei eine «junge Garde» den Rücktritt des alten Parteiführers, *Datuk Haji Muhammed Asri*, erzwungen hatte. Die Partei hatte ihre Basis in den nordöstlichen Provinzen, sie hatte acht, später nur noch fünf Abgeordnete im zentralen Parlament und besass in keinem der Bundesparlamente eine Mehrheit. Nach dem Austritt des alten Parteiführers folgten ihm vier der fünf Abgeordneten in eine neugegründete, gemässigt islamische Partei, *Hizbul Muslimin.* Diese wurde die zweitstärkste Oppositionspartei auf föderaler Ebene nach der Demokratischen Aktionspartei.

Die Regierung veröffentlichte im November des Jahres 1984 ein Weissbuch über die islamistischen Parteien und Gruppierungen, in dem es hiess, «einige könnten möglicherweise konspirieren, um die Regierung zu stürzen». Zugleich gab das Innenministerium eine

Verordnung heraus, die den weiblichen Staatsangestellten verbot, Schleier zu tragen, die ihre Gesichter bedeckten.

Am 31. August des gleichen Jahres hatte der damalige Ministerpräsident, *Dr. Mahathir*, eine Rede gehalten, die deutlich zeigte, dass die Behörden die Gefahr des Islamismus erkannt hatten: «Wir müssen uns hüten», sagte er, «vor jenen, welche die Demokratie dazu benützen wollen, um ein neues System durchzusetzen, das die Demokratie töten soll. Sie wollen eine Oligarchie einsetzen, ein kommunistisches oder ein aus Mullahs bestehendes Verwaltungssystem, das den Namen des Islams benützt ... Dieses muslimische System ist eine Diktatur, die von einer gewissen Gruppe von machthungrigen Personen verbreitet wird. Alle anderen Systeme und Regeln, die nicht das Mullah-System verehren oder imitieren, werden von diesen Leuten als unislamisch oder verweltlicht verschrien. Sie haben angefangen, nach ihrem eigenen Ermessen andere Muslime ‹Ungläubige› (Kafir) zu nennen, und sie beschimpfen jedermann, der nicht ihre Interpretation des Islams annimmt.»

Es fällt den islamistischen Predigern leicht, die Spannungen zwischen Chinesen und Malaien auszunutzen, schon weil der Islam in seiner klassischen Form, auf die sie sich natürlich berufen, keine Regel kennt, die gegenüber Minderheiten anzuwenden wäre, welche nicht zu den «Völkern des Buches» gehören. Für diese, Juden und Christen, denen man später auch die Zoroastrier in Persien zugesellte, gibt es in der Schari'a feste Grundsätze: Sie sind von den Muslimen geschützte Religionen und «Völker», haben eine Sondersteuer zu entrichten, sind nicht militärpflichtig und können keine höheren Staatsbeamten stellen etc. Doch schon im Falle der Hindu gab es nur eine *de-facto*-Koexistenz, etwa zur Zeit der Moghuln, die einzig auf dem Gebot der Herrscher beruhte. Eine Schari'a-Regel, wie mit den Hindus umzugehen sei, gab es nicht und gibt es noch immer nicht, es sei denn, man wollte auf dem Gebot bestehen, die «Ungläubigen» müssten sich bekehren oder ihr Leben verlieren, das theoretisch galt, aber in der Praxis nicht anwendbar war, weil die Muslime selbst zur Zeit ihrer Herrschaft bloss eine Minderheit in einem Meer von Hindus bildeten.

Die «dakwa»-Prediger und -Agitatoren können anführen, dass

die Chinesen «Ungläubige» seien, die in einem muslimischen Malaienstaat nichts zu suchen hätten und jedenfalls nicht die wirtschaftliche Führungsposition innehaben dürften, die sie in Tat und Wahrheit besitzen. Mit diesem Argument dürften sie sich auf dem Boden der Schari'a befinden, und es ist leicht für sie, die angebliche «Toleranz» der Regierenden gegenüber den Chinesen mit dem Vorwurf in Verbindung zu bringen, dass diese herrschenden Gruppen keine wirklichen Muslime seien, sondern eben bloss verwestlichte «Diener des Imperialismus».

Die Regierung hat darauf reagiert, indem sie die Bevölkerung vor den «dakwa»-Gruppen warnt und betont, diese seien keine guten Muslime. Die Kontrolle über die Medien wurde seit 1984 verstärkt, so dass die Thesen der islamistischen Fundamentalisten, besonders jegliche Hetze gegen die Chinesen, auf diesem Weg nicht mehr verbreitet werden darf. Die Predigten in den Moscheen werden ebenfalls sorgfältig überwacht und auch die zahllosen Tonbandkassetten mit Predigten und oft auch politisch-religiöser Hetze möchte die Regierung kontrollieren, doch dies dürfte viel schwieriger sein, weil sie individuell von Tonbandgerät zu Tonbandgerät kopiert werden können. *Tonbänder* sind zum ersten Mal von den iranischen Islamisten im grossen Stil als Propagandainstrument eingesetzt worden. Seither gehören sie zum Instrumentarium *aller* Islamisten, wenn es darum geht, eine Bevölkerung gegen ihre Regierung aufzuwiegeln.

Ähnlich wie die ägyptische Regierung verfolgt die malaysische eine doppelte Politik gegenüber den Islamisten; auf der einen Seite versucht sie, sie zum Schweigen zu zwingen und ihre Aktionen mit polizeilichen Mitteln zu unterbinden. Anderseits sucht sie den Staat zu «islamisieren», indem sie einen «offiziellen» Islam in den Moscheen, in den Medien, in den Staatszeremonien schützt und fördert. Dies dient dazu, Angriffsflächen zu reduzieren und das islamische Terrain von Staats wegen zu besetzen, um so den Vorwurf der Islamisten zu entschärfen, nach dem die herrschende Regierung keine wirklich islamische sei.

Ausländische Beobachter, etwa westliche Diplomaten, äussern gegenüber der malaysischen Doppelpolitik die gleichen Bedenken wie im Falle Ägyptens; sie befürchten oft, die Islamisierungsschritte des Regimes könnten von den Islamisten und ihren Freunden als ein Nachgeben unter ihrem Druck und daher als ihr Erfolg gebucht werden.

Doch diese Kritik passt wahrscheinlich nicht zu den in einem islamischen Land gegebenen Umständen, denn sie geht von der stillschweigenden Annahme aus, ein weltliches Regime mit strikter Trennung von Staat und Religion wäre die «richtige» Lösung. Dies ist jedoch nicht islamisch gedacht. Die Begriffe Malaie und Muslim sind so eng verbunden, dass ein jeder Versuch der Trennung zwischen dem Staat und dem Islam als ein unpatriotischer Akt gesehen würde, um so mehr als sofort der Verdacht aufkäme, dies geschehe ja nur, um eine Basis für ein volles Mitspracherecht der chinesischen Minderheit zu schaffen.

Die Gefahr beim malaysischen Islamismus liegt nicht darin, das dieser möglicherweise einen revolutionären Durchbruch erzielen und das heutige in der Tat stark «verwestlichte» Regime stürzen könnte. Vielmehr droht die Gefahr, dass es den islamistischen Agitatoren gelingen könnte, die ohnehin gespannten Beziehungen zwischen den Muslimen und den Chinesen so weit zu verschlechtern, dass Unruhen ausbrächen. Diese würden rasch Unsicherheit verbreiten und dem wirtschaftlichen Wachstum ein Ende setzen. Wenn einmal die Stabilität und die wirtschaftliche Prosperität erschüttert wären, liesse sich allerdings in einer zweiten Phase auch eine muslimische Revolution auf den Strassen denken, wie sie unter den heute bestehenden Umständen als ausgeschlossen gelten darf.

Die militärische und sicherheitspolitische Zusammenarbeit zwischen Malaysia und Indonesien befasst sich heute in erster Linie mit der Frage der islamischen Extremisten. Beide Staaten suchen zu vermeiden, dass die islamistische Opposition über die Grenzen des Nachbarstaates hinweg auf den ihren einwirken kann.

Indonesien

Das riesige und unendlich vielfältige Inselreich Indonesiens kann nicht auf wenigen Seiten beschrieben werden. Man kann höchstens ein paar Verallgemeinerungen wagen. Der Islam Indonesiens ist relativ jung, die Islamisierung begann erst im 14. Jahrhundert, und sie kam sowohl aus Indien wie aus den malaiischen Gebieten wie auch aus China, über chinesische Muslime. Sie überlagerte sich mit alten Religionen und Kulturen, deren Wirkung lebendig geblieben ist: dem Hinduismus und vor ihm dem Buddhismus.

Diese Substrate und die geographischen Bedingungen erklären, weshalb es gerade in Indonesien verschiedene «Arten» des Islams gibt. Manche Muslime leben bewusst oder unbewusst einen stark indonesisch gefärbten Islam, in dem viele Besonderheiten des religiösen und kulturellen Substrates mitschwingen. Man hat für diese Muslime den Namen *Abangan* geprägt, was rot bedeutet und eine eher synkretistische Religion bezeichnet; ihr gegenüber steht der *Santri* oder «weisse» strenge Muslim, der ein bewusster Muslim sein will, die «heidnischen» Traditionen der Vergangenheit ablehnt und gerade im Gegensatz zu ihnen bemüht ist, seinen Islam bewusst und rein zu leben. Dies kann jedoch auch ein Santri auf sehr verschiedene Weise tun. Er kann ebenso gut mystische Tendenzen haben – die möglicherweise doch hinduistische Züge aufweisen –, wie er ein strenger muslimischer «Puritaner» sein kann, der den Wahhabiten vergleichbar ist.

Die islamische Mystik mit gelegentlichen einheimischen animistischen und überlieferten hinduistischen Komponenten bewegt sich zwischen den beiden Hauptströmungen, und daneben gibt es zahlreiche religiöse Tendenzen, *aliran*, von denen sogar behauptet wird, die Kommunisten suchten sie auszunützen, um die Bauernbevölkerung zu beeinflussen und in ihren Griff zu bekommen. Die Vorstellung vom *ratu adil*, dem Gerechten König, gehört hierzu.

In Indonesien leben auch Christen, katholische und protestantische, Buddhisten, Konfuzianer, Anhänger von Naturreligionen und überhaupt aller erdenklichen Religionen, obgleich die Muslime aller Arten die erdrückende Mehrheit bilden: 80 bis 90, nach manchen Angaben sogar 95 Prozent. Die Schwankungen bei den genannten Prozentzahlen kommen daher, dass es in Indonesien nicht ratsam ist, keine Religion zu haben, denn in diesem Fall wird man leicht des Kommunismus verdächtigt. Die Naturreligionen sind nicht als «Religionen» anerkannt, weshalb sich ein mancher

Bewohner der äusseren Inseln «Muslim» nennt, um nicht mit den Behörden in Konflikt zu geraten.

Die Santri, die frommen und bewussten Muslime, lassen sich in zwei Gruppen einteilen, jene – die grosse Mehrheit –, die ihre Religion friedlich ausbreiten wollen, und jene, die einen «Muslimischen Staat» mit allen Mitteln anstreben.

Gerade wegen seiner geschilderten Glaubensvielfalt hat Indonesien auch immer wieder kriegerische Bewegungen hervorgebracht, die wir heute «islamistisch» nennen würden. Sie stellen Reaktionen gegen den in den Augen der muslimischen Puritaner wenig islamischen, ja «heidnisch» entstellten Islam dar, wie ihn die Abangan pflegen.

Deshalb kommen Strömungen auf, die versuchen, den «wahren Islam» mit Gewalt zu verbreiten. In Indonesien spricht man von *Dar-al-Islam*-Bewegungen nach dem Namen einer 1948 begonnenen Aufstandsbewegung, die mit Waffengewalt einen theokratischen Staat anstrebte. Die Armee hatte solche Bewegungen auf verschiedenen Inseln zu bekämpfen: in Westjava, wo *Kartosuwiryo* 1962 nach neun Jahren der Kämpfe gefangengenommen und hingerichtet wurde; in Celebes (Sulawesi), wo *Kahar Muzakkar* die *Mujahedin Ansarullah* (Helfer Gottes) anführte, bis er 1965 umkam; vor allem aber in *Aceh* (englisch: Ache) an der nordwestlichen Spitze von Sumatra, wo schon die Holländer langwierige Kriege hatten führen müssen und wo die indonesische Armee mehrmals zwischen 1953 und 1961 sowie erneut 1990 eingriff, um muslimische Aufstände niederzuschlagen. Aceh besitzt ein Sonderstatut, das dort die Schari'a zum Landesgesetz erklärt.

Weil dem Islam in Indonesien eine solche soziale und politische Sprengkraft innewohnt, beruft sich die Armee eher auf die *Panca Sila* oder fünf Grundprinzipien als auf den Islam. Sukarno hatte diese «erfunden»: Glauben an einen einzigen Gott (malaiisch *Tuhan* genannt, nicht arabisch *Allah*); Internationalismus, was auch als Humanismus verstanden werden kann; Nationalismus; Demokratie und soziale Gerechtigkeit. Die Armee führt diese Grundprinzipien ins Feld, um den Islam von Zeit zu Zeit in die Schranken zu weisen, ungeachtet des Umstandes, dass es meist Muslime waren, welche

1965, als die Stunde der Abrechnung mit den Kommunisten gekommen war, die Armee bei ihrer blutigen Niederschlagung der KPI unterstützten.

Masjumi (Abkürzung für *Majelis Sjura Muslimin*), die grosse Sammelpartei der Muslime zur Zeit Sukarnos, wurde 1958 verboten, weil sie als mitschuldig an den Unruhen in Sumatra (Aceh) galt. Später wurde ihr Wiederaufbau nicht gestattet. Dafür entstand seit 1967 die *Partai Muslimin Indonesia* oder *Parsumi*. 1973 kam es zu einer neuen islamischen Einheitspartei, PPP (Partai Persatun Pembangunman = Vereinigte Entwicklungspartei), zu der sich alle islamischen politischen Gruppierungen unter gelindem Druck der Regierung verbinden mussten. Die Zusammenschlüsse bringen es jedesmal mit sich, dass die Abangan und die Santri gemeinsam zu wirken haben, was den Santri ihre Stosskraft nimmt. Auch die Demokraten mussten übrigens damals eine demokratische Einheitspartei bilden.

Die PPP durfte in den Wahlen von 1977 und 1982 die *Kaaba* als Parteisymbol für die Analphabeten auf den Wahlzetteln abbilden und sich den Wählern damit als muslimische Partei zu erkennen geben. Dies trug ihr jeweils ein knappes Drittel der Stimmen ein. Doch im Jahr 1985 wurde Indonesien durch ein Gesetz zum «Panca-Sila-Staat»; die fünf Prinzipien wurden zur einzigen legalen Ideologie erklärt, und alle politischen Parteien sowie sozialen Gruppierungen mussten sie als ideologische Grundlage anerkennen. Unter Druck der Regierung tat dies die PPP nach heftigen Debatten im Parlament. Die alte Organisation, *«Nahdatul Ulema»* («Renaissance der Gottesgelehrten»), die dem Zusammenschluss der Muslimparteien angehört hatte, trat aus der PPP aus, anerkannte zwar die Panca Sila, aber verzichtete auf eine politische Rolle und widmete sich ausschließlich sozialen Aufgaben. Die PPP wurde auch für nicht-muslimische Mitglieder geöffnet.

Bei den Wahlen von 1987 wurde ihr nicht mehr erlaubt, das Symbol der Kaaba zu benützen, und sie musste einen religiös neutralen Stern verwenden. In den Wahlen konnten die Muslime sich nie gegenüber der Regierungspartei, Golkar, durchsetzen. Unter den Offizieren gibt es viele Abangan, aber kaum je Santri in führender Stellung.

Am 12. September 1984, als die Diskussion über das ideologische Monopol der Panca Sila ihren Höhepunkt erreicht hatte, brachen schwere Unruhen im Hafen von Jakarta, Tanjung Priok, aus. Anlass war der Versuch, Muslime zu befreien, die von der Polizei in einem Polizeiposten festgehalten wurden. Doch dann kam es zu Brandstiftungen und Plünderungen; dabei wurden Jihad-Parolen ausgerufen, wie: «Der Geist des Islams ist erwacht! Kämpft für den Islam, auf zum Jihad!» Die Polizei schoss scharf, und die Regierung ging hart gegen die angeblich hinter der Bewegung stehenden Drahtzieher vor. Der ehemalige Industrieminister Senusi erhielt 19 Jahre Gefängnis wegen «Volksverhetzung und Aufwiegelung junger Muslime». General Dharsono, einer der alten Kämpfer aus der Unabhängigkeitszeit, der 1980 mit 49 anderen Gleichgesinnten eine Petition für mehr Demokratie eingereicht hatte, wurde nun zu 10 Jahren Gefängnis verurteilt. Später wurden sie auf sieben reduziert.

Die realistischeren unter den Santri haben spätestens damals eingesehen, dass ihr Ziel eines islamischen Staates nicht zu erreichen ist, solange sich die Offiziere dagegen wehren und gleichzeitig ein grosser Teil der Bevölkerung, die Abangan, diesem Gedanken im besten Falle gleichgültig gegenüberstehen. Dies hat dazu geführt, dass sich die Santri in erster Linie der «Da'wa» zuwenden, der Predigt, Schulung und Missionierung, mit dem Ziel, ihre Zahl zu vermehren und jene der Abangan zu reduzieren. Doch kommt es immer wieder zu Einzelanschlägen von seiten fanatischer Islamisten. Sie haben in erster Linie zur Folge, dass die Wachsamkeit der Militärs gegenüber den Islamisten nicht nachlässt.

Zwischen Malaysia und Indonesien besteht eine Militär- und sicherheitsdienstliche Zusammenarbeit, die sich in erster Linie gegen gewalttätige islamistische Aktivisten richtet. Die indonesischen Offiziere sind dabei der gebende, die malaysischen eher der nehmende Teil.

Dass heute unter den Santri islamistische Tendenzen wachsen, erscheint angesichts der weltweiten Zunahme jener Ideologie höchst wahrscheinlich. Doch die Kontrolle durch die Regierung ist so genau, dass derartige Tendenzen bisher nicht sichtbar werden konnten.

Der Umstand, dass Indonesien seit seiner Unabhängigkeit (1948) eine ganze Reihe von puritanisch muslimischen Aufständen kannte, gegen welche die Armee einschreiten musste, hat dazu geführt, dass die Regierungen unter Suharto nach 1965 eine systematische Politik zur Niederhaltung der islamistischen Tendenzen führen. Sie tun dies im wesentlichen, indem sie die bedeutende Gegenströmung der spezifisch indonesischen, synkretistischen islamischen Richtung dazu benützen, die Santri politisch kurzzuschliessen, indem sie beide Richtungen zwingen, gemeinsam als ein einziger «politischer Islam» aufzutreten. Das gleiche Verfahren wiederholen sie auf der Ebene «aller Religionen», die durch die «fünf Grundsätze» zu einer nationalen Koexistenz gezwungen werden. So wird auch der aus *Abangan* und *Santri* zusammengeschlossene und dadurch neutralisierte Islam noch einmal durch die allein zugelassenen *Panca Sila* in ein Paket mit allen anderen Religionen eingeschnürt und dadurch weiter entmachtet.

Trotz dieser doppelten Isolierung durch die Offiziere kann man jedoch nicht mit Sicherheit annehmen, dass das von Suharto perfektionierte Kontroll- und Drucksystem gegenüber dem Islam immer halten wird. Gerade weil es ein Drucksystem ist, könnte es eines Tages explodieren. Die sozialen Zustände, die gegenwärtig durch einen wachsenden Graben zwischen extrem reich und extrem arm gekennzeichnet sind, könnten zu Aufständen führen, die von der Polizei und der Armee nicht mehr in Schranken gehalten werden könnten; vielleicht erst nach der Ablösung Suhartos. Wenn sich Derartiges ereignet, ist wahrscheinlich, dass es, wie 1984, im Zeichen des Islams und des «Heiligen Krieges» geschehen wird, weil der Islam den einzigen gemeinsamen Nenner darstellt, der dazu dienen könnte, einem Volksaufstand als einende Ideologie zu dienen.

Muslimische Minderheiten in Ostasien

Neben den mehrheitlich islamischen Völkern gibt es auch islamische Minderheiten von Bedeutung in der ost- und südostasiatischen Welt. Die grössten findet man in China. Im Nordosten Chinas gibt es eine grosse Gemeinschaft von Han-Chinesen, die Muslime sind, die sogenannten Hui, heute vielleicht 7 Millionen. In der Aussenprovinz Sinjiang besteht die eingeborene Mehrheit der Bevölkerung aus etwa 7 Millionen Uiguren, die zu den Turkvölkern gehören, und 900 000 Kasaken, die alle Muslime sind, während die in jüngerer Zeit eingewanderten und angesiedelten Han-Chinesen nur in Ausnahmefällen zum Islam gehören.

Auf den *Philippinen* gibt es mindestens 3 Millionen Muslime malayischer Abstammung auf den südlichen Inseln, die an Indonesien grenzen. Sie sind seit 1970 Träger der sogenannten «Moro»-Erhebung gegen Manila, um die es seit dem Abschluss eines vorläufigen Waffenstillstands im April 1986 still geworden ist, die jedoch auch heute noch weiter schwelt.

In *Thailand* und in *Burma*, beides buddhistische Staaten, gibt es ebenfalls muslimische Minderheiten, die gleichzeitig auch ethnische Minderheiten sind. In Thailand handelt es sich um rund 1 Million Malayen, in Burma um etwa 1 Million Bengalen, besonders in der Grenzregion Araken, die teilweise aus den übervölkerten bengalischen Gebieten Ostindiens zugewandert sind. Kürzlich haben die burmesischen Militärs versucht, diese Minderheit aus ihrem Land zu vertreiben. Sie behaupteten, es handle sich um «illegale Einwanderer», was in einigen Fällen in der Tat zutreffen mag, während in anderen Fällen die Einwanderung schon vor Generationen erfolgte und in anderen Grenzgebieten die Muslime sogar als autochthon gelten können.

Unter all diesen Minderheiten gibt es eine gewisse islamistische Agitation. Kleinere Gruppen, die sich oft auf muslimische Freunde im Ausland stützen, fordern entweder einen muslimischen Staat für die betreffende Minderheit oder mindestens mehr Autonomie und die *Schari'a*-Gesetzgebung für die Muslime. Doch dies sind fast immer Minderheiten innerhalb der Minderheiten, Gruppen, die versuchen, die oftmals berechtigte Unzufriedenheit mit der nichtmuslimischen Zentralregierung auszunützen.

Die Mehrheiten innerhalb der Minderheitsbevölkerungen dürften wissen, dass Agitation gegen das Mehrheitsvolk für sie gefährlich ist. Die dann folgende Repression droht um so unerbittlicher zu werden, als sie sich gegen Minderheiten richtet, die von der herrschenden Mehrheit als sehr fremd empfunden werden. Die andernorts so oft geltende Regel: «Je schlechter, desto besser» gilt für die Islamisten unter den muslimischen Minderheiten nicht unbedingt, weil es diesen Minderheiten geschehen könnte, dass sie gesamthaft ausgerottet oder vertrieben würden, wenn sie allzu energisch gegen ihre nicht-islamischen Mehrheitsregierungen aufbegehrten.

Zentralasien und Kaukasus

In den ehemaligen Sowjetrepubliken Zentralasiens sind die Dinge noch stark im Fluss. In Uzbekistan und Turkmenistan regieren die früheren Chefs der KP: In Tajikstan kam es zu teils politischen, teils bewaffneten Konflikten zwischen den früheren Kommunisten und den neuen demokratischen, nationalistischen und islamischen Parteien, die verbündet sind und gemeinsam handeln. In Kazakstan und in Kirghizstan regieren demokratisch ausgerichtete, neue Präsidenten; sie müssen jedoch mit Parlamenten rechnen, die noch zur kommunistischen Zeit gewählt worden sind, so dass die Altkommunisten in ihnen die absolute Mehrheit besitzen.

In Uzbekistan und Turkmenistan sind jene Parteien verboten, die im benachbarten Tajikstan das Potential für die Neuentwicklung abgegeben haben: die muslimische, die nationalistische und die demokratische. Dies ist der Grund, weshalb sich dort vorläufig die alten Parteisekretäre der früheren KP als Präsidenten halten. Doch die verbotenen Gruppierungen sind natürlich im Untergrund präsent, und man hat zu gewärtigen, dass sie sich früher oder später in ähnlicher Art manifestieren werden, wie sie es in Tajikstan bereits getan haben. Sie werden dazu wahrscheinlich Gelegenheit erhalten, weil, wie Tajikstan zeigte, die ehemalige Rote Armee nicht sonderlich geneigt ist, in innere Zwiste der früheren Teilstaaten einzugreifen. Das heisst, die lokalen politischen Kräfte und Strömungen sehen sich nur durch die lokalen Milizen niedergehalten, welche die Präsidenten aufstellen. Auf sie war jedoch in Tajikstan wenig Verlass. Sie schlugen sich auf die Seite des Volkes, und es ist eher wahrscheinlich, dass sie dies im Falle von Unruhen und länger hinausgezogenen Kraftproben auch in Turkmenistan und Uzbekistan tun könnten. Erst dann würde dort die wirkliche politische Entwicklung beginnen.

In Tajikstan hat es innerhalb der Muslim-Partei bereits Zusammenstösse zwischen islamistisch ausgerichteten und traditionalistischen Gruppen gegeben. Die ersten wollten «sofort einen islamischen Staat»; auf die Seite der zweiten stellte sich der einflussreichste Mann unter den tajikischen Muslimen, Oberkadi *Turadjonzodah*, das Oberhaupt aller Muslime von Tajikstan, aber kein Mann der früheren kommunistischen Zeit, der warnte, die Muslime sollten aus den Erfahrungen mit den Kommunisten lernen und nicht versuchen, wie diese ihre Mitbürger mit Gewalt glücklich zu machen. Ein muslimischer Staat, so seine Formel, komme erst in Frage, wenn einmal die grosse Mehrheit aller Muslime ihn fordere. In einigen Fällen kam es dann sogar zu gewaltsamen Zusammenstössen zwischen den Islamisten und den Anhängern des Oberkadis.

Doch meistens arbeiten – mindestens vorläufig noch – alle Muslime zusammen an den gewaltigen Aufgaben, vor die sie sich gestellt sehen. Die ehemals sowjetischen Muslime müssen ihr ganzes Volk wieder lehren, was Islam eigentlich sei, von den einfachsten bis zu den schwierigsten Dingen. Dazu benötigen sie eine neue Schicht von Geistlichen, und es herrscht weitgehende Übereinstimmung unter allen Muslimen, dass diese Geistlichen wieder heranzubilden, Madrasas aufzubauen und zu betreiben, auch wieder vom einfachsten bis zum höchsten Niveau, die Aufgabe erster Priorität sei, der man sich mit vereinten Kräften zu widmen habe. Sie wird auch tatsächlich mit aller Energie angepackt.

Welche Art Muslime allerdings in einigen Jahren die neuen Lehrschulen (Madrasa) verlassen werden, Islamisten oder Vertreter der grossen und weiten islamischen Tradition, ist heute noch nicht zu erkennen.

Im Kaukasus dürften ähnliche Zustände herrschen, nur dass sie weiter kompliziert sind durch die rivalisierenden Nationalismen der kleinen, aber leidenschaftlichen Nationen jener Region, welche die Araber den «Berg der Sprachen» nennen. Zu diesen nationalen bzw. nationalistischen Gegensätzen kommen die religiösen, die ihnen in verschiedenen Fällen sogar erst zugrunde liegen. Der Krieg zwischen Armeniern und Aseris etwa dürfte die Zukunft Asarbaidschans auf lange Zeit hinaus dominieren.

Auch die Muslime, die zum heutigen Russland gehören, verdienen Erwähnung. Die Tataren streben ihre Unabhängigkeit an, werden sie aber schwerlich so rasch erreichen, weil sie von Russen rundum umgeben sind. Diese Ausgangslage begünstigt indes die Entwicklung einer islamistischen Belagerungs- bzw. Ghettoideologie.

Im Kaukasus fallen die jungen und energischen Tschetschenen auf, die aus der autonomen Republik Tschetschen-Ingusch (die an Georgien grenzt) nach Zentralasien wandern, um dort die muslimischen Schulen zu besuchen und arabisch zu lernen. Die Tschetschenen haben eine blutige und illustre Geschichte des islamischen Widerstandes gegen das Zarenreich. Auch sie sind heute Kandidaten für islamistische Agitation, zumal es ihnen kaum möglich sein wird, aus dem Verband Russlands in Frieden auszuscheiden.

Die Bedeutung der mystischen Orden in Zentralasien ist seit Jahrhunderten enorm. Es waren auch diese Orden, die im Untergrund Wesentliches zum Überleben des zentralasiatischen Islams beigetragen haben. Ob sie in Zukunft eine dem Islamismus kritisch gegenübertretende Kraft darstellen werden oder ob es dem Islamismus gelingen wird, sie seinerseits zu durchdringen und dann als Instrument zu benützen, ist eine heute noch offene Frage. Die Antwort dürfte im übrigen von Orden zu Orden verschieden lauten.

Ein spezieller Überblick über die Entwicklung in Tajikstan, so verworren sie in vielen Einzelheiten sein mag, dürfte von exemplarischem Nutzen sein, weil er allerhand Kräfte erkennen lässt, die mutatis mutandis auch in den übrigen zentralasiatischen Staaten vorhanden sein müssen, wengleich sie dort wegen der bestehenden Verbote weniger sichtbar und – vorläufig noch – weniger wirksam sind.

Das Ringen in Tajikstan, das bürgerkriegsähnliche Züge anzunehmen droht, geht auf eine Konfrontation zwischen den bisher herrschenden «kommunistischen» Kräften und den drei volkstümlichen, neuen Parteien zurück, der islamischen, der nationalistischen und der demokratischen. Alle drei Parteien sind verbündet, doch innerhalb der islamischen scheint es Spannungen oder gar Brüche zu geben, bei denen es letztlich um die Frage des *Islamischen Staates* geht. Eine gemässigte Mehrheit, die unter dem Einfluss des erwähnten Akbar Turajhonzodah, dem Oberkadi, steht, strebt die Wiederausbreitung und Wiederbelebung des Islams als erstes Ziel an und erklärt, die Zeit für einen islamischen Staat sei noch nicht gekommen. Doch ungeduldige Minderheiten scheinen einen «islamischen Staat» sofort anzustreben. Der überall zu beobachtende Unterschied zwischen gemässigten Muslimen und Islamisten dürfte hinter dieser Spaltung stehen. Turajhonzodah macht in privaten Äusserungen und in seinen öffentlichen Aussagen klar, dass er glaubt, die tajikischen Muslime hätten erst zu lernen, was Islam tatsächlich sei, bevor an einen Islamischen Staat gedacht werden könne. Er dürfte auch wissen, wie gefährlich es für die Muslime des kleinen Randstaates der einstigen Sowjetunion wäre, die Macht aller jener herauszufordern, die alles daransetzen würden, die Entstehung eines solchen Islamischen Staates zu verhindern oder ihn möglichst rasch und gründlich zu Fall zu bringen.

Dem Oberkadi, einem in Amman geschulten, noch recht jungen Mann, dürfte viel wichtiger sein, dass die Muslime seines Landes die sich ihnen heute bietende Gelegenheit ausnützen, islamische Schulen und Hochschulen einzurichten, um so eine neue Generation von muslimischen Lehrern und Gelehrten heranzuziehen, als dass sie das politische Abenteuer eines islamischen Staates wagten, das leicht fehlschlagen könnte und damit auch die Möglichkeit einer Wiedereinrichtung der islamischen Lehrstätten kompromittierte. Turajhonzodah selbst hatte sich zuerst als Kandidat für die Präsidentenwahlen von November 1991 aufstellen lassen. Viele Kenner des Landes glaubten, er hätte eine Chance gehabt, Präsident zu werden. Doch er besann sich dann eines anderen, trat von seiner Kandidatur zurück und erklärte den Muslimen am Fernsehen, dass er «ein falsches Zeichen gesetzt» hätte, wenn er die Kandidatur aufrechterhalten hätte. Das wäre eben das Zeichen eines islamischen Staates, mit dem Oberkadi als Staatschef an der Spitze, gewesen.

Der Gegenspieler der Volksbewegung und der neuen Parteien war *Rakhmon Nabiew*, ein früherer langjähriger Parteisekretär von

Tajikstan, von Moskau 1985 offiziell wegen Trinkgelagen entlassen, der wahre Grund ist nie klar geworden. Durch einen Trick gelangte er wieder an die Macht, nachdem die tajikische Parteiführung sich für die Putschisten des Sommers 1991 in Moskau ausgesprochen hatte und dieser Fehltritt den Volkskräften in Duschambe erlaubt hatte, kurzfristig die Macht zu übernehmen und ihre Parteien legalisieren zu lassen. Nabiew konnte damals und in den folgenden Monaten den Umstand ausnützen, dass das Parlament aus lauter alten Kommunisten bestand, die alle wussten, dass es um ihre politischen Chancen und Privilegien geschehen sei, wenn die Volkskräfte und ihre neuen Parteien zum Zuge kämen. Sie stellten sich deshalb hinter den Altkommunisten und Apparatchik Nabiew.

Nabiew trat als Kandidat für die Präsidentenwahlen auf, konnte diese aber als provisorischer Staatschef aus einer Position des Machtvorteils organisieren. 50 Kolchosen stellten ihn bezeichnenderweise offiziell als Kandidaten auf, weil er als alter Machthaber mit vielen ihrer Chefs gut stand. Er konnte die Wahlen gewinnen, nicht ohne dass die Opposition sich über Wahlbetrug beschwerte.

(Die Machtstrukturen der Kommunistischen Partei in den zentralasiatischen Gebieten hatten spätestens seit der Ära Breschnew mafiose Züge angenommen. Die Parteichefs wirkten als Interessenvertreter für ihre Anhänger und Parteigänger, und es dürften solche seit geraumer Zeit privilegierte Vertraute gewesen sein, etwa auch in den Kolchosen, welche die Gefolgschaft Nabiews bildeten.)

Im Mai 1992 kam es zu einer weiteren Konfrontation zwischen Nabiew und der Volksopposition. Die Aktivisten der Parteien demonstrierten wochenlang vor dem Parlamentsgebäude. Nabiew hatte sich eine Präsidialgarde zugelegt, und es kam zu blutigen Zusammenstössen zwischen deren Mitgliedern und den Oppositionellen. Der Chef der Garde stellte sich jedoch auf die Seite der Opposition und liess dieser sogar einige Tanks und Waffen zukommen, als deutlich wurde, dass Nabiew nicht nur seine Garde, sondern auch seine Geheimdienste dazu verwendete, um auf die Oppositionskräfte schiessen zu lassen.

Die Einheiten der bisherigen sowjetischen Armee, die in Duschambe standen, verhielten sich zunächst neutral in diesem Ringen. Doch als ein offener Bürgerkrieg drohte, arbeitete ihr Kommandant mit Hilfe des Oberkadis einen Kompromiss aus, der beinhaltete, dass Nabiew Präsident bleiben, die Opposition jedoch ins Parlament einziehen und einige wichtige Ministerposten erhalten solle. Der Chef der Präsidialgarde, der sich von Nabiew losgesagt hatte, wurde Verteidigungsminister.

Doch Nabiew war nicht bereit, sich entmachten zu lassen. Er verfügte über Parteigänger in der zweiten Stadt Tajikstans, Khojent, dem früheren Leninabad, das in den ersten Jahrzehnten der kommunistischen Herrschaft Hauptstadt gewesen war. Diese Stadt liegt nahe der usbekischen Grenze, am Rande des Ferghanatals, und gehört geographisch und ethnisch zu Usbekistan. Andere Parteigänger besass Nabiew im südlichen Teil Tadjikstans in der Ortschaft *Kuliab*. Er sorgte dafür, dass sie bewaffnet wurden. (Unklar ist, woher die Waffen kamen. Die Volkskräfte vermuteten, sie kämen von Einheiten der regulären Armee, die mit Nabiew zusammenarbeiteten. Die Armeekommandanten dementierten dies.) Es kam daraufhin zu Kämpfen zwischen den rivalisierenden Bewohnern der Ortschaften Kuliab und Kurgan Tjube, beide im Süden von Tajikstan. Die Stammesunterschiede spielten dabei ebenso eine Rolle wie der Islam, in dessen Namen die Männer von Kurgan Tjube zu den Waffen griffen.

Die Kämpfe verursachten bedeutende Verluste an Menschenleben, und Flüchtlingswellen ergossen sich aus dem Süden nach Duschambe. Ein Propagandakrieg spielte sich parallel zum Bandenkrieg ab. Nabiew und seine Anhänger warnten vor angeblichem islamischem Fundamentalismus und erklärten, die Fundamentalisten hätten angegriffen; sie aber wollten das Land vor ihnen retten. Nabiew versuchte den Oberkadi als Fundamentalistenführer darzustellen. Die Anhänger des Präsidenten wollten auch wissen, dass die Tadjiken des Nachbarlandes, Afghanistan, den pro-muslimischen Volkskräften geholfen hätten, sei es mit Waffen, sei es sogar mit Soldaten.

Die Gegner Nabiews jedoch waren der Ansicht, die ehemals sowjetischen Einheiten hätten den Einwohnern von Kuliab geholfen und ihnen Waffen zur Verfügung gestellt. Diese Überzeugung führte zu Versuchen der Kämpfer von Kurgan Tjube, Soldaten und

Offiziere der Armee gefangenzunehmen, um Waffen von ihnen zu erpressen. Dies wiederum veranlasste Moskau dazu, Truppenverstärkungen zu schicken.

Anfang September hätte Nabiew mit Jelzin in Moskau einen umfangreichen Vertrag über die weitere Zusammenarbeit unterzeichnen sollen. Doch am Tage vor dem Termin drangen Gruppen von Flüchtlingen aus dem Süden und Aktivisten der drei Volksparteien in den Sitz der Präsidentschaft in Duschambe ein. Nabiew konnte sich rechtzeitig absetzen; wahrscheinlich fand er in einer Armeebasis Unterschlupf, obgleich die Offiziere dies dementierten. Jedenfalls gelang es den Volkskräften, ihn zu stellen, als er am 7. September vom Flughafen Duschambe nach Khojent abfliegen wollte. Er wurde gezwungen, seine Abdankung zu unterschreiben, und der Parlamentsvorsitzende, *Akbarschko Iskanderun,* übernahm anschließend interimistisch das Präsidentenamt.

Die Kämpfer aus Kuliab jedoch vermochten es, Ende Oktober mit Panzerunterstützung bis nach Duschambe vorzustossen und vorübergehend das Parlament, die Fernsehstation und andere Regierungszentren zu besetzen. Sie forderten die Bevölkerung auf, zu Hause zu bleiben, und machten Anstalten, Nabiew wieder einzusetzen. Statt dessen kam es zu Kämpfen in der Stadt selbst, und die Kuliabis mussten erst abziehen und dann sich ergeben. Die Gefahr eines Bürgerkrieges scheint dadurch allerdings nicht gebannt zu sein. Die Frage ist, in welchem Mass Nabiew, der sich in Khojent befindet, Waffen und Gelder auftreiben kann, um seine Kräfte im Norden und im Süden des Landes weiter zu versorgen und einsatzfähig zu machen. Dies dürfte von der Haltung der – offiziell neutralen – ehemals Roten Armee abhängen. Doch auch der Staatschef, Ex-Kommunist und starke Mann von Usbekistan, *Islam Karimow,* könnte versuchen, Nabiew unter der Hand auszuhelfen. Denn ihm dürfte ein Sieg der tajikischen Volkskräfte wenig willkommen sein, weil er leicht eine Ermunterung für ähnliche Kräfte, Muslime, Demokraten und Nationalisten, in seinem eigenen Lande abgeben könnte. Das gleiche gilt vom zweiten, allerdings kleineren und entfernteren Nachbarn Tajikstans, Turkmenistan (mit dem allerdings keine gemeinsame Grenze besteht) unter dem ehemaligen Parteichef und gegenwärtigen Präsidenten, *Sepermurad Niazow.*

Die Unruhen und Kämpfe in Tajikstan drohen natürlich die ohnehin schon sehr schlechte wirtschaftliche Lage vollends in eine Katastrophe zu verwandeln. Dies sind Umstände, unter denen unter Berücksichtigung der historischen Voraussetzungen und der aktuellen Lage allen bisherigen Erfahrungen nach der Islamismus über den Islam zu obsiegen droht.

Im November 1992 setzte das weitgehend aus Altkommunisten bestehende Parlament den bisherigen Präsidenten, der die Nachfolge Nabiews übernommen hatte, Akbar Schah Iskandarow, ab. Kämpfe zwischen Anhängern Nabiews und ihren pro-muslimischen Widersachern waren schon Monate zuvor ausgebrochen. Die Altkommunisten erhielten schwere Waffen, Tanks, Helikopter von seiten der 201. Division der Armee der GUS und auch Waffenunterstützung aus Usbekistan. Mit ihren überlegenen Waffen gelang es ihnen, Duschambe im Dezember 1992 einzunehmen. Das Parlament wählte als Nachfolger des abgesetzten Iskandarow einen Gesinnungsgenossen Nabiews, Imamali Rahmanow, zum provisorischen Präsidenten. Duschambe fiel in die Hände des Truppenführers aus Kuliab, eines gewissen Sanjak Safarow. Die Kuliabis machten Jagd auf die Leute aus Badakhschan, der Hochgebirgsprovinz im Osten des Landes. Iskandarow und die meisten seiner nun entmachteten Minister stammten aus Badakhschan. Der neue Staatschef und seine Regierung waren Leute aus Kuliab. Auch die Kämpfer aus Garm und aus Kurgan Tjube wurden verfolgt und in vielen Fällen mit ihren Familien ermordet. Die Oberhäupter der Volksbewegung und der Islamischen Wiedergeburtspartei mussten nach Badakhschan fliehen. Andere Flüchtlinge, gegen 200 000 Personen, flohen an die afghanische Grenze und wurden in Lagern in Afghanistan untergebracht.

Die Regierung Rahmanow beschloss im Dezember 1992, eine Armee aufzubauen. In sie sollen die Banden aufgenommen werden, die bisher für Nabiew und seine Freunde gekämpft hatten, also in erster Linie die Kuliabi unter Safarow, die etwa 8000–10 000 Mann ausmachen. Man hat zu erwarten, dass diese «Armee», möglicherweise mit Hilfe regulärer Einheiten der GUS und mit Unterstützung der Usbeken Karimows, versuchen wird, die letzte Festung der Volkskräfte, die Hochtäler von Badakhschan, in ihre Gewalt zu bekommen.

Es dürfte heute in Europa rund 10 Millionen Muslime geben. Sie sind fast alle Gastarbeiter; eine weitaus kleinere Zahl sind Studenten und politische Flüchtlinge. Aus geschichtlichen Gründen hat sich für die verschiedenen Staaten Europas eine spezifische Verteilung von Muslimen ergeben: In England leben vor allem Gastarbeiter und Flüchtlinge aus dem indischen Subkontinent, der noch in diesem Jahrhundert als eine Perle unter seinen Kolonien galt; Pakistaner und Bangladeschis sind die grosse Mehrheit unter den Muslimen Grossbritanniens. In Deutschland wohnt eine grosse Zahl von Türken, die überwiegend während der wirtschaftlichen Boom-Zeiten der fünfziger und sechziger Jahre ins Land geholt worden sind und die im Grunde nicht in die Türkei zurückkehren können, weil sie dort schwerlich Arbeit fänden.

In Frankreich lebt aufgrund seiner spezifischen kolonialistischen Vergangenheit eine bedeutende Kolonie von Nordafrikanern und sogar muslimischen Schwarzafrikanern. Wegen der relativen Nähe Nordafrikas und den alten, intensiven Verbindungen aus der Kolonialzeit besteht ein starker Druck, noch mehr Nordafrikaner zuzulassen, und es gibt eine wachsende Zahl von Personen, die illegal nach Frankreich gelangt sind.

In Ländern wie Belgien und Holland besteht eine Mischung aus den beiden in Europa präsenten muslimischen Hauptgruppen, den Türken und den Nordafrikanern, manchmal, wie im Falle der Holländer, durch Gruppen aus der eigenen kolonialen Vergangenheit verstärkt, wie Indonesier und Surinamesen. Auch in der Schweiz und in Österreich gibt es eine Art Islamisierung aus zweiter Hand, die aus Türken und Nordafrikanern sowie muslimischen Jugoslawen und Albanern besteht, welche aus einem ersten Immigrationsland in das nächste hinüberwechseln. Spanien hat seine Nordafrikaner, viele illegal im Lande; Italien allerhand «Durchreisende», die sich zu bleiben bemühen. In den skandinavischen Ländern ersuchen Muslime aus aller Herren Ländern um Asyl.

Die Vereinigten Staaten wiederum sind aus politisch-zeithistorischen Gründen (die gescheiterte «Pahlewi-US-Connection») das Hauptsiedlungsland der ausgewanderten Iraner geworden. Daneben gibt es einen einheimischen, «schwarzen» Islam, der als Protestreligion zu verstehen ist, und natürlich auch eine Fülle von muslimischen Zuwanderern aus allen Staaten der islamischen Welt.

In allen Staaten, die grössere Gruppen von Muslimen beherbergen, gibt es auch die in ihren Heimatländern vertretenen islamistischen Gruppen. Unter den Türken findet man die (in der Türkei offiziell verbotenen) Süleimanci und Nurcu, die Gefolgsleute Erbakans und Türkeşs, sowie Beamte des türkischen Staates, dessen offizielle Religionsverwaltungsstelle *(Dyanet Isleri)* türkischen Gruppen im Ausland Geistliche zur Verfügung stellt. In Deutschland gibt es sogar eine türkische Gruppe von Khomeiny-Anhängern. Sie hat sich 1985 von *Milli Görüş*, der Auslandsorganisation von Türkeş, abgespalten und steht unter der Führung eines gewissen *Cemaleddin Kaplan*. In der Türkei wären alle ihre Mitglieder im Gefängnis. Für die tunesischen und die algerischen Islamisten ihrerseits ist Frankreich oft ein sichererer Tummelplatz als ihr eigenes Land, wo sie verboten sind und verfolgt werden.

Die Emigration ist für viele Geistliche und Islamistenanführer interessant, weil in den Gastarbeiterkreisen mehr Bargeld zur Verfügung steht als zu Hause, so dass unter den Gastarbeitern oft mit grossem Erfolg gesammelt wird. Die Rolle, welche die Auslandiraner beim Aufstieg Khomeinys spielten, ist unvergessen. Sie stellten dem aus Najaf nach Paris umgezogenen Ayatollah nicht nur Geld, sondern auch ihr Fachwissen und ihre Europaerfahrung zur Verfügung. Dazu kam und kommt bei vielen Predigern und Aktivisten eine vielleicht naive, aber jedenfalls leidenschaftliche Freude bei dem Gedanken, Europa zu «islamisieren».

Diese Freude gibt es auch bei den Saudis. Sie sind immer bereit, aus Prestigegründen Moscheen in europäischen Hauptstädten zu finanzieren und zu versuchen, die lokalen muslimischen Gemeinden unter ihre Obhut zu nehmen. Die «Islamische Weltliga» *(Rabita)* dient oft als Transmissionsriemen.

Die muslimischen Gemeinschaften in den Industriestaaten möchten in vielen Fällen als offizielle Religion anerkannt werden. Schliesslich haben die Muslime in Frankreich die Protestanten an

Zahl überflügelt und sind damit die «zweite Religion» Frankreichs geworden. Und in vielen Staaten, in denen die Religion der Juden offiziell zugelassen ist, haben die zugewanderten Muslime trotz ihrer grösseren Zahl diese offizielle Zulassung bisher nicht erhalten.

Die Schwierigkeiten, die sich in Europa und den USA ergeben, liegen weitgehend bei den Muslimen selbst. Sie haben niemanden, der repräsentativ für sie sprechen kann. Sie sind unterteilt in verschiedene Sprachen und nationale Kulturen, aber auch in verschiedene Zweige des Islams und in verschiedene theologische und ideologische Strömungen, von denen eine jede den Anspruch erhebt, sie stelle «den Islam» dar. Dazu kommen auch noch heftige politische Gegensätze wie etwa jener zwischen den Türken und Kurden, die beide mit türkischen Pässen in Europa auftreten.

Die deutschen Behörden neigen mehr und mehr dazu, die türkische Religionsverwaltung als den zuständigen Gesprächspartner in Fragen ihrer türkisch-islamischen Minderheit zu akzeptieren; schon weil sich in diesem Fall Staatsbeamte mit Staatsbeamten verständigen können. Doch viele der türkischen Muslime sind damit nicht einverstanden; sie fühlen sich durch die türkische Religionsverwaltung nicht repräsentiert – was angesichts der kaum vergangenen Geschichte eines eher aggressiven türkischen Säkularismus nicht verwundern kann. Bei den Nordafrikanern, deren Staaten in ihrem Kampf gegen den Islamismus die offizielle Religionsausübung immer schärfer überwachen und gängeln, dürfte ebenfalls wenig Bereitschaft bestehen, sich durch die heimatlichen islamischen Staatsinstanzen in den Emigrationsländern vertreten zu lassen.

Das Problem der Repräsentation wird weiter dadurch kompliziert, dass die Islamisten sich in alle Repräsentationspositionen drängen. Ihre ganze Ideologie beruht ja auf der Behauptung: «*Wir* sind der Islam». Es ist also nur folgerichtig, wenn sie jeglichen Islam repräsentieren wollen, möglichst unter Ausschluss aller anderen Richtungen und Strömungen. Es spricht aber nicht für das Unterscheidungsvermögen ihrer verschiedenen westlichen Gesprächspartner, wenn diese solche Behauptungen akzeptieren.

Die Islamisten sind in der Lage, sehr entschieden aufzutreten. Sie haben stets eine sehr bestimmte und ausschliesslich formulierte Meinung darüber, was «islamisch» sei und was nicht. Sie sind also «berechenbare» Gesprächspartner mit klaren Vorstellungen. Repräsentativ sind sie jedoch nicht. Ihre Ideologie ist ein vereinfachter und oft verfälschter Islam, der ins Politische umgebogen wird und die Schari'a zum Rang einer absoluten Wahrheit erhebt, der ihr als Menschenwerk nicht gebührt, sogar wenn sie sich von den göttlichen Texten herleitet: die Art der Ableitung bleibt eben doch Menschenwerk, das heisst Auslegung und Interpretation. Daran sollten ihre christlichen Gesprächspartner, deren eigene Geschichte reiche Erfahrungen dieser Art bereithält, stets denken.

Da die muslimischen Bevölkerungsteile in Europa bleiben, ja höchstwahrscheinlich prozentual weiter anwachsen werden (Geburtenzahl und Immigrationsdruck), gilt es für die europäischen Gesellschaften, so rasch wie möglich zu erkennen, dass sie angesichts der bestehenden Umstände gar keine andere Wahl haben, als die bei ihnen lebenden Muslime ihre Religion frei und ungehindert ausüben zu lassen und dennoch ihr bestes zu tun, um sie in die «Gastgebergesellschaft» aufzunehmen und einzubürgern.

Es gibt keine andere Wahl, weil eine jede Zurückweisung und Ablehnung unweigerlich bedeuten würde, dass man die in Westeuropa nun einmal einheimisch gewordenen Muslime in die Hände der Islamisten gibt. Diese sind präsent, und sie gehen natürlich darauf aus, aus jeder Zurückweisung und aus jeder als ungerecht empfundenen Behandlung Profit zu schlagen. Sie sagen ihren meist einfachen Religionsbrüdern vor: «Trennt euch von den Christen oder Atheisten, die die europäische Gesellschaft ausmachen. Lebt euren Islam unter unserer Führung, nach innen, abgesondert und abgewandt von allen nicht muslimischen Menschen und Werken.» Auf diesem Weg suchen sie eine nur ihnen gehorchende islamische Sondergemeinschaft zu bilden, ein Ghetto, das, wenn es zustande kommt und anwächst, früher oder später als islamistische 5. Kolonne eingesetzt werden kann.

Wenn man davon absieht, die Muslime einfach wieder nach Hause zu schicken (was sich wohl realistisch nicht bewerkstelligen liesse), gibt es nur einen Weg, um die Bildung eines der Mehrheitszivilisation feindlichen und von den Islamisten animierten und angeführten Fremdkörpers in den westlichen Industriegesellschaften zu vermeiden; dies wäre der Weg der Aufnahme und Einbeziehung. Jener der Abstossung und Fernhaltung bei gleichzeitiger Ausnützung kann nur dazu führen, dass die Islamisten in unserer Mitte an Zahl, Macht und Einfluss gewinnen, so lange, bis sie in der Tat die führende Kraft unter den Einwanderern werden. Für Europa gilt weitgehend: die Islamisten werden von der europäischen «Gastgebergesellschaft» wenn nicht hervorgebracht, so doch begünstigt. Der Keim mag von aussen, aus den heutigen islamischen Gesellschaften, in denen er überall präsent ist, hineingetragen werden; doch ob der Boden, auf den er fällt, sich als fruchtbar erweist, wird letztendlich durch das Verhalten der westeuropäischen Gesellschaften selbst und durch ihre Politik gegenüber den muslimischen Zuwanderern (und ihren Heimatländern) bestimmt werden. In gewisser Weise stehen sie also vor ähnlichen Problemen wie viele Staaten der muslimischen Welt, die sich mit islamistischen Bewegungen auseinanderzusetzen haben.

Die Türken in Deutschland

Da die Türken die Hauptmasse der Muslime in Deutschland darstellen, hängt die innere Gliederung und Verfassung der islamischen Minderheit in Deutschland eng mit jener zusammen, die man in der Türkei vorfindet. Es besteht freilich ein wichtiger Unterschied: In Deutschland gibt es solide Garantien für religiöse und für politische Freiheit, die in der Türkei, soweit sie überhaupt bestehen, weitaus weniger gewiss sind. In Deutschland hingegen sind sie so stark ausgebaut, dass nicht selten Gruppierungen, die ihren Schutz in Wirklichkeit nicht verdienen, weil sie autoritäre Ziele verfolgen und gewaltsame Methoden befürworten, aus ihnen dennoch Gewinn ziehen können.

Andererseits müssen die in Deutschland lebenden Türken mit der ungesetzlichen, bisher aber nur sehr unvollkommen verfolgten verbalen, seit 1991 zunehmend auch gewalttätigen Feindschaft von Neonazis und verwandten Gruppierungen rechnen, die wenig mit genuinen religiösen Gegensätzen und Unterschieden zu tun hat, sondern primär auf reine Rassenhetze zurückgeht.

Die religiösen Gruppen und Richtungen können sich dennoch auch unter diesen Umständen eher freier entfalten als in der Türkei. Dies bewirkt, dass für viele dieser Gruppen das Auswanderungsland Deutschland wichtig ist, als Geldquelle, weil dort unter den Anhängern und Mitläufern ziemlich uneingeschränkt Geld gesammelt werden kann, sowie auch als ein Ort, wo eine freie und offene Organisation der verschiedenen Anhänger möglich ist. Viele der in Deutschland frei agierenden Gruppen müssen in der Türkei im Halbschatten einer stets ungewissen Duldung leben, die jederzeit vom Staat widerrufen werden, ja sogar auf Grund von geltenden Gesetzen, die jedoch heute nur noch selten angewendet werden, in einen Straftatbestand umkippen kann. Das gleiche gilt auch im politischen Bereich. Die in Deutschland ansässigen Kurden türkischer Nationalität sind hier bedeutend freier als zu Hause, ihre eigene kulturelle und sprachliche Identität zu pflegen und politische Aktivitäten zu entfalten.

Eine Folge der grösseren Freiheit in Deutschland ist, dass die Ausmasse und Umrisse der verschiedenen Gruppen und Richtungen deutlicher sichtbar werden als in der Türkei, wo sie gezwungen sind, sich im Halbdunkel einer fragwürdigen Legalität zu bewegen.

Dies ist vor allem interessant in bezug auf die *radikalen Islamisten* unter den Türken. In Deutschland besitzen sie seit 1980 ihre legale Gruppierung unter dem aus der Türkei geflohenen Aktivisten *Kaplan*, die ab 1982 den Namen «Union der muslimischen Assoziationen und Gemeinschaften» führte, sich jedoch seit 1984 «Assoziation der islamischen Gruppen und Gemeinschaften» nennt. Sie hat ihren Sitz in Köln und hat sich im November 1984 mit der proiranischen «Islamischen Union in Europa» zusammengeschlossen. Dieser Zusammenschluss hat etwa 6500 Mitglieder. (Die Gesamtzahl der Türken in Deutschland übersteigt 1,5 Millionen, das heisst nur 0,43 Prozent der in Deutschland ansässigen Türken gehören der radikalen, von Kaplan angeführten Gruppe an!) Die Anhänger Kaplans glauben an die Notwendigkeit, gegen Gegner «des Islams» – natürlich der von ihr selbst definierten und vertretenen Spielart – mit Gewalt vorzugehen. Die Mitglieder bezahlen 2,5 Prozent ihres Einkommens als Zakat («Almosensteuer») an die Vereinigung; darüber hinaus soll ihnen die Führung einen ausserordentlichen Beitrag von 1000 Mark pro Kopf abgefordert haben. Eine Spaltung in ihren Reihen ereignete sich 1991, weil Kaplan den Personenkult kritisierte, der in Iran mit Khomeiny immer noch getrieben wird. Dies hatte einen Bruch mit Teheran zur Folge. Ein geplanter Besuch Kaplans im Aussenministerium von Teheran wurde abgesagt. Doch der zweite Mann der Gruppierung, Hassan Kiliç, blieb der iranischen Linie treu und gründete eine eigene, neue Organisation, die er «Islamische Bewegung» nannte.

Kaplan fordert *Erbakan* und dessen Anhänger auf, mit seiner Gruppe zusammenzuarbeiten, um die «Islamisierung der Türkei zu beschleunigen». Doch Erbakan ist bisher nicht darauf eingegangen. Die Gruppierung Kaplans veröffentlicht eine Zeitschrift: *Ummet Muhammed*, die seit April 1989 erscheint. Auch die Zeitschriften, *Terlig* und *Milli Gazete*, die in Deutschland erscheinen, stehen ihr nahe. Ein grosser Teil der Aktivitäten der Gefolgsleute Kaplans konzentriert sich auf die Herstellung von Tonbandkassetten, die in die Türkei geschmuggelt werden. Von der Schwierigkeit, dieses wirksame Massenmedium zu kontrollieren, war bereits oben die Rede.

Die Partei Necmettin Erbakans, zur Zeit *Refen Partisi*, «Wohlfahrtspartei» genannt, kann ebenfalls als islamistisch eingestuft werden, freilich im Gegensatz zu jener Kaplans nicht als revolutionär. Sie besitzt ihren eigenen Zusammenschluss, die «Verbindung Islamischer Kulturzentren», beherrscht etwa 210 Gemeinden und soll rund 25 000 Personen umfassen. Der Orden der Süleymanci arbeitet in Deutschland mit den Anhängern Erbakans zusammen. Sein Oberhaupt für Deutschland, der Imam Mehmet Yufkayurek, gilt als ein enger Freund Erbakans. (In der Türkei haben kürzlich die Anhänger Erbakans einen unerwarteten Wahlerfolg davongetragen, als sie am 1. Nov. 1992 in Lokalwahlen in sechs Aussenbezirken von Istanbul 27 Prozent der Stimmen davontrugen und als die grösste Partei aus den Wahlen hervorgingen. In den Parlamentswahlen von 1987 hatte die Partei auf der gesamttürkischen Ebene 7,12 Prozent der Stimmen erhalten, in jenen von Oktober 1991 bereits 16 Prozent.)

Auch die türkischen Ultrarechten unter dem Obersten *Türkeş* haben ihre deutschen Ableger. Diese extremen Nationalisten – das sind sie in erster Linie – haben in den letzten Jahren beschlossen, auch den Islam zu propagieren. Sie stellen ihn als einen der Werte der grossen türkischen Zeit unter den Osmanen hin; in Wirklichkeit wohl auch, weil sie die Wirksamkeit islamischer und islamistischer Parolen erkannt haben. Ihre Gruppierungen nennen sich in Deutschland «Islamische Union»; sie kontrollieren etwa 100 Gebetsräume und Moscheen, also ungefähr halb so viele wie die Gefolgsleute Erbakans. Nicht weniger als 24 Morde an anderen Türken werden den Leuten des «Grauen Wolfes» Türkeşs (sie nennen sich auch «Idealisten») zur Last gelegt. (H.-J. Brandt & K.-P. Haase, Hg.: Begegnungen mit Türken, Begegnung mit dem Islam. Band 3. Hamburg 1983.) In ihren Koranschulen lehren sie, die türkische Rasse sei die eigentliche Herrenrasse und habe ein Recht zu herrschen, die Menschen des Westens verdienten nur Verachtung. (Diese Aussage beruht auf Beobachtungen und Berichten anderer, nicht islamistischer Türken in Deutschland.)

Schliesslich hat sich auch der türkische Staat dazu entschlossen, seinerseits unter den ausgewanderten Türken aktiv zu werden und für ihre religiösen Bedürfnisse zu sorgen. Seit 1980 entsendet das Präsidium für Religionsangelegenheiten (türkische Abkürzung DIB), das dem Ministerpräsidenten unterstellt ist, Moscheevorsteher und Religionslehrer in die Auswanderungsländer. In Deutschland soll es zur Zeit gegen 300 Kultstätten kontrollieren, also ungefähr gleich viele wie die Anhänger Erbakans und Türkeşs zusammen. Die türkischen Behörden sind bestrebt, ihre Religionslehrer nach drei oder fünf Jahren Dienst im Ausland auszuwechseln, um zu vermeiden, dass sie dort islamistische Überzeugungen gewinnen. Doch dies führt oft zu Diskussionen, weil die Betroffenen in Deutschland bleiben wollen.

Das DIB ist laut Verfassung verpflichtet, sich an den Laizismus zu halten, der in der Türkei auf der Trennung zwischen Religion und Staat besteht. Dadurch ist alle Agitation zugunsten der Schari'a ausgeschlossen. Das DIB darf also keine Einmischung der Religion in die Politik zulassen, und gleichzeitig hat es die – schwer erfüllbare – Aufgabe, einen türkischen «Einheitsislam» zu schaffen.

Neben den erwähnten Süleymanci sind auch die Orden der Nurcu und der Nakschibendi in Deutschland aktiv. Die Nurcu haben gute Verbindungen zu den Kurden, weil ihr Gründer, Said Nursi, ein Kurde war und sich in Jugendschriften im Sinne der kurdischen Autonomiebestrebungen geäussert hat. Seit 1988 soll es auch eine islamische kurdische Gruppierung geben, die «Islamischer Verein Kurdistan» heisst. Zuvor waren die kurdischen Gruppen stets links gestanden.

Unter den Türken in Deutschland findet man auch eine grössere Gemeinde (gegen 250 000 Menschen) von sogenannten Alevi-Bektaşi. Dies ist eine islamische Sekte, die sich vom Schiismus herleitet, wobei allerhand Vorstellungen aus dem religiösen Substrat in ihre Religion eingedrungen sind: Schamanentum, Dreifaltigkeitsvorstellungen, zoroastrische Elemente, Emanationslehren und Seelenwanderungsvorstellungen, Verehrung von Bäumen, Quellen und Steinen und andere mehr. Sie pflegen die Religion in Hausgottesdiensten, wobei Gesang und Wein eine Rolle spielen. Frauen haben an allen Zeremonien teil. Heirat ausserhalb der Sekte führt zum Ausschluss aus ihr. Sie besitzt eine Geheimlehre, die nur Eingeweihten zugänglich ist. Die Alevi sind für die orthodoxen Muslime Frevler. Sie halten ihrerseits natürlich nichts von der Orthodoxie und der Schari'a, die in der Vergangenheit als ihre Verfolger auftraten. Aus diesem Grunde stehen sie jedem Islamismus fern, ja können als seine ausgesprochenen Gegner gelten. (Einen Einblick in die komplexe Welt der türkischen Alevi gibt: A. J. Dierl, Geschichte und Lehre des anatolischen Alevismus-Bektaşismus, Frankfurt am Main 1985.) Mindestens 10 Prozent, vielleicht sogar 20 Prozent der Türken und Kurden türkischer Nationalität gehören zu ihrer Glaubensgemeinschaft, d. h. zwischen 5 und 10 Millionen. Nach Dierl sind sie sogar 25 Prozent aller «Türken».

Die Probleme, welche die türkischen Gastarbeiter in Deutschland vorfinden, haben zunächst nichts mit ihrer Religion zu tun. Man kann sie aufzählen: Arbeit, Wohnung, Sprache, Einfügung in die deutsche Gesellschaft, Erziehung und Ausbildung der Kinder und deren Intregration in die Gastgesellschaft. Letzteres ist besonders schwierig für die türkischen Töchter – und hier ist auch der direkte Zusammenhang mit religiösen Unterschieden als Problem zu fassen: Von einem Kenner der Lage, Khalid Durán, wird es als das verzwickteste aller Probleme bezeichnet. Das Elternpaar – oft noch mit den Grosseltern zu Hause im Hintergrund – bringt seine tief verankerten Vorstellungen mit, wie sich eine junge Frau zu verhalten habe und welche Art Leben sie anstreben sollte, während die Gastgebergesellschaft in ihrem organisierten Bildungswesen und ihrer ausserschulischen Sozialisation ihre jungen Mitglieder auch türkischer Herkunft nach den Massstäben erzieht und prägt, die selbstverständlich in erster Linie die eigenen und nicht die der Gastfamilien sind.

In diesen Fragen, die natürlich alle islamischen Zuwanderer in Deutschland betreffen, spielt der Islam eine Rolle, doch oft wissen die Betroffenen selbst nicht, inwieweit ihr Verhalten, das sie als muslimisch empfinden, tatsächlich mit dem islamischen Gottesgesetz und seinen Normen übereinstimmt und inwieweit sie in Wirklichkeit viel älteren Ehrbegriffen gehorchen, die in graue Urzeiten der Mittelmeerkulturen zurückreichen. Es kommt in extremen Fällen vor, dass Väter oder auch Brüder ihre Töchter und Schwestern aus Schulen und Frauenhäusern entführen und nach der Türkei zurückspedieren, um sie dort rasch zu verheiraten. Sogar Morde kommen in diesem Zusammenhang vor. Tatmotiv ist fast immer ein archaischer Ehrbegriff, der die Jungfräulichkeit der Töchter mit der Ehre ihrer Familie in Zusammenhang bringt. Diese Ehre darf nicht in Gefahr gebracht werden, oder sie muss «mit Blut gewaschen» werden.

Durán berichtet von einem Fall, in dem ein Marokkaner in Deutschland, der seine deutsche Frau mit einem anderen Mann im Bett fand, sofort die Frau, den Ehebrecher und sein eigenes einjähriges Kleinkind ermordete. Ein Imam, der als Berater vom Gericht zugezogen wurde, erklärte, dies sei eine unislamische Tat gewesen, die auf Stammesgesetzen beruhe; er, der Imam, sei nicht gewillt, den Täter zu verteidigen. Durán merkt an: «Was der junge Imam nicht realisierte, war, dass der Rifi-Marokkaner (aus dem nördlichen Küstenatlas) als selbstverständlich annahm, dass der Stammeskodex, dem er folgte, mit dem islamischen Gesetz übereinstimme.»

(Aus einem leider noch nicht publizierten Buch von Khaled Durán über den Islam in der Diaspora).

Die Kurzschlusshandlungen der gewaltsamen Verteidiger der Familienehre beruhen nach Durán auf einer Mischung von Schari'a, Stammesrecht und der Vernunft kaum zugänglichen Befürchtungen, wobei die restriktiven Elemente aller drei Einflüsse einander verstärken.

Das Unverständnis, auf das solche – natürlich stets aufsehenerregende – Akte in der Gastgesellschaft stossen, ist nur vergleichbar mit dem Unverständnis, welches die islamistischen Moralprediger den in ihren Augen unsittlichen Gebräuchen der Gastgesellschaften entgegenbringen. Alle Fragen der gemischten Schulen, die in den islamischen Gemeinschaften Europas immer wieder hochgespielt werden, hängen natürlich mit diesem Komplex der Reinheit, der Jungfräulichkeit und der Familienehre zusammen. Europäer täten gut daran, sich zu erinnern, dass solche Werte auch in Europa bis vor wenigen Generationen eine durchaus vergleichbare Rolle spielten und dass sie auch heute noch im südeuropäischen Mittelmeerraum blutige Dramen hervorrufen können.

Die Schwierigkeiten der türkischen Gastarbeiter in Deutschland, die allmählich zu Einwanderern geworden sind, erweisen sich als so bedeutend, dass man leicht ihr Bedürfnis nachvollziehen kann, ihre eigenen Kultstätten einzurichten und sich vermehrt dem Islam zuzuwenden. Solange sie sich in Deutschland als Fremde fühlen und mannigfaltige Widerstände in der deutschen Gesellschaft gegen ihre Gegenwart fühlen müssen, dürfte sich bei ihnen ein wachsendes Bedürfnis regen, zusammenzurücken und ihre eigene Religion als einen der wichtigsten ihnen gemeinsamen Werte zu betonen und auszuüben. Wichtig ist dabei allerdings, rechtzeitig zu erkennen, welcher der verschiedenen konkurrierenden Religionsrichtungen es gelingen wird, die Mehrheit der türkischen Muslime um sich zu sammeln. Bisher sind es ohne Frage die einer Trennung von Staat und Religion zuneigenden offiziellen, vom türkischen Staat geförderten und kontrollierten Muslime; die islamistischen Strömungen stellen Minderheiten dar; sie sind gespalten in eine radikal-revolutionäre Richtung, die in der Theorie auch vor Gewaltanwendung nicht zurückschreckt, und in eine eher realpolitische Strömung, die darauf ausgeht, einen Islamischen Staat an den Urnen zu gewinnen, jene Kaplans und die Erbakans.

Für die zukünftige Entwicklung dieser Gewichtsverteilung zwischen Islamisten und Muslimen hängt sehr viel davon ab, ob die gegenwärtigen Nachstellungen gegen alle Fremden, deren Opfer auch türkische Muslime geworden sind, andauern und anwachsen, weil es den deutschen Behörden nicht gelingt, sie abzustellen, oder ob sie zum Abklingen gebracht werden können. Wenn der deutsche Neo-Nazismus um sich greift und die Einwanderer als seine neuen Juden zu seinen Hauptopfern macht, dürfte als Reaktion auch der islamische Faschismus anwachsen, sowohl in seiner mehr islamistischen Spielart wie auch in seiner türkisch-nationalistischen. Soziale Gruppierungen, die willens sind, verängstigte und verbitterte Türken aufzunehmen, die zur «Selbstverteidigung» übergehen wollen, gibt es bereits.

Sie könnten im Falle fortgesetzter fremdenfeindlicher Pogrome viel grösseren Zulauf als gegenwärtig erhalten.

Die Nordafrikaner in Frankreich

Im Gegensatz zu den Türken in Deutschland, die weitgehend Landesfremde sind, gehören die Nordafrikaner in Frankreich in mancher Hinsicht «zur Familie». Viele verstehen Französisch, schon bevor sie in Frankreich ankommen, auch wenn ihre Sprachkenntnisse rudimentär sein mögen. Die Kontakte über das Mittelmeer hinweg sind nie ganz abgerissen. Sie waren besonders intensiv, wenn auch einseitig, in der Kolonialepoche, als französische Heere in Nordafrika standen und französische Siedler, Geschäftsleute und Verwalter dort lebten. In Algerien dauerte die Kolonialzeit 132 Jahre lang, von 1830 bis 1962.

In Algerien war einst ein Zehntel der Bevölkerung französisch. Algerier und auch Senegalesen haben in beiden Weltkriegen im französischen Heer gekämpft. Es gab Zeiten, in denen Algerier im französischen Parlament sassen, um «Überseefrankreich» dort zu vertreten; allerdings waren sie als die «Beni Oui Oui» bekannt.

Während Marokko und Tunesien unter relativ geringen Opfern 1956 ihre Unabhängigkeit wiedererlangten, mussten die Algerier einen achtjährigen Guerillakrieg führen und erleiden, bevor sie sich von dem kolonialen Regime freigekämpft hatten.

Die Arbeitsemigration nach Frankreich ist schon alt, sie war auch schon seit Jahrzehnten von einer Studentenemigration begleitet. Der Algerische Befreiungskrieg hinterliess nicht nur physische, sondern auch psychische Wunden. Die französischen Siedler mussten das Land, das sie seit etwa 1830 als ihre Heimat ansahen, verlassen, und ein Teil der von den Franzosen ausgehobenen algerischen Hilfssoldaten wurde nach dem Ende des Krieges nach Frankreich evakuiert. Jene, die in Algerien zurückblieben, nach manchen Quellen neun Zehntel von ihnen, wurden als Verräter eingestuft und grausam ermordet. Die Gegenwart dieser sogenannten Harkis und ihrer Kinder in Südfrankreich ist bis auf den heutigen Tag ein soziales Problem geblieben.

Es gibt aber auch Verbindungen, die den Algerienkrieg überdauert haben. Wichtige Werke der französischen Literatur wurden und werden bis heute von Algeriern geschrieben. Der am Ende des algerischen Befreiungskrieges den Kugeln von OAS-Mördern erlegene Mouloud Feraoun ist nur einer der bedeutenden Schriftsteller. Albert Memmi, ursprünglich ein tunesischer Jude, lebt heute in Paris. Der Nobelpreisträger Camus war ein «Pied Noir» und hat seine ersten Werke in Algier verfasst. In der Anthologie französischer Texte aus Nordafrika, die François Bondy 1962 herausgab («Das Sandkorn»), findet man ausser den genannten die Namen Driss Chraibi, Ahmed Sefriou, Kateb Yacine, Mouloud Mammeri. Seither sind neue dazu gekommen, namentlich Rachid Boujedra und Taha Ben Jelloun, Malek Haddad, Abdelkébir Khatibi, Mohammed Khair-eddine, Assia Djebar und der neueste Stern am französisch-maghrebinischen Himmel: Rachid Mimouni. Diesen arabischen und Berbernamen stehen viele französische gegenüber, die ebenfalls mit Nordafrika verbunden bleiben.

All dies bedeutet natürlich nicht, dass das Los der maghrebinischen Gastarbeiter in Frankreich ein glückliches sei. Gerade die Werke der genannten Schriftsteller und Dichter sind voll von Beschreibungen der Härten, welche die Gastarbeiter auf sich nehmen müssen. Doch der Umstand, dass heute viele Maghrebiner zur französischen Literatur gehören, von den übrigen Künsten gar nicht zu sprechen, zeigt doch an, dass es so etwas wie eine gemeinsame Familie gibt. Man streitet sich natürlich auch unter Familienangehörigen, tut einander weh, die Stärkeren beuten die Schwächeren aus, im Intimbereich gibt es Verletzungen, die mehr Schmerzen zufügen, als ein Fremder es überhaupt je könnte, auf beiden Seiten entwickelt sich unter Umständen sogar ein Intimhass, der mörderisch werden kann. Das alles ist möglich und existiert. Dennoch bleibt eines: völlig entfremden kann man sich nicht – die Geschichte, die man so oder so miteinander zu teilen hat, verhindert es.

Das Element der kulturell eigenständigen Berber bildet einen wichtigen Kitt zwischen Frankreich und dem Maghreb. Fast die Hälfte aller nordafrikanischen Gastarbeiter in Frankreich sind Berber, was ihrem Prozentsatz in Nordafrika bei weitem nicht entspricht. Die berberophonen Landeskinder des Maghreb machen nur etwa 5 bis 6 Millionen aus, also gute 7 Prozent der Bevölkerung. Viele Berber der älteren Generation, und oft auch noch der jüngeren, sprechen und schreiben besser französisch als arabisch, und wäre es nur, weil französisch leichter zu lernen ist. Die Berber sind gute Muslime, aber in den seltensten Fällen Islamisten. Ihr Islam steht modernen Strömungen offen, weil es sich immer um einen Islam gehandelt hat, der mit den eigenen Stammestraditionen und Gewohnheitsrechten, ja den besonderen Formen berberischer Religiosität koexistierte und sich ihnen anpasste. In den Wahlen von 1991, die in Algerien, wie oben berichtet, beinahe den FIS an die Macht gebracht hätten, haben die Berber der Kabylei geschlossen für «ihre» Partei, den FFS (Front des Forces Socialistes) unter Aït Ahmed gestimmt, nicht für die Islamisten. Die arabischen Algerier sahen den FFS trotz seines Namens als ausgesprochen ethnische, als Berberpartei an und stimmten deshalb nicht für ihn.

In Frankreich sind manche Berber ebensosehr oder auch ebensowenig zu Hause wie in ihren arabisch-muslimischen Herkunftsstaaten Algerien und Tunesien. In Marokko liegen die Dinge wieder etwas anders, weil es dort grosse, kompakte, aber auch stark in die Stammesverbände eingebundene Berbergemeinschaften gibt.

Das besondere Verhältnis von Frankreich und Nordafrika zeigt sich auch darin, dass es in Frankreich jährlich gegen 20 000 maghrebinisch-französische Mischehen gibt; von ihnen gehen freilich viele wieder in die Brüche, weil nach der ersten gegenseitigen Anziehung beispielsweise zweier in Massenbetrieben wie Renault, Peugeot oder Citroën Beschäftigter anschliessend doch die sehr unterschiedlichen Hintergründe der kulturellen Herkunft zur Geltung gelangen, von deren Ausmassen beide Partner vor Eingehung ihrer Ehe wenig oder so gut wie nichts wussten. Ein Kollege, der als Imam in Frankreich arbeitete, berichtete Khaled Durán, oft seien junge Muslime zu ihm gekommen, um ihnen ihre französischen Freundinnen zu bringen. «Mach eine gute Muslima aus ihr», sollen sie ihn gebeten haben. «In der Zwischenzeit gehe ich ein paar Telefongespräche erledigen!» (Aus dem oben erwähnten, noch nicht veröffentlichten Buch Duráns über die islamische Diaspora in den Industrieländern.) Diese interkulturellen Probleme in den engsten menschlichen Beziehungen stellen sich in anderen europäischen Staaten, die keine gemeinsame Geschichte wenigsten mit Teilen ihrer muslimischen Gastbevölkerung haben, naturgemäss noch sehr viel schärfer.

Wenn solche interkulturellen Ehen auseinanderbrechen, wird die Frage der Verfügungsgewalt über die Kinder akut. In Fällen, in denen die Gerichte die Kinder der in Frankreich geborenen Mutter zusprechen, kommt es nicht selten vor, dass der Vater sie in Algerien zurückbehält, etwa nach einem Besuch der Kinder in seinem Hause, oder sogar, dass er sie aus Frankreich entführen lässt. Manche der Mütter versuchen dann, Gegenentführungen zu inszenieren, und es gibt Berufsentführer, die an diesen Verhältnissen gut verdienen. Nach algerischem Recht und islamischem Rechtsempfinden gehören die Kinder dem Vater an, nachdem sie sieben Jahre erreicht haben. Wenn es die Kinder eines muslimischen Vaters und einer christlichen Mutter sind, sind sie per definitionem Muslime und müssen daher in einem muslimischen Milieu aufwachsen. Konsequenterweise gibt der algerische Staat Auslieferungsbegehren, die in Algerien befindliche Kinder betreffen, nicht statt, auch wenn ein französischer Richter sie formuliert. Da es derzeit über tausend derartiger Fälle gibt und einige der Mütter sich zusammengetan haben, um öffentlich für die Rückkehr ihrer Kinder zu agitieren, sind diese Fälle der Öffentlichkeit beständig vor Augen. Ein Familienstreit im wahrsten Sinne des Wortes, in dem die beiden Völker auf beiden Seiten leidenschaftlich Partei ergreifen. Die algerischen Väter bringen selten das islamische Argument ins Spiel. Sie pflegen meist zu erklären, sie wollten vermeiden, dass ihre Kinder als Drogengefährdete in verarmten und sittlich verwilderten Vorstädten aufwüchsen. Ein ehemaliger Fremdarbeiter, der in Frankreich verheiratet war, sich aber dann scheiden lässt und nach Algerien heimkehrt, wo er meist im Schoss seiner Grossfamilie Zuflucht findet, neigt natürlich dazu, sein früheres Gastland in einem negativen Lichte zu sehen, und dürfte in vielen Fällen wirklich über die Zukunft seiner Kinder besorgt sein.

Ähnlich wie bei den türkischen Töchtern, vielleicht sogar noch ungehemmter, massen sich viele nordafrikanische Väter und Brüder ein Aufsichtsrecht über ihre Töchter und Schwestern an, sogar wenn diese erwachsen werden. Es gibt Nordafrikanerinnen in Frankreich, die ihre kleine Wohnung nie verlassen dürfen, damit ja die Familienehre, die entscheidend durch sie symbolisiert wird, keinen Schaden nehme. Brüder und Väter massen sich das Recht an, die Handtaschen ihrer Schwestern und Töchter zu durchsuchen, um festzustellen, ob sich darin Indizien von ungebührlichen Eigeninitiativen, etwa in der Form eines Kino-Billettes, finden. Oft kommen Ausbruchsversuche aus dieser familiären Gefangenschaft vor, relativ wenige allerdings haben so viel Erfolg, dass die bisherigen Gefangenen ein neues Leben nach ihrer eigenen Vorstellung führen können.

All dies hat aber wenig mit Islamismus oder mit Islam und viel mit dem traditionellen Stammesbrauchtum der Heimat zu tun, sogar wenn die Betroffenen selbst ihr Verhalten als «islamisch» verstehen.

Es gibt keine offiziellen Zahlen der Muslime in Frankreich, weil der Staat bei Volkszählungen keine Angaben über Religion verlangt. Man kennt jedoch die Zahlen der Ausländer, die in Frankreich leben, und unter jenen, die nicht aus der EG stammen, dürften die meisten Muslime, genauer: muslimischer Herkunft sein. Auf dieser Basis kann man errechnen, dass ungefähr 2,1 Millionen der 3,58 Millionen Fremden Zuwanderer aus muslimischen Staaten sein dürften. Dazu kommen noch die Muslime französischer Nationalität, die heute mindestens 400 000 ausmachen und die durch den Geburtenüberschuss der in Frankreich ansässigen Muslime jährlich um mindestens 100 000 Personen anwachsen: die Kinder der in Frankreich ansässigen Ausländer werden kraft ihrer Geburt mit 18 Jahren automatisch Franzosen. Diese sind allerdings nicht alle bewusste Muslime, theoretisch können ein Einwanderer und dessen Nachkommen natürlich ihre Religion ändern oder gar keine haben, auch wenn sie aus einem muslimischen Lande gekommen sind. Statistisch dürfte dies freilich nicht stark ins Gewicht fallen. Die Erfahrung mit Gastarbeitern oder Studenten muslimischer Herkunft bestätigt vielmehr, dass sie sich als Muslime ansehen und bezeichnen, auch wenn sie sich nicht sehr strikt, oder auch gar nicht an die islamischen Glaubens- und Ritualvorschriften halten. Dies ist gerade bei den einfachen Leuten der Fall, die aus den Dörfern ihrer Heimatländer nach Frankreich kommen und ihren Glauben mitbringen.

In Frankreich (wie in allen anderen europäischen Staaten übrigens auch) nahm die Islamisierung der islamischen Immigration in den Jahren 1973–74 ihren Ausgang. Damals stoppten die europäischen Länder unter dem Druck der durch die Erdölpreise verursachten Rezession die Einwanderung aus den – weitgehend muslimischen – Staaten. Damit wurden die dort befindlichen Gastarbeiter vor die Notwendigkeit gestellt, entweder heimzukehren und nicht wiederzukommen oder zu bleiben und ihre Familien nachkommen zu lassen. Letztere Wahl konnten sie dank der französischen Vorschriften treffen, die eine Familienzusammenführung erlaubten. Vor dem neuen Aus- bzw. Rückreiseverbot hatte sich ein beständiges Hin- und Herpendeln zwischen den Ursprungs- und den Gastländern abgespielt.

Die in Europa verbliebenen Gastarbeiter mussten sich nun auf Dauer einrichten. Ihre Kinder wuchsen im Gastland auf, und es scheint diese Neuorientierung ihrer eigenen Zukunftsperspektiven gewesen zu sein, die einen starken Wunsch danach weckte, die einheimische Religion in der Fremde ausüben zu können. Der französische Islamologe Gilles Kepel, der drei Jahre mit der Erforschung des einheimischen Islams verbracht hat, spricht auf Grund seiner Untersuchungen von einer «Inneren Festung», die ein jeder der Immigranten und Immigrantinnen mit sich gebracht habe. Die meisten empfanden es als ihre Pflicht, ihre islamische Religion an ihre Kinder weiterzugeben; was diese später damit machten, sei deren Sache. Jedenfalls aber müsste ihnen «der Islam» übermittelt werden. Manche Eltern sprachen auch davon, dass ihre Kinder ihnen zu entgleiten schienen. Wenn sie sich aber dem Islam zuwandten, blieb doch eine gewichtige Gemeinsamkeit. Für manche der Jungen, die in den Zementvorstädten der HLM (habitation à loyer modéré), trostlosen staatlichen Wohnkasernen, aufwuchsen, bedeutete die Eingliederung in eine islamische Gruppe Orientierung und Halt, wie sie ihn sonst nirgends fanden.

Auch im Zuge der damaligen Rezession kam es zu einem ganz Frankreich überziehenden Mieterstreik in den erwähnten HLM und ähnlichen, meist halbstaatlichen Massenwohnprojekten. Die Verwalter fanden, dass eine Methode, um zerstörerische Zusammenstösse zu vermeiden, darin bestand, den Bewohnern der HLM die Einrichtung von Gebetsstätten in Untergeschossen oder leeren Wohnungen ihrer Zementtürme zu gestatten. Diese bescheidenen, aber doch «Moscheen» genannten Versammlungsräume bildeten die erste Welle von muslimischen Kultstätten, die sich über ganz Frankreich verbreiteten (vgl. das reichhaltige Werk von Gilles Kepel, Les Banlieues de l'Islam, Paris 1987). Sie halfen den sozialen Frieden zu bewahren. Aber sie halfen den Einwanderern auch, auf den ersten Blick paradoxerweise, sich in die französische Gesellschaft einzugliedern. Um dies tun zu können, mussten sie sich zuerst in ihrer Identität als Muslime finden. Dies war, wie Kepel es nennt, die «soziale Forderung nach Islam» der siebziger Jahre.

Eine Bewegung, die man indes nicht islamistisch nennen kann, traf ungefähr zur gleichen Zeit in Paris ein. Sie war von Indien ausgegangen, wo sie 1927 von *Mawlana Muhammed Ilyas* (geboren 1885) gegründet worden war. 1984 war sie so stark gewachsen, dass sie zu einer Versammlung in Raiwand bei Lahore gegen eine Million Menschen zusammenbrachte, die aus 22 verschiedenen Ländern kamen. Man nennt sie *Jamaat at-Tabligh* (was man frei als Missionsgesellschaft übersetzen könnte, wenn dieser Begriff nicht schon anderweitig besetzt wäre). Die Gesellschaft war in einem Milieu des mit indischen Gebräuchen vermischten Islams entstanden und gewachsen, und ihr Hauptziel bestand darin, jene «schlechten» Muslime, deren Religion durch die Mischung mit anderen Religionsvorstellungen «unrein» geworden war, ihre eigene Religion wieder zu lehren. *Jeder* Muslim, so glaubte Ilyas, habe einen Funken des wahren und unverfälschten Glaubens in seiner Seele; es komme entscheidend darauf an, diesen zu *wecken*. Diese Erweckung erfolge durch Insistieren auf sechs Punkten: 1.) *Glaubensbekenntnis*, das nicht einfach arabisch, sondern in gutem, wohltönendem Arabisch nach allen Regeln der Kunst gesprochen werden muss. (Für einen Nicht-Araber, wie es die ersten Gefolgsleute der Sekte in Indien waren und wie es etwa ein Berber, der bei Renault arbeitet, auch ist, keine leichte Sache und eine erste Übung in Ausdauer!) 2.) *Gemeinsames Gebet*, nicht einzeln, weil es in Gemeinschaft nach einer Überlieferung vom Propheten «27 mal besser sei». 3.) *Erkenntnis Gottes und beständiges Gedenken an Ihn (Dhikr)*, was einem beständigen inneren Gebet gleichkommt. Die Mitglieder von Tabligh müssen hundert mal täglich drei kurze Gebete auf arabisch sprechen. Die weiteren drei Punkte: *«Ehrung der Muslime»*, was genaue Erfüllung des muslimischen Verhaltenskodexes bedeutet. Dieser ist seinerseits bestimmt durch die Überlieferungen vom Verhalten des Propheten, denen möglichst genau nachgelebt werden soll (Kleidung, Verhalten, sogar Stellung im Schlaf). *Aufrichtigkeit im Glauben*: Glauben und Werke müssen um Gottes willen geschehen, zu keinem anderen Zweck. Schliesslich *«Nutzung der Zeit»*, was sich darauf bezieht, dass die Mitglieder der Gesellschaft «Auszüge» unternehmen (Khuruj), von denen es grosse und kleine gibt. Sie bestehen daraus, dass Gruppen von ihnen unter Führung eines Erfahreneren für einige Tage oder auch einige Monate ausziehen, immer zu Fuss, heute in der Praxis von einer befreundeten Moschee oder Gebetsstätte zur anderen; es können Reisen um die halbe Welt daraus werden. Unterwegs werden alle Gelegenheiten wahrgenommen, um mit anderen Muslimen zu sprechen und sie zu beeinflussen.

Die Gemeinschaft besitzt ein College und ihr europäisches Zentrum in Dewsbury (Yorkshire bei Bradford). Ihre Eliten bildet sie in

Indien und Pakistan aus. Grosse «Auszüge» können die Gruppen von Paris in andere Teile von Frankreich oder bis zu dem englischen Zentrum bringen. Sie können aber auch bis nach Indien und Pakistan reichen. Ilyas und seine Anhänger interessieren sich weder für Politik noch für Gelehrsamkeit; es geht ihnen darum, den Glauben in der Form zu verbreiten, wie ihn der Prophet seinerzeit gegründet hat. Sie können als Fundamentalisten beschrieben werden, weil sie ganz genau dem Propheten und seiner Lehre nachleben wollen und grossen Wert auf die wörtliche Erfüllung der Vorschriften und peinlich genaue Nachahmung des prophetischen Vorbildes legen, wie sie im Koran und in der Überlieferung (Sunna) niedergelegt sind. Doch sie sind keine Islamisten, weil ihnen der politische Aspekt fehlt, der zur Ideologie der Islamisten gehört. Ihre Beziehungen zu den Anhängern Mawdudis in Indien und Pakistan sind schlecht. Sie werfen ihnen vor, dass sie die Religion als Mittel zum politischen Erfolg einsetzten, und die Leute der Jamaat-e-Islam (der Gruppe Mawdudis) haben an ihnen auszusetzen, dass sie bereit seien, mit einer jeden Regierung zusammenzuarbeiten, auch einer, die den Islam ignoriere oder ihm zuwiderhandle.

Die Mission des Tabligh legt auch keinen Wert auf Gelehrsamkeit. Sie will den Glauben der einfachen Muslime wecken und setzt dazu einfache, aber wirksame Techniken ein. In Paris hatten die ersten Gruppen der Mission ihre Arbeiten 1968 begonnen. 1969 hatten sie ihre erste eigene Moschee errichtet, und seit 1972 bilden sie eine offizielle Gruppierung, die beim Staat als «Association musulmane Foi et Pratique» eingeschrieben ist. Ihr Vorsitzender und Hauptprediger in Paris ist Muhammed Hammami aus Tunesien. Dies bedeutet, dass die Leute des Tabligh in den kritischen Jahren auf dem Terrain präsent waren, in denen die «Nachfrage nach Islam» bedeutend anwuchs, in erster Linie, weil die Immigranten einsehen lernten, dass ihre Zukunft in Frankreich lag und sie schwerlich in ihre Ursprungsländer zurückkehren würden, es sei denn im Alter.

Heute stellt die Tabligh-Bewegung eine der wichtigsten Kräfte in Frankreich dar, welche für die Re-Islamisierung der eingewanderten Muslime und auch der französischen Muslime, viele sind Söhne der oben erwähnten Harki, wirken.

Kurz nach der Wirtschaftskrise von 1973/74 begannen die Petrodollars sich auszuwirken. Die Saudis und andere Herrscher am Golf verteilten Gelder an die verschiedenen islamischen Assoziationen, die sich ihnen zu nähern verstanden, und die Islamische Weltliga, die ihren Sitz in Mekka hat, eröffnete ein Büro in Paris. Auch sie war bereit, den lokalen Muslimen, wenn auch mit weniger spektakulären Summen, zu helfen.

Die Entwicklung in Iran gab der Islamisierung der nach Frankreich eingewanderten Muslime einen neuen Aufschwung. Die Jahre nach 1980 wurden jene der meisten Neugründungen von islamischen Assoziationen. Doch nach den Beobachtungen von Kepel vermochten die Parteigänger Teherans, die fast nur vom iranischen Kulturinstitut aus arbeiteten, keine Tiefenwirkung auf die muslimischen Arbeiter in Frankreich auszuüben. Ihr Einfluss blieb auf die Universität beschränkt, und auch dort war er eher oberflächlich. Die französische Polizei vermochte den Urhebern von Bombenanschlägen, die 1985 und 1986 in Paris im Interesse Irans verübt wurden, relativ leicht auf die Spur zu kommen. Das Islamische Institut, das Teheran aufgezogen hatte, war schon Ende 1983 geschlossen worden. Drei Diplomaten und kurz darauf fünf «Studenten», die das Islamische Institut beaufsichtigt hatten, wurden damals aus Frankreich ausgewiesen. Mordaktionen im Interesse Irans wurden allerdings später dennoch durchgeführt, aller Wahrscheinlichkeit nach mit Hilfe der iranischen Botschaften in Paris und in Bern.

Während die gewaltsame Linie der iranischen Revolution nicht wirklich in Paris verankert werden konnte, schlug der gemässigte Islamismus Wurzeln. Verschiedene Gruppierungen, die auf der Linie der Muslimsbrüder missionierten, eröffneten islamische Assoziationen und liessen ihre Prediger in Moscheen auftreten, die von ihnen beherrscht wurden. Kepel beschreibt ausführlich die Selbstdarstellung einer dieser Gruppen, GIF (groupement islamique de France). Gegründet wurde sie von einem libanesischen Studenten 1979 in Valenciennes; 1981 zog sie nach Paris um. Hauptprediger ist der libanesische Scheich und Qadi Faysal Mawlawi, der dem tripolitanischen, sunnitisch-islamistischen MUI (Mouvement Unitaire Islamique), auch arabisch Tawhid genannt, nahesteht. Er predigt über das islamische Gebot, das «Gute zu fördern und das

Schlechte zu verhindern», differenziert dabei, in welcher Lage ein Muslim «mit der Hand» einschreiten soll, um diesem Gebot nachzukommen; unter welchen Umständen nur «mit der Zunge» und wann bloss «im Herzen». Mit der Hand, das heisst tätig oder tätlich einschreiten, soll nur der Herrscher in Ausübung seiner legitimen Macht; dazu zählten auch etwa der Familienvater gegenüber seiner Familie oder der «Patron» in seiner Fabrik. Die Muslime in Frankreich befinden sich in einer «Periode der Schwäche», deshalb wird ihr Einschreiten zugunsten des Guten und gegen das Böse «in 99,9 % aller Fälle» nur mit der Zunge geschehen. Doch der Prediger lässt keinen Zweifel daran, dass es kleinere und grössere Übel gibt. Er empfiehlt, sich nicht im Kampf gegen die kleineren Übel zu verlieren, etwa indem man das Tragen einer Krawatte als Sünde denunziert. Das grösste aller Übel ist nach dem Prediger und in Anlehnung an Sayid Qutb (Vgl. den Abschnitt über Ägypten) eine «heidnische Regierung», die das befiehlt, was Gott verboten hat. Gegen sie muss in Predigt und Jihad vorgegangen werden. Jihad hat immer den schillernden Sinn von «Anstrengung» – sei es im Inneren des Einzelnen, sei es im Heiligen Krieg. (Kepel, op. cit. S. 261.) Auf diesem Weg wird nicht zur Gewalt aufgerufen, aber es bleibt doch deutlich, dass die «heidnischen Regierungen» Ziel der Gewalt werden können und sollen, wenn die Zeit einmal reif dafür sein wird.

Was wir hier vergröbernd als «heidnisch» übersetzt haben, ist im arabischen Text und Zusammenhang «jâhil», das heisst der (Heiden)-Zeit vor Muhammed angehörig. Die Wurzel bedeutet «unwissend» und daher dann auch «ungläubig».

Der Unterschied zwischen den beiden Strategien des Islamismus ist taktischer Art: Die Revolutionäre wollen möglichst rasch einen Umsturz; Khomeiny ist daher ihr Vorbild. Die «Gemässigten» wollen ein Klima vorbereiten, in dem der Sturz der «heidnischen» Herrschaft möglich wird. Sie schlagen hierfür den Umweg über die Gesellschaft ein. Diese soll so tiefgreifend und vollständig «islamisiert» werden, dass ihre «heidnischen» Herrscher in sich zusammenfallen. Dies war, bei genauerem Zusehen, ebenfalls der Weg Khomeinys, auf dem ihm allerdings der Schah durch seine politischen Fehler ein entscheidendes Stück Weges entgegengekommen war.

III. Prognosen

Die Stärken und Schwächen der islamistischen Ideologie liegen auf der Hand. Der Islamismus stellt eine Ideologie von grosser Sprengkraft dar, solange er sich in der Opposition befindet. Seine Schwäche wird erst sichtbar, wenn er die Macht erlangt hat.

Als Oppositionslehre profitiert die islamistische Ideologie von einem jeden Fehler und einer jeden Fehlentwicklung des Staates sowie von aller Unzufriedenheit der Regierten. Alle negativen Züge und Entwicklungen verstärken die Behauptung, nach der die Regierung eine «ungläubige» sei und es deshalb den von ihr beherrschten Muslimen so schlecht gehe. Wer dies glaubt, wird auch fast unbewusst, automatisch und unreflektiert den umgekehrten Glaubenssatz annehmen: «Der richtige Islam unter einer voll islamischen Regierung wird den Muslimen Macht und Glanz schenken.»

Die Schwächen des Islamismus treten zu Tage, wenn ein islamistisches Regime die Macht übernommen hat, denn dann muss es seine – als göttliche dargestellten – Versprechungen erfüllen. In den wenigen Fällen, in denen es bereits islamistische Regierungen gegeben hat, ist in der Tat klar geworden, dass die Islamisten keineswegs in der Lage sind, ein wesentlich besseres Regiment zu führen, als es ihre Vorläufer taten, die sie als «Ungläubige» beseitigt hatten.

Das Beispiel Iran

Für die grosse Masse der Bevölkerung droht das Regime der Islamisten sogar schlechter zu werden. Iran ist das am besten dokumentierte und daher klarste Beispiel. Das Khomeiny-Regime hat zuerst Saddam Hussein provoziert, den Krieg gegen Teheran vom Stabe zu brechen, später hat es ihn nicht beendet, als es nach den iranischen Siegen von Frühling 1982 dazu in der Lage gewesen wäre, sondern beschlossen, ihn fortzuführen – bis zum «Endsieg», der sich dann freilich nicht einstellen sollte. Es hat ausserdem Iran durch die Geiselnahme in der amerikanischen Botschaft in Teheran und durch die anderen in Beirut, nicht offiziell von Iran durchgeführten, aber *de facto* von den Iranern gelenkten Geiselaktionen international isoliert. Es hat nicht einmal dafür gesorgt, dass die iranischen Guthaben in den USA diese verliessen, bevor die Geiselaffäre in der Botschaft begann, und damit dem Land Milliardenverluste verursacht.

Das Regime dürfte also weitgehend schuld an dem Krieg und an der Art seines Verlaufes gewesen sein. Die iranische Bevölkerung musste die Rechnung bezahlen und zahlt noch heute weiter.

Andere Fehler des islamistischen Regimes von Iran waren vielleicht nicht ganz so schwerwiegend wie der Krieg und seine Folgen, zeigen aber umso deutlicher, dass die «islamische» Regierung nicht in der Lage war, das Leben in dem von ihr beherrschten Land tatsächlich zu verbessern, weder moralisch noch materiell. Die Korruption ist seit den Tagen des Schahs eher angestiegen. Die wilde Verstädterung und die Vernachlässigung der Dörfer haben zugenommen. Die Universitäten wurden zu Beginn der islamistischen Herrschaft geschlossen, weil man ein islamisches Hochschulsystem einführen wollte. Doch nach langen und heftigen Diskussionen darüber, was etwa islamische Geschichtsschreibung sei, islamische Chemie, Medizin, Mathematik, Soziologie, wurden die Universitäten im wesentlichen unverändert wiedereröffnet, weil diese Diskussionen keine Resultate ergaben und Khomeiny zur Einsicht kam, die Universitäten könnten nicht beliebig lange geschlossen bleiben. Als einzige wirkliche Veränderung wurde ein Eintrittsexamen eingeführt, das erweisen sollte, ob der betreffende Kandidat ein guter Muslim sei. Dies allerdings dürfte dazu führen, dass nicht nur die guten Muslime zur Universität zugelassen werden, sondern auch die besten Heuchler, die so zu tun vermögen, als ob sie ausgezeichnete Muslime seien. Welche Art Universitätsbetrieb daraus erwachsen wird, kann man sich unschwer ausmalen.

Unter Rafsanjani, gute zehn Jahre nach der Revolution, wurde beschlossen, die Entwicklung Irans wieder zu fördern. Dies verlief so, dass alle Projekte aus der Zeit des Schahs aus den Schubladen der Ministerien gezogen wurden und nun, soweit Geld dazu da ist, verwirklicht werden sollen. Die zur Zeit der Revolution erhobene Kritik, z. B. dass Atomkraftwerke in einem ausgesprochenen Erdbebenland ein gefährlicher Unsinn seien, ist vergessen oder wird jedenfalls nicht mehr zur Sprache gebracht. Für die an sich positiven, aber wegen des Krieges nie ernsthaft in Angriff genommenen Projekte zur Wiederbelebung des Landes und der Dörfer, die unter dem Namen «Jihad-e-Sazandegi» (Feldzug für die Wohlfahrt) lanciert worden waren, scheint nun kein Geld da zu sein.

Die meisten Iraner sind sich durchaus der Tatsache bewusst, dass es ihrem Land unter dem Schah besser gegangen ist. Doch ist dies nichts, was man in den Zeitungen schreiben könnte. Ausserdem gibt es Gruppen, denen es heute besser geht als damals. Das sind nicht nur die Geistlichen, welche regieren, sondern auch ihre Freunde, Anhänger und Mitläufer, die in vielen Fällen aus den unteren und untersten Schichten der früheren Periode kommen. Sie sind durch die Revolution zu Waffenträgern und Wächtern des Regimes geworden, und sie wissen, dass sie ihre Positionen wieder verlieren würden, wenn das Regime zu Fall käme.

Der Umstand, dass Iran ein Erdölland ist, in dem der Staat über beträchtliche Einnahmen verfügt – praktisch das gesamte Deviseneinkommen stammt aus dem verstaatlichten Erdöl –, wirkt sich an dieser Stelle aus. Der Staat ist in der Lage, einen Teil dieses Einkommens unter seine Vertrauensleute zu verteilen und diesen ein besseres Leben zu sichern, als sie es früher hatten, ein besseres auch, als es die nicht als Vertrauensleute eingestuften Staatsdiener, etwa die vielen Hunderttausende von Staatsbeamten, geniessen, die zu den gewöhnlichen Staatsangestellten gehören. Ihre Gehälter sind seit der Revolution durch die nur teilweise kompensierte Inflation bedeutend zurückgegangen.

Entsprechend dieser Gesamtlage kann man feststellen, dass die Geistlichen beständig damit beschäftigt sind, die Leute zu evaluieren. Sie fragen, was sie zu diesem und jenem dächten, und sie stufen sie ein in «Freunde des Islams», «Feinde des Islams» und «Gleichgültige». «Islam» setzen sie natürlich mit dem Regime gleich. Die Feinde können nicht hoffen, je eine Vergünstigung zu erlangen;

die Gleichgültigen lassen sich vielleicht für das Regime gewinnen, und man bemüht sich um sie, falls sie, etwa durch ihr Können, dem Regime Nutzen versprechen.

Die «Freunde» sind umso nützlicher, je ärmer und unwissender sie sind; denn dann kann man sie mit kleinen Vergünstigungen an sich binden. Die oft gerühmte soziale Ausrichtung des Regimes, das Khomeiny zu jenem der «Schwachen» (Mustazafîn) erklärt hat, wird in diesem Sinne gehandhabt. Es ist diese selektive Handhabung von «Belohnungen», denen natürlich auch höchst massive «Abschreckungen» gegenüberstehen, welche dem islamischen Regime, trotz seiner geringen politischen, sozialen und wirtschaftlichen Leistungen, eine gewisse Dauer verspricht.

Exkurs: Die «Frauenfrage»

Langfristig gehört ohne Zweifel zu den Schwächen aller Islamisten, dass sie darauf bestehen, ihre eigenen Frauen als «Bürgerinnen Zweiter Klasse» zu behandeln. Sie rechtfertigen dies mit der Schari'a, welche festlege, dass die Frau ins Haus gehöre, ihrem Mann unterstehe und nur «halb so viel zähle», zum Beispiel als Erbin oder als Zeugin, wie ein Mann gleicher Stellung.

Ausserdem gehört zu den Lieblingsthemen aller Islamisten die angebliche «Unsittlichkeit» der westlichen Welt. Oft wird ihr zum Vorwurf gemacht, sie wolle «unsere gesunde islamische Gesellschaft» korrumpieren, um sie so um so leichter beherrschen zu können. Die Prediger sprechen gerne von der «Nacktheit» der westlichen Frauen und welch eine Schande es für ihre Väter, Brüder und Gatten sei, dass sie in einem solchen Zustand auf den Strassen herumliefen und sich zur Schau stellten.

Die Vorurteile und Gemeinplätze auf der westlichen Seite sind ähnlich massiv. Welch eine Barbarei, die armen Frauen zum Schleiertragen zu zwingen und sie überhaupt zu nichts als Hausbediensteten machen zu wollen! Personen, die zugeben, dass sie nichts von der islamischen Welt wissen, glauben in dieser einen Frage dennoch zu einer Meinung berechtigt zu sein und Grund zur Empörung zu haben.

In Wirklichkeit ist es gerade in diesem Bereich besonders schwierig, über andere Gesellschaften Urteile zu fällen. Die westlichen Verteidiger der Rechte der Frauen sollten immerhin zur Kenntnis nehmen, dass es viele muslimische Frauen gibt, gewiss statistisch die grosse Mehrheit, welche ihre Rolle trotz all den Einschränkungen, denen die Frauen traditionsgemäss in ihrer Gesellschaft unterworfen sind, bejahen, weil auch ihnen diese Rolle als die vom Islam gebilligte und daher geheiligte gilt.

Auf diesen Umstand stützen sich die Islamisten. Sie beschränken sich darauf, die Tradition streng aufrecht zu erhalten, die in ihrer Gesellschaft seit alter Zeit besteht und die sie, weil sie schon auf den Propheten zurückgehen soll und es in vielen Einzelheiten gewiss auch tut, als muslimisch und daher einzig richtig ansehen.

Was natürlich alles nicht verhindert, dass die islamistische Haltung gegenüber den Frauen eine wenig zeitgemässe, rückständige ist. Sie dürfte sich nicht nur auf das Leben der Frauen selbst, sondern über sie auf die gesamte Gesellschaft auswirken. Ihre eine Hälfte läuft Gefahr, wenig Gelegenheit zur Bildung und noch weniger Mitspracherechte in der Gesellschaft zu erhalten. Die Stellung der Mütter wirkt sich auf die Haltung der Kinder aus, Söhne wie Töchter, und es besteht wenig Zweifel, dass viele der autoritären Züge der islamistischen Gesellschaften hier mindestens eine ihrer Wurzeln haben.

Man kann sogar vermuten, dass dies bewusst oder unbewusst einer der Gründe ist, der die Haltung der islamistischen Machthaber bestimmt: ihre persönliche, männliche Vorherrschaft, die Rolle des Patriarchen, hängt direkt mit dem Typus Gesellschaft zusammen, den sie schaffen wollen und den sie als gottgefällig und gottgegeben erachten. Dass aber ihre Gesellschaft unter diesem Führungstypus sich tatsächlich in der heutigen Welt durchsetzen könnte, ist unwahrscheinlich. Bisher jedenfalls hat diese Art Führung im Iran nur acht Jahre nutzlosen Krieges und viele ausgesucht grausame Arten von «in der Verfassung verbotenen» Folterstrafen zu Zwecken der Repression und der Machterhaltung hervorgebracht.

Es besteht gewiss auch eine Verbindung zwischen dem Hauptproblem der ganzen unterentwickelten Welt, als das jenes der viel zu grossen Geburtenüberschüsse und damit der Bevölkerungsexplosion zu gelten hat, und der Behandlung der Frauen. Solange sie weder macht- noch bildungsmässig Autonomie erlangen und gleichzeitig die Männer der Ansicht sind, je mehr Kinder, desto besser, werden sie besonders in den traditionsgebundenen Unterschichten Jahr für Jahr Kinder austragen.

Halbislamisierte Regime

In Sudan, Pakistan, Afghanistan, wo ein gewisser Islamismus teilweise zur Macht gelangt ist, lässt sich eine Bilanz weniger leicht aufstellen, weil es sich um arme Länder handelt, in denen die Islamisten, sobald sie die Macht erreichten, soviel Wasser in ihren Wein giessen mussten, dass ihre Regierungen nur eben als teilweise islamistisch gelten können.

Über Afghanistan lässt sich folgendes sagen: Das Ende des langen Guerrillakrieges gegen die Russen kam im Februar 1989 mit dem Abzug der sowjetischen Armee; doch es folgte ein neuer Kleinkrieg gegen das von der Sowjetunion gestützte Regime von Kabul unter Najibullah. Nach dem Sieg über dieses Regime vom Frühling 1992 begannen zwei Islamisten gegeneinander Krieg zu führen, der harte *Hekmatyar* und der mehr kompromissbereite *Ahmed Schah Mas'ud*. Dass dieser dritte Krieg nun auch noch durchgestanden werden muss, dürfte in erster Linie dem Willen Hekmatyars zuzuschreiben sein, das Land allein zu beherrschen. Er rechtfertigt ihn wahrscheinlich sich selbst und seinen Anhängern gegenüber mit der Behauptung, nur Hekmatyar könne den wahren und richtigen Islam in Afghanistan verwirklichen.

In Pakistan wurde das «islamische Regime» immer nur als ein Ziel dargestellt, das man anstrebe, auch unter General *Zia ul-Haq*, weil kein Regime sich die einschneidenden Massnahmen leisten konnte, die zu einem voll verwirklichten islamischen Staat, so wie ihn die Islamisten sich denken, geführt hätten. Der Staat war zu arm, aber auch zu gespalten und zu gebrechlich dazu.

Im Sudan bestand eine ähnliche Lage. Sie führte dort dazu, dass die Muslimbrüder unter *Hassan at-Turabi* die Macht nicht offiziell übernahmen und sich damit begnügten, als graue Eminenz hinter der Herrschaft des Generals *Omar al-Baschir* zu wirken. Mit dieser Methode hatten sie keine Verantwortung für all das zu übernehmen, was fehlschlagen konnte.

Die Islamisten als Opposition

In den meisten muslimischen Staaten ist der Islamismus noch Opposition; als solche eine gefährliche Kraft in Algier, Tunesien, Ägypten, Palästina und vielleicht sogar in der Türkei; weniger gefährlich, weil als eine relativ gemässigte Opposition in das Regime eingebunden, in Ländern wie Jordanien und Jemen; eine besiegte und – vorläufig – machtlos am Boden liegende Opposition in Syrien, im Irak, Indonesien, Malaysia.

Die gegenwärtig entweder relativ harmlose oder niedergeschlagene Opposition kann sich natürlich unter bestimmten Umständen wieder erheben. Es gilt die bereits mehrfach erwähnte Faustregel: «Je schlechter, desto besser.» Je negativer die sozialen, wirtschaftlichen, politischen Zustände in einem Lande werden, desto besser sind die Chancen der Islamisten, die Bevölkerung von der mangelnden islamischen Frömmigkeit ihrer Regierung und den angeblich daraus entstandenen Übeln zu überzeugen.

In Syrien z. B. ist ein politisches Ringen aller gegen alle nach dem Ableben von Präsident Asad zu erwarten. Im Zuge einer solchen vielleicht auch militärischen Neuverteilung der Karten ist das Wiedererstehen des Islamismus nicht auszuschliessen.

Die Bewährungsprobe der Macht

Angesichts des Umstandes, dass die Islamisten sich in der Opposition als gefährlicher erweisen, kann man sich im Hinblick auf Algerien fragen: Wäre es vielleicht nicht besser gewesen, ihnen zu erlauben, die politischen Wahlen von Ende 1991 zu gewinnen und dann zu zeigen, wie weit oder wie wenig weit sie ihre Versprechungen zu erfüllen vermögen?

Es gibt zwei Antworten auf diese Frage: Zum ersten stand zu befürchten, dass die Islamisten, einmal an die Macht gelangt, die Spielregeln so umformulieren würden, dass sie nicht mehr von der Macht abgewählt werden könnten, ähnlich wie dies in Iran der Fall ist. Ein Machtwechsel wäre dann nur durch eine Revolution oder einen Umsturz möglich. Diese haben ihren sozialen Preis; und wann sie geschehen, lässt sich nicht vorausbestimmen.

Zum zweiten, mehr auf der praktischen Ebene, waren sich die algerischen Offiziere der Gefahr bewusst, die für sie und ihre Machtstellung in Algerien im Falle eines Sieges der Islamisten bestand. Diese hätten alles getan, um sie zu entmachten; vielleicht sogar, nach dem Vorbild Khomeinys, eine zweite Parallelarmee von «Revolutionswächtern» geschaffen. Die algerischen Militärs, seit Jahrzehnten Machthaber hinter den zivilen Regierungen, waren nicht gewillt, dieses Risiko hinzunehmen, und damit stand fest, dass sie einschreiten würden. Andere grundlegendere Überlegungen, auch solche, die das Wohl oder Wehe des Landes Algerien betrafen, hatten hinter dieser brutalen, aber für die Offiziere entscheidenden Tatsache zurückzutreten.

Die algerische Erfahrung lässt sich verallgemeinern. Praktisch alle Herrschenden im Nahen Osten dürften nicht bereit sein, aus prinzipiellen oder formal legalen Gründen, z. B. weil die Islamisten eine Wahl gewinnen, diesen die Macht tatsächlich abzutreten. Sie werden dies immer dadurch rechtfertigen, dass in der Tat nicht anzunehmen sei, dass die Islamisten, einmal an der Macht, bereit wären, ihrerseits einen demokratischen Machtwechsel zuzulassen. Ein solcher würde deren Grundanschauung widersprechen, nach welcher sie *den* Islam vertreten und «der Islam» die absolut beste, ja einzig gute und gottgewollte Herrschaftsform sei. Die jeweils herrschenden, von den Islamisten bestürmten Kräfte werden auch immer an ihrer Überzeugung festhalten, dass sie für ihr Land eine bessere Führung darstellen, als die Islamisten es je wären.

Daraus geht hervor: die Islamisten können nur durch einen Überasschungscoup an die Macht gelangen, etwa durch einen Militärputsch, wenn der Oberbefehlshaber Islamist wäre oder der islamistischen Ideologie nahestünde (vgl. Zia ul-Haq), oder aber durch den Zusammenbruch eines Staates, den sie entweder selbst bewirken (Iran, künftig vielleicht einmal Algerien, woran sie zur Zeit arbeiten), oder aus dem sie Nutzen ziehen können (Sudan). Ein Machtwechsel durch Wahlen ist nicht wahrscheinlich, sogar dort, wo die Bevölkerung (aus spezifischen Gründen) bereit wäre, mehrheitlich für die Islamisten zu stimmen (Algerien, vielleicht Tunesien, möglicherweise Ägypten).

Die Sicht aus Europa

Für alle Länder Europas steht zu erwarten, dass sie mit unruhigen und labilen arabischen Nachbarn werden rechnen müssen, mehr noch als je zuvor. Es dürfte hingegen falsch sein, eine «islamistische Welle» zu erwarten, die auf Europa zurollen und drohen könnte, Europa zu «überfluten». Diese Vorstellung geht auf Ängste der Europäer aus einer längst vergangenen Zeit zurück, in der muslimische Heere tatsächlich ein Potential darstellten, das Europa gefährden konnte, zuletzt in der Türkenzeit, als die Janitscharen vor Wien standen (zum zweiten und letzten Mal 1683).

Solche Ängste sind heute nicht rational gerechtfertigt, wenngleich sie als Emotionen fortleben mögen. Warum nicht? Zum ersten ist der Islamismus ein innermuslimisches Problem, das unter den Muslimen selbst, im Rahmen eines jeden ihrer Staaten, ausgefochten werden muss und ausgefochten wird. Es schwächt diese Staaten eher, als dass es sie stärkt, dies sowohl im Stadium der islamistischen Opposition wie auch im Falle einer eventuellen islamistischen Machtergreifung.

Zum zweiten ist das allgemeine Machtgefälle aller muslimischen Staaten gegenüber Europa in Rechnung zu stellen. Ihre Streitkräfte sind auf beständige Waffenlieferungen aus dem Westen angewiesen. (Sogar das Schiesspulver wurde im irakisch-iranischen Krieg den Iranern durch westliche, teilweise staatliche Waffenfabriken verkauft. Vgl. die Dokumentation von *Walter de Bock* und *Jean-Charles Deniau*, in: Des Armes pour l'Iran, Gallimard, Paris 1988. Dass der Irak seinerseits von den westlichen Staaten und von der Sowjetunion bewaffnet wurde, ist bekannt.)

Die Streitkräfte der muslimischen Staaten sind auch nicht für

Feldzüge jenseits ihrer Grenzen gerüstet, sondern meist nur für die Verteidigung ihrer Grenzen; nicht einmal für kleinere Angriffshandlungen über grössere Entfernungen sind sie in der Regel geeignet. Die Logistik pflegt ausserdem regelmässig eine der schwächsten Stellen unter den vielen Schwachstellen der nahöstlichen Heeresführungen zu sein.

Es gibt zum dritten keine Einigkeit unter den muslimischen Staaten ausser gelegentlich auf rhetorischer Ebene; ein Zusammenwirken wäre nicht wahrscheinlich, nicht einmal in dem vorläufig kaum zu erwartenden Fall, dass der Islamismus in mehreren islamischen Staaten gleichzeitig und uneingeschränkt die Macht ergriffe.

Weiter: Der Islamismus schafft in den Staaten, die er beherrscht, neue innere Probleme, schwächt sie wie gesagt also noch mehr. Dies geht letzten Endes auf das widersprüchliche Verhältnis zwischen dem Staatsprojekt der Islamisten und der Moderne zurück. Da die Islamisten der heute unvermeidlich gewordenen zivilisatorischen, politischen, wirtschaftlichen und militärischen Lebensweise nicht gewachsen sind und angesichts der frühmittelalterlichen Mentalität, mit der sie zu regieren versuchen, auch schlechterdings nicht gewachsen sein können, dürfte die Machtdifferenz zwischen einem von ihnen regierten Staat und einem der Industriestaaten des Westens auch weiterhin zunehmen.

Die tatsächlichen Gefahren

Die Tatsache, dass eine künftige islamistische Invasion Europas ein blosses Hirngespinst sein dürfte, bedeutet natürlich nicht, dass es für Europa keine Nachteile und Schwierigkeiten mit sich brächte, wenn in seiner südlichen und östlichen Nachbarschaft islamistische Regime entstünden. Sogar das Vorhandensein von gefährlichen islamistischen Oppositionsströmungen in den islamischen Nachbarstaaten kann den Europäern nicht gleichgültig sein, weil es die Instabilität und Unsicherheit bei den muslimischen Nachbarn fördert. Niemand hat gerne politisch, sozial und wirtschaftlich unberechenbare Nachbarn.

Die direkteste und wirklich ernst zu nehmende Gefahr jedoch

entsteht in den westlichen Ländern durch das Vorhandensein muslimischer Minoritäten. Mit ihnen sind auch die islamistischen Aktivisten präsent. Die rund 10 Millionen muslimischer Gastarbeiter und Flüchtlinge in Westeuropa (deren Zahl weiter zunehmen wird), sind potentielle Ziele der Islamisten. Sie bemühen sich, alle Ressentiments der Muslime in Europa auszunützen und für ihre Zwecke zu mobilisieren. Auch hier gilt erneut: je schlechter, desto besser (für die Islamisten). Dabei arbeiten sie nicht auf die Heimkehr der Gastarbeiter hin. Sie predigen im Gegenteil, diese sollten als Vorhut «des Islams» in Europa bleiben. Sich selbst sehen sie als künftige Anführer und Animatoren dieser Vorhut. (Dokumentation in dem erwähnten, vor der Veröffentlichung stehenden Band von *Khaled Durán* im Rahmen des Foreign Policy Research Inst. Philadelphia. Vgl. auch die beiden Dokumentationsbände des gleichen Verfassers: Die politische Rolle des Islam im Vorderen Orient, 1978, und: Islam und politischer Extremismus, 1985, beide Hamburg, Deutsches Orient-Institut, sowie seine unter dem Namen *D. Khalid* publizierte Schrift: Reislamisierung und Entwicklungspolitik, München, Köln, London 1982.)

Die Islamisten werden unter ihren ausgewanderten Landsleuten umso einflussreicher werden, je mehr Grund diese haben (oder zu haben glauben), mit den sie aufnehmenden «Gastgesellschaften» unzufrieden zu sein. Die Gefahr ist die der Bildung islamistischer Ghettos in den europäischen Grossstädten und der Ausnützung dieser Taschen von radikaler Unzufriedenheit und Verneinung der Gastgebergesellschaften durch die radikalen Islamistenführer, die auf diesem Wege Macht innerhalb von Europa anstreben.

Diese Interessen dürften in vielen Fällen mit jenen der Gruppen zusammenfallen, welche die entsprechenden Agitatoren nach Europa ausgesandt haben – genauer gesagt, mit dem Bild, das sich jene Gruppen zu Hause von ihren Interessen in Europa machen.

Das Modell, das in diesem Falle zur Anwendung käme, würde ein wenig jenem des Libanons entsprechen. Dort war es den iranischen Islamisten möglich, mit der Hilfe des verbündeten Syrien Gruppen innerhalb der – tatsächlich politisch und wirtschaftlich benachteiligten – libanesischen Schiitengemeinschaft zu mobilisieren und in Instrumente der iranischen Politik zu verwandeln, sogar der nicht eingestandenen iranischen Politik, insoweit sie als Geiselnehmer im – vermeintlichen – Interesse Irans eingesetzt wurden. Dies geschah typischerweise im Rahmen eines – aus anderen Gründen – weitgehend zusammengebrochenen Staatswesens, das nicht mehr in der Lage war, sich wirksam zur Wehr zu setzen – auch dies eine Illustration des Grundprinzips: je schlechter, desto besser. (Dokumentation: The Tower Commission Report, New York 1987.)

Dieses Worst-Case-Scenario soll natürlich nicht bedeuten, dass den europäischen Staaten eine Libanon-Situation bevorstehen könnte. Es soll nur aufzeigen, Gefahren welcher Art vorliegen können – für den Fall, dass es nicht gelingt, die in Europa präsenten Muslime zu integrieren.

Mit diesen Gefahren eng verbunden sind die Fragen von möglichem Terrorismus. Gegenwärtig haben sich die islamistischen Staaten, primär Iran, von ihrer früheren Politik entfernt, die versuchte, aus Terroraktionen politische Gewinne zu ziehen und in der Tat anfänglich solche zu erzielen vermochte (US-Waffen für Iran; innenpolitsche Gewinne durch die Geiselnahme von 1979–80 in der amerikanischen Botschaft von Teheran, die es erlaubte, den revolutionären Kurs in Iran zu verschärfen und alle inneren Opponenten zu beseitigen).

Doch der derzeitige Verzicht auf solche Aktionen bedeutet nicht, dass nicht in einer neuen Konstellation ähnliche Bestrebungen neu beginnen könnten. Ausserdem ist Iran auch heute noch nicht ganz frei von Terrormethoden als Instrumenten der staatlichen Politik, wie die Ermordung von *Schahpur Bakhtiar* in Surèsnes bei Paris am 6. August 1991 und die Ermordung von *Kazem Rajavi* in Genf (am 24. April 1990) durch iranische, offenbar von der Botschaft aus operierende Agenten deutlich gemacht haben.

Es ist ebenfalls deutlich, dass das Vorhandensein von islamistischen Ghettos mit einer scharf anti-westlichen Mentalität die ideale Voraussetzung für eine Politik des Terrors bildet und damit auch eine gewisse Versuchung darstellt, sich gegebenenfalls auf eine solche Politik, die als «leicht machbar» gelten kann, zu verlegen.

Es liesse sich ein Szenario entwerfen, nach dem der Islamismus eine Gefahr für die Erdölversorgung der industriellen Welt werden könnte, etwa, wenn Islamisten die Macht in den Hauptproduktionsstaaten des Nahen Ostens ergriffen, welche auch die Staaten mit den weltweit grössten Reserven sind, und dann versuchten, eine Politik der Erpressung zu treiben, welche die Preise hinauftreiben oder das Erdöl sogar nach dem Modell von Ende 1973 als «Waffe» einsetzen könnte. Dies wäre in der Tat eine gefährliche Konstellation. Eine gleichzeitige Inbesitznahme der wichtigsten Ölländer durch die Islamisten ist aber nicht wahrscheinlich.

In der Praxis kommt es vor allem auf Saudiarabien an, jenes Land, das – besonders im Zusammenspiel mit den anderen, kleineren Produzenten der Halbinsel – in der Lage ist, die Produktion zu regulieren und damit den Preis ungefähr stabil zu halten. Das Produktionspotential von Saudiarabien ist so gross, dass die Drosselung oder der Ausfall der Erdölausfuhren anderer nahöstlicher Staaten (etwa des Iraks oder Irans, sogar beider zusammen) von den Saudis wettgemacht werden könnten. Das heisst, es kann keine einschneidende Drosselung geben, wenn Saudiarabien nicht mitmacht.

Saudiarabien aber steht seit dem Kuwait-Krieg von Anfang 1991 unter besonderem amerikanischen Schutz. Von aussen her, etwa durch Invasionen aus dem Irak oder aus Iran, können Islamisten dort also schwerlich die Macht übernehmen. Die Absicherung der arabischen Halbinsel und ihres Erdöls gegen solche Eingriffe von aussen (in diesem Fall freilich nicht gegen den Islamismus, sondern gegen den Nationalismus des Iraks) ist der wahre Zweck des letzten Krieges gewesen, der zu einem Krieg «zur Befreiung Kuwaits» stilisiert wurde.

Die Amerikaner sind sich der zentralen Bedeutung des saudischen Erdöls für ihre Zukunft bewusst. Ihre Erdölimporte aus dem Nahen Osten, primär aus Saudiarabien, nehmen jedes Jahr zu. Es ist also nicht anzunehmen, dass sie auf die Hauptfrucht ihres Sieges im Kuwait-Krieg verzichten wollen. Die gegenwärtige saudische Herrschaft ist ihrerseits gern bereit, sich von den Amerikanern absichern und diskret protegieren zu lassen. Das Königshaus weiss, wie gefährlich ihm seine grossen Nachbarn, Iran und der Irak, werden können.

Ein innerer islamistischer Umsturz in Riad ist ebenfalls unwahrscheinlich, weil eine wesentliche Voraussetzung dazu fehlt: die

Unzufriedenheit der Bevölkerung mit ihrer Regierung. Die Saudis sorgen dafür, dass ihre Bevölkerung einen Anteil an dem grossen Reichtum des Landes erhält, was der Bevölkerung auch bewusst ist. Wenn Aussenmächte das Reich eroberten oder wenn innere Umstürzler mit grossen islamistischen Plänen (im Sinne einer islamistischen Weltpolitik) die Macht übernähmen, so weiss die Bevölkerung, würde weniger Geld für sie übrig bleiben, und ihr Lebensstandard würde sinken.

Als die Moscheebesetzer im November 1979 von den Minaretten von Mekka zum Aufstand aufriefen, erhob sich niemand. Seither sind die saudischen Behörden um ein bedeutendes wachsamer geworden.

Wie schon gesagt: Die Moscheebesetzer scheinen eher Überreste der alten Wahhabitenzeit gewesen zu sein als Vorboten eines neuen Islamismus, wenngleich man eine Mischung beider Strömungen nicht ausschliessen kann.

Im Hinblick auf die islamistische Gefahr für das Königreich ist auch der Umstand von Bedeutung, dass Saudiarabien selbst in gewisser Weise eine Art islamistischer Politik verfolgt. Von aussen her gesehen mutet sie oft etwas heuchlerisch an. Das Königreich wird zum Staat des Islams proklamiert, der die Schari'a oder gar «den Koran» zur Verfassung habe. Gleichzeitig wird kräftig Geld verdient und Geld ausgegeben, im privaten Bereich durchaus auch für Dinge, die der Islam verbietet oder missbilligt. Doch dies geschieht hinter den hohen Umfassungsmauern der Paläste und der Bürgerhäuser.

Von innen her gesehen, aus der Sicht eines saudischen Bürgers, ist seine Monarchie in der Tat ein «islamischer Staat», schon weil sie viel Geld für islamische Belange ausgibt, von der Unterstützung ausländischer Muslime bis zur Pilgerfahrt und zu islamischen Hochschulen, und auch weil sie offiziell und im öffentlichen Bereich Dinge wie das Alkoholverbot und die Körperstrafen (freilich nur für ausgewählte Missetäter), die scharfe Trennung der Geschlechter, Zinsverbot, Verbot der öffentlichen Kinos (aber nicht des – staatlich kontrollierten – Fernsehens), Schliessung aller Geschäfte während der Gebetszeiten (dies letzte erst seit der Moscheebesetzung!) aufrecht erhält.

Die nach aussen hin nahezu vollständige Befolgung der Schari'a-Vorschriften macht es den Islamisten schwer, glaubwürdig zu behaupten, das Königreich sei kein islamischer Staat und seine Herrscher seien «Ungläubige». Khomeiny versuchte diese Propaganda zu verbreiten, doch er fand wenig Glauben unter den Muslimen ausserhalb seines Landes und keinen in Saudiarabien selbst, ausser bei den damals stark benachteiligten saudischen Schiiten. Seither ist es unter Rafsanjani zu einer Versöhnung gekommen.

Viele Saudis, gerade unter den einfachen Leuten, sind der Ansicht, es gehe ihnen gut und Gott habe ihrem Land Erdöl geschenkt, damit seine Bewohner nach Jahrhunderten des Mangels bequem leben könnten. Nach der Logik der Fundamentalisten selbst muss dies bedeuten, dass die Religion der Saudis «in Ordnung» sei und dass sie deshalb ihren Reichtum verdienten. Dies ist die Gegenseite der Faustregel, «je schlechter, desto besser»; nämlich: «je besser, desto schlechter» für die Islamisten. Das «besser» ist primär ein subjektives Empfinden. Solange die Mehrheit der saudischen Bürger das Gefühl hat, dass ihre Regierung sie gut behandle und dass es ihnen gut gehe, fehlt der islamistischen Ideologie jeder Ansatzpunkt.

Abwehrmassnahmen

Wenn die obige Analyse zutrifft und die unmittelbare Gefahr für Europa in bezug auf den Islamismus darin liegt, dass die einheimischen muslimischen Gastarbeiter und Flüchtlinge von Islamisten organisiert und gegen ihre Gastgebergesellschaften ausgerichtet werden könnten, sind nicht militärische, sondern eher innenpolitische Sicherheits- und Vorbeugungsschritte gegen diese Gefahr zu treffen. Man kann vorschlagen:

1. Vermeiden einer unkontrollierten Immigration.
2. Möglichst frühes und möglichst zuverlässiges Erkennen und Abschieben von Elementen, welche den Hass gegen Europa predigen und auszubreiten suchen.
3. Eingliederung jener Personen, die im Verband des Gastlandes solidarisch mitzuleben wünschen.

4. Zulassung ihres Kultes als eine der im Gastland heimischen Religionen.
5. Gewährleistung der Sicherheit der Integrationswilligen gegen Druckausübung und Gewalt durch die Islamisten, sowie natürlich auch andere Gruppen von Gewalttätigen, etwa die einheimischen extremen Rechten.
6. Gelegenheit für sie, ihre Meinung zu formulieren und, so gut sie es vermögen, zu artikulieren – auch im Dialog mit den anderen europäischen Religionen. (Ich gebrauche diese Worte absichtlich, obwohl ich weiss, dass sie viele Europäer schockieren. Der Islam ist auch in Mittel- und Westeuropa eine heimische Religion geworden, weil Muslime in unserer Mitte leben und weil wir kein Recht haben, irgendeinem Menschen, auch wenn er «nur» Gastarbeiter ist, seine Religionsausübung zu verbieten oder vorzuschreiben.)
7. Eine Aussenpolitik, die darauf ausgeht, den Immigrationsdruck in Richtung Europa nach Möglichkeit zu reduzieren. Sie kann wohl nur im Verein aller europäischen Staaten wirksam werden, Modelle und Pilotprojekte jedoch kann ein Einzelstaat auch allein entwickeln. Eine solche Politik müsste darauf hinarbeiten, dass Wohlstand aus Europa nach den Ländern des Europa umfassenden Armutsgürtels exportiert wird, und zwar durch Wohlstand schaffende Unternehmen. Diese Aufgabe ist natürlich schwierig, manchmal unmöglich, weil die lokalen Regierungen ihr Wort mitreden wollen und man ihre Unfähigkeit oder Gleichgültigkeit gegenüber der von ihr regierten Bevölkerung, ihre Bequemlichkeit und Bestechlichkeit nicht unterschätzen sollte. (Dies liegt nicht in der «Rasse» oder in «Mentalität» begründet, sondern ist primär eine Folge von absoluten Herrschaften, die während Jahrzehnten keiner wirklichen Kontrolle unterstellt waren. Unter den gleichen Umständen wäre es in den EG-Ländern durchaus ähnlich.)

Diese 7 Punkte lassen sich natürlich lange erläutern. Hier bloss ein paar Anmerkungen: Was die Kontrollmassnahmen angeht (Punkte 1 und 2): Es ist für Aussenstehende oft schwierig und für Ahnungslose unmöglich, die ausserordentlich wichtige Entscheidung zu treffen: Wer ist integrationswillig, und wer arbeitet auf Separation und Schaffung eines eigenen Islamistenstammes im Ghetto hin? Doch die Agitatoren müssen einen gewissen Lärm entfachen, zumindest innerhalb ihrer Zielgruppen, und dieser sollte dazu dienen, auf sie aufmerksam zu werden. Das heisst wohl in der Praxis, die immigrierten Bevölkerungsgruppen und -grüppchen müssten besser bekannt werden in bezug auf ihre Sprache, Kultur, Religion, ihre Ziele, Wunschvorstellungen und Gründe für Unzufriedenheit. Dies kann nur erreicht werden durch vermehrtes «Anhören» der Leute. Sie müssen zu Wort kommen können, schon um sich eine eigene Meinung von ihrer Zukunft zu bilden.

Lange Zeit glaubten sowohl die Arbeitsimmigranten als auch die Behörden und die ganze sie empfangende Gesellschaft, ihre Präsenz sei bloss provisorisch, sie würden bald wieder abreisen, «nach Hause». Dies glaubten auch die Betroffenen selbst – bis sie begannen, Kinder in den Gastländern aufzuziehen, und allmählich feststellen mussten, dass sie zuhause kein Zuhause mehr hatten. Erst spät – und in vielen Fällen nie – wurden sie mit der Tatsache konfrontiert, dass sie im Begriff waren, in einer anderen Gesellschaft Wurzeln zu schlagen.

Natürlich ist die Integrationswilligkeit eine ganz andere, wenn der oder die Betreffende bewusst erkannt hat, dass ihre Zukunft in ihrem Einwanderungsland liegt und nicht mehr «zu Hause». Die – wohl vorherrschende – Zweideutigkeit des «wohin gehöre ich» ist ein wichtiges Element, das den Islamisten in ihren Bemühungen hilft, ein geistiges Ghetto zu schaffen, weil sie den unerfüllten, aber dringlichen Wunsch, «irgendwohin zu gehören», ausnützen können. «Ihr gehört zu *uns*» ist ein immer wirksamer Teil ihrer Botschaft, «weder zu eurer korrupten und ‹heidnischen› Regierung zu Hause noch zu der euch nur ausnützenden Christengesellschaft mit ihren unislamischen Unsittlichkeiten».)

Zu den Eingliederungspunkten (3,4,5,6): Darüber liessen sich Bücher schreiben. Vielleicht ist es am dringendsten, dass die europäischen Gesellschaften West- und Mitteleuropas möglichst rasch und klar erkennen, dass sie sich in einem *Konkurrenzkampf* um die heute in ihren Ländern ansässigen Muslime befinden. Es gibt eine Gegenkraft, die bisher nicht klar genug erkannt wurde (unter anderem, weil von einer vagen Furcht die Rede ist, die Muslime könnten *«kommen»*; in Wirklichkeit sind sie da!) und die darauf ausgeht, «unsere» Muslime zu «ihren» Gefolgsleuten zu machen: Das ist der Islamismus unter uns. Falls das Bestehen eines solchen Konkurrenzkampfes um die Seelen der Muslime in den Industriestaaten Europas einmal erkannt wird, kann man erwarten, dass die Bemühungen um Eingliederung von der Seite der aufnehmenden Gesellschaft viel entschlossener und entschiedener ausfallen. Passivität heisst unter den gegebenen Umständen zweifellos, das Spiel lang-, ja schon mittelfristig zu verlieren. «Verlieren» würde bedeuten, dass islamistische Ghettos innerhalb der Gastländer entstünden und anwüchsen. Es erübrigt sich, zu sagen, dass die Gefahren in den grossräumigen europäischen Gesellschaften wie Deutschland und Frankreich grösser sind als in den kleineren, weil dort nicht nur Kleingruppen oder Individuen, sondern Massen beeinflusst und gegebenenfalls manipuliert werden können und weil die Kontrolle weniger engmaschig durchgeführt werden kann. Deutschland z. B. hat bereits Türkenviertel wie Frankreich seine Araberquartiere und -vorstädte, während Staaten wie etwa die Schweiz diese Entwicklung noch nicht kennen.

Islamistische Anführer

Abdur-Rahman, Omar, geb. 5. 3. 1938 in der Provinz Dakhaliya Ägypten. Blind, Vater von 6 Kindern, war Theologieprofessor in Assiout, lehrte in Saudiarabien, gilt als «Mufti» (Schari'a-Fachmann, der Gutachten abgibt) der Gruppe «Jihad», die Sadat ermordete. Verhaftet 1981, 1985, 1986; im April 1989 Zwangsdomizil in Fayoum. Gab 1989 ein Gutachten ab, nach dem die Ermordung von Naguib Mahfuz (dem ägypt. Nobelpreisträger für Literatur) legal zulässig sei. Nach der Ermordung des Parlamentspräsidenten Ägyptens, Rif'at Mahjub, erneut verhört, jedoch freigelassen. Verliess Ägypten 1990, soll sich im Sudan, nach anderen Quellen in den USA aufhalten.

Abu Ghodda, Abdel Fattah, geb. ca. 1928, Chef der einen Faktion der syrischen Muslimbrüder. Die andere steht unter der Leitung von *Adnan Saadeddin.* Aus Aleppo, dortiger Muslimbrüder-Chef seit 1947. Die Spaltung fand 1986 statt, Hauptstreitpunkt war die Strategie gegenüber der in Syrien herrschenden Baath-Partei. Abu Ghodda ist für eine Versöhnungsstrategie. Lehrte in Saudiarabien, verliess das Königreich während des Golfkrieges und ging nach Jordanien. Versucht nun seine Freundschaften in den Golfländern wieder zu aktivieren.

Abu-n-Nasr, Muhammed Hamed, geb. 25. 3. 1913 in Manfalut (Assiut), oberster Chef der ägyptischen Muslimbrüder (offizielle Gruppierung), Landbesitzer, Landwirtschaftsingenieur, seit 1986 Nachfolger von *Omar Talmasani,* dem verstorbenen Chef. Lange Karriere innerhalb der Bruderorganisation; Mitglied des Komitees für Waffenbeschaffung im Israelkrieg von 1948. Mitglied des Politischen Komitees; 1954 unter Nasser zu 25 Jahren Zuchthaus verurteilt. Befreit 1972 von Mubarak.

Benhaj, Ali, geb. 1956 in Tunis, aus südalgerischer Familie. Zweiter Mann des algerischen FIS. Religiös erzogen, Schüler von *Sultani, Abdullatif,* einem berühmten Prediger von Algier, der 1984 starb. Verbunden mit der Bewegung von Mustafa Bouyali. Festgenommen, zur Zwangsresidenz in Ouargla verurteilt (1984); 1988 frei, wird Prediger in der as-Sunna-Moschee von Bab al-Oued, Algier. Mitbegründer der FIS, Herausgeber ihrer arabischen Zeitung «al-Inqadh» (Rettung). Verhaftet Ende Juni 1991 unter der Anklage, er habe die Algerier aufgerufen,

Waffen zu speichern, und erklärt, die Islamisten fürchteten die Armee nicht. Am 15. Juli 1992 zu 12 Jahren Gefängnis verurteilt.

Chaaban, Said (auch Shaaban geschrieben), geb. 1929 in Batroun (Libanon), Chef des MUI (Mouvement Unifié Islamique) in Tripolis, Libanon. War Lehrer in Marokko und im Irak. Mitbegründer des libanesischen Zweiges der Muslimbrüder in den fünfziger Jahren. Schloss sich 1964 einer islamistischen Gruppe in Tripolis an («Jamaa Islamiya»), gründete 1982 MUI durch Zusammenschluss von drei Bewegungen: «Bewegung des Arabischen Libanons» (Esmat *Mrad*, ermordet 1984); «Jundallah» (Fawaz *Agha*) und «Volkswiderstand» (Khalil *Akkaoui*, ermordet 1986). Beherrschte Tripolis 1983–84. Seit dem Eindringen der syrischen Truppen (1985) verlor MUI immer mehr an Bedeutung. Freund des Irans, viele Besuche in Teheran, sunnitischer Freund des schiitischen Hizballah. Einst eng mit PLO verbunden, heute mit ihr im Streit wegen der allzu konzessionsbereiten Linie der Palästinenser.

Chafik, Munir, auch Abu Fadi genannt, geb. in Jerusalem 1937, aus christlicher Familie. Militant in der Jordanischen KP, eingekerkert in Amman, wird Mitglied des linken Flügels der PLO. Bekehrte sich zum Islam unter dem Einfluss der iranischen Revolution, blieb bei der PLO, veröffentlichte die Zeitschriften «al-Ittijah» (Ausrichtung) und «as-Sabil» (der Weg). Steht den tunesischen Islamisten nahe, besonders al-Ghannuschi und Hassan at-Turabi in Khartum.

Chbeylat, Laith, (auch englisch geschrieben Shubeilat), geb. 1942 in Amman, Abgeordneter im jordanischen Parlament seit 1989. Studierte an der Am. Univ. von Beirut und an der George Washington Univ. USA, gehört zu «Dar al-Qur'an», Freund der Muslimbrüder, aber auch der «Schaziliya»-Bruderschaft (mystischer Orden), fordert eine «Militarisierung der jordanischen Gesellschaft nach dem Vorbild der israelischen Kibbutzim». 1992 vor einem jordanischen Gericht wegen Umsturzplänen und Anlegen eines Waffenlagers verurteilt, aber vom König begnadigt.

Chekaki, Fathi, geb. ca. 1943, Arzt, einer der Begründer des «Islamischen Jihad in Palästina». Geb. in Ghaza, studierte in Zagazig (Ägypten), ein Ort, der für seine Islamisten bekannt ist. Muslimbruder seit 1967. Agitiert mit *Abdul Aziz Odeh* in Ghaza für Islamismus. 1986 von den Israeli verhaftet unter der Anklage: Besitz von Waffen und Aufhetzung zur Gewalttätigkeit; zwei Jahre Gefängnis. Verfasser eines Buches: «Khomeiny, die Islamische Lösung und Alternative». 1988 nach Libanon ausgewiesen. Veröffentlicht zur Zeit «Al-Mujahid», Sprachrohr von Hizballah in Südlibanon seit 1989.

Erbakan, Necmettin, geboren 1926 in Sinop; Ingenieur, studierte in Istanbul, Dr. Ing. in Aachen 1954. Universitätslehrer in Istanbul und Vorsitzender der Industrieabteilung der Handelskammer, Präsident des Dachverbandes aller Industrie- und Handelskammern der Türkei im Jahr 1969. Im gleichen Jahr unabhängiger Parlamentskandidat für Konya. Übernahm 1970 die *Nationale Ordnungspartei*, die sich durch ihre Sympathien für den Islam auszeichnete und andeutete, sie würde die Säkularisierung rückgängig machen, falls sie an die Macht käme. Aus diesem Grunde wurde die Partei nach dem Eingriff der Offiziere in die Politik vom Jahr 1972 verboten. Doch sie erstand neu unter dem Namen *Nationale Heilspartei* im Jahr 1973 und erhielt 11,8 Prozent der Stimmen sowie 48 Sitze im Parlament. Sie wurde die dritte Partei der Türkei und konnte dank des damaligen Gleichgewichtes zwischen den beiden grössten das Zünglein an der Waage spielen.

Dies erlaubte ihr, Ministerposten in Koalitionsregierungen zu erhalten, die sie einmal mit der einen, dann mit der anderen der grossen Parteien bildete, der Volkspartei und der Gerechtigkeitspartei. Der militärische Eingriff von 1980 brachte das Verbot aller Parteien, und Erbakan wurde mit anderen Parteiführern angeklagt, öffentlich für die Wiedereinführung der Schari'a (türkisch Şeriat) eingetreten zu sein. Er wurde 1983 zu viereinhalb Jahren Gefängnis verurteilt, kam jedoch bald wieder frei.

Seine Partei heisst nun *Nationale Wohlfahrtspartei* und scheint ihre Position als dritte Partei der Türkei halten zu können. Die Partei und Erbakan persönlich sind heftige Gegner des Eintrittes der Türkei in die EG, weil sie davon eine Beeinträchtigung der nationalen und religiösen Eigenheiten ihres Landes fürchten.

Neben islamischen Interessen vertritt die Partei auch jene der kleinen Geschäftsleute, besonders in den konservativen Provinzstädten. Ein Teil der politischen Freunde Erbakans wanderte in die neugegründete Mutterlandspartei Özals ab, als diese 1983 die Wahlen bestreiten durfte, während die bisherigen Parteien verboten blieben. Sie bildeten dort den «islamischen Flügel».

Während der siebziger Jahre vermochte Erbakan eine bedeutende Zahl seiner Anhänger in den Ministerien unterzubringen, die vorübergehend Ministern seiner Partei unterstanden. Gegenwärtig scheint seine Partei Gewinne aus dem Umstand zu ziehen, dass die regierenden grossen Parteien sich abnützen, weil die Inflation andauert und gleichzeitig die herrschenden Parteien durch die ungelöste Kurdenfrage belastet sind.

Da die türkische Verfassung alle Agitation gegen den Säkularismus der Türkei verbietet, müssen Erbakan und seine Anhänger immer sehr vorsichtig vorgehen und vermeiden, allzu offen gegen die bestehende Trennung von Staat und Religion aufzutreten. Sie tun dies etwa, indem sie betonen, sie seien nicht gegen die Trennung von Religion und Staat, doch sie wollten der Religion die ihr gebührende Rolle im öffentlichen Leben zuweisen.

Fadlallah, Muhammed Hussein, Geistlicher Führer des Hizballah. Geb. in Najaf (Irak) 1936, aus einer libanesischen Familie, studierte unter Abu-l-Qassem al-Khoi und Mohsen al-Hakim, den schiitischen Grossayatullahs. Mitarbeiter von Muhammed Bagher as-Sadr in Najaf. Seit 1966 in Libanon, Vorstadt Nabaa bei Beirut, gründet «Cercle de la Fraternité» und «Islamisches *Legales* Institut», aus dem die künftigen geistlichen Führer des Hizballah hervorgehen. Muss 1976 im Bürgerkrieg nach Südbeirut fliehen. Elf Kinder, Verfasser von ca. 40 Büchern über juristische Themen. Von Khomeiny 1986 zum Grossayatullah erhoben. Gewandter Pressesprecher für die Anliegen der libanesischen Schiiten.

Ghannouchi, Rached (deutsch auch Ghannuschi, Raschid), Chef von «en-Nahda» (Tunesien). Geb. 1941 im tunesischen Süden (Hamma), studierte Agronomie in Kairo, schloss sein Philosophiestudium in Syrien ab. Dort im Kontakt mit den Muslimbrüdern. Kurz an der Sorbonne. Unterrichtete Philosophie an einem Lycée in Tunis, Mitarbeiter bei «al-Maarifa», Zeitschrift der islamistischen Richtung. Deren Herausgeber seit 1977 bis zum Verbot 1979. Besucht Khartum und Iran 1979. Gründet MTI (Mouvement de la Tendance Islamique) 1981, seit 1989 heisst es «en-Nahda» (Renaissance); verboten und wieder geduldet, er wird inhaftiert und wieder freigelassen, je nach Lust und Laune der Regierung, die Katz und Maus spielen möchte. April 1989 stellt er Kandidaten für die Wahlen auf, obgleich er keine Parteilizenz besitzt. Sie erhalten 14 Prozent der Stimmen, jedoch keine Parlamentssitze, al-Ghannouchi verlässt Tunesien 1990. Spaltung in «en-Nahda», April 1991. *Abdel Fattah Mourou* (Advokat, Tunis) wirft al-Ghannouchi Extremismus vor.

Al-Hakim, Muhammed Baqer oder Bagher, Vorsitzender des «Hohen Rates für die Irakische Revolution im Irak» (engl. abgekürzt SAIRI). Sohn von Mohsen al-Hakim, dem Grossayatullah: geb. 1939, studierte in Najaf (Irak), gründete dort die «Schule der Islamischen Wissenschaften», verhaftet wegen Extremismus zuerst 1972, aus seiner Lehrerstelle entlassen 1977, erneut verhaftet 1979; «wegen Aufruf zum Aufstand» zu lebenslänglichem Gefängnis verurteilt. Wird amnestiert und flieht 1980 nach Iran, gründet SAIRI mit iranischer Unterstützung 1982. Dies ist die pro-iranische Gegenregierung für den Irak.

Hamdi, Abdurrahim, Finanzminister des Sudans. Mitstreiter at-Turabis seit den sechziger Jahren. Herausgeber der Zeitung der Anhänger Turabis. Nach der Machtergreifung Numeiris eingekerkert; erkaufte seine Freiheit durch ein Schreiben, in dem er versprach, sich von den Brüdern zu distanzieren. Gründungsmitglied der islamischen Faysal-Bank, wechselte dann zur islamischen Barakat-Bank über, wirkte als deren Londoner Manager, kehrte 1990 nach Khartum zurück, um sein gegenwärtiges Amt zu übernehmen. Manche der NIF-Aktivisten werfen ihm vor, er habe seine Stellung im islamischen Bankwesen benützt, um private Geschäfte zu treiben und jene seiner Verwandten zu fördern. Anderen gilt er als ein engagierter Islamist. Seine Fähigkeit als Financier ist international anerkannt.

Al-Hudaybi, Ma'mun, Sprecher der ägyptischen Muslimbrüder (offizielle Gruppe). Geb. 1929, Sohn von *Hassan al-Hudaybi*, dem Nachfolger des Gründers, al-Banna, als Chef der Muslimbrüder Ägyptens. Präsident des Obersten Appellationsgerichtes von Kairo. Zweimal eingekerkert unter Nasser, Werke über die Schari'a. Vorsitzender der Parlamentarischen Gruppe der Muslimbrüder im ägyptischen Parlament.

Khalifa, Muhammed Abdur-Rahman, Chef der Muslimbrüder Jordaniens seit 1948. Geb. 1926 in Salt (Jordanien). Studien in Tulkarem (Palästina) und Jerusalem. Advokat seit 1952 in Amman, Richter 1952–56. Abgeordneter im Parlament 1956–61. Vizepräsident des Exekutivbureaus der Muslimbrüder in der Arabischen Welt.

Khakhali, Mohammed Sadeq (eigentlicher Name: Sadeqi Guivi), geboren 1926 in Khalkhal. Stand zur Zeit des Schahs der Fedayin-e-Islam-Gruppe nah, Anhänger Khomeinys seit den sechziger Jahren, mehrfach eingekerkert und verbannt. Von Khomeiny zum Vorsitzenden des Islamischen Revolutionsgerichtes ernannt. Verurteilte viele der früheren Würdenträger zum Tode und rühmte sich dessen. Ging 1979 brutal gegen die aufständischen Kurden vor. Wurde Präsident des Sondergerichtes zur Drogenbekämpfung und sprach auch in dieser Funktion viele Todesurteile aus. Gehört zum radikalen Flügel der islamischen Revolution, bekannt als Blutrichter und Mann der Gewalt. Befürworter der nun entmachteten Regierung Mussawi (s. dort). Seit 1992 nicht mehr im Parlament.

Khamenei, Ali, Hojatolislam, geboren 1939 in Meschhed, studierte Theologie in Meschhed und Najaf (dort seit 1958). Aktiv in der Politik seit 1960 an der Seite Khomeinys. Kehrte nach dessen Verbannung nach Meschhed zurück, um dort die *Assoziation der kämpfenden Geistlichen* zu gründen. Blieb in Kontakt mit Beheshti und Rafsanjani. Aktiv in Meschhed während der Revolution, Mitbegründer der Islamischen Republikanischen Partei Beheshtis. War Stellvertretender Verteidigungsminister und Vertreter Khomeinys in der Armee, später Mitglied des Obersten Verteidigungsrates.

Nach der Ermordung des damaligen Präsidenten, *Rajai*, wurde er im Oktober 1981 zum dritten Präsidenten der Islamischen Republik gewählt. Im Juni 1981 entging er einem Bombenanschlag, doch seine rechte Hand wurde unbrauchbar. Als Präsident wiedergewählt 1985. Nach dem Tod Khomeinys im Jahr 1989 an der Seite von Rafsanjani zum Nachfolger Khomeinys als «herrschender Gottesgelehrter» und geistlicher Führer Irans erhoben. Sorgte seinerseits dafür, dass Rafsanjani Präsident mit exekutiven Vollmachten wurde. Seither haben die beiden einander gestützt. Doch gleichzeitig gilt Khamenei als ein Schiedsrichter in den Streitigkeiten der Geistlichen, während Rafsanjani mehr als das Oberhaupt der mächtigsten Faktion unter ihnen betrachtet werden kann. Dies führt dazu, dass Khamenei die radikalen Feinde Rafsanjanis auch anhört und berücksichtigt und dafür sorgt, dass sie nicht alle Macht verlieren. Er tritt im Prinzip für Privatisierung der Wirtschaft ein, dürfte aber auch zu den iranischen Waffenkäufen (in Korea und Russland) seine Zustimmung geben, sowie gegen jede Zusammenarbeit mit den USA eintreten.

Kurz nach seiner Wiederwahl zum Präsidenten im Jahr 1985 stiess er mit Ministerpräsident Mussawi zusammen und wollte ihn aus seinem Amt entlassen, doch Khomeiny sprach dagegen und Mussawi (s. dort) blieb Ministerpräsident bis nach dem Tod Khomeinys.

Khomeiny, Ruhallah, Mussawi, Ayatollah, geb. 1902 in Khomein (Iran), gest. 1989 in Teheran. Sein Vater wurde ermordet, als er noch ein Kleinkind war. Eine Tante zog ihn auf bis zu seinem 7. Lebensjahr. Die Familie, Sayyids, d. h. Nachfahren Alis, gehörte seit mindestens drei Generationen zur Geistlichkeit. Khomeiny verliess als 17jähriger sein Heimatdorf, um zunächst in Arak Theologie zu studieren. Er folgte dann seinem Lehrer, Haeri, 1921 nach Qom. Abdol Karim Haeri Yazdi († 1936) wurde zum wichtigsten Erneuerer der theologischen Hochschule von Qom. Der junge Khomeiny befasste sich unter anderem mit Mystik. Er heiratete die Tochter des Ayatollahs Saghafi von Teheran namens Batul.

Reza Schah benützte die Geistlichen und besonders jene von Qom, um seinen Aufstieg zum Schah zu fördern. Doch seit 1935, nach einem Besuch in der Türkei, ergriff er Modernisierungsmassnahmen, welche die Geistlichen schwer enttäuschten, Kleiderreform, Justizreform und ähnliches. Es kam sogar zu einem Massaker von Hunderten von Personen in der Pilgermoschee von Meschhed. Der dafür verantwortliche General, Matbui, wurde 1979 von den Geistlichen hingerichtet.

In der Zeit nach dem Zweiten Weltkrieg wirkte Khomeiny als einer der ersten Mitarbeiter des Ayatollah Borujerdi, der zum Symbol der Aussöhnung zwischen den Geistlichen und dem neuen Schah, Schah Reza, wurde. Doch er brach mit ihm 1949 über der Frage der politischen Dimension des Islams, die Borujerdi minimalisierte, Khomeiny jedoch als zentral ansah. Später stand Khomeiny dem Ayatollah Kaschani nahe, der zur Zeit der Mussadegh-Wirren (1951–53) eine bedeutende Rolle spielte, zuerst als Helfer, doch später als Gegner Mussadeghs. Der – wie wir heute sagen würden – fundamentalistischen Gruppierung unter Nawab Safawi, den Fedayin-e-Islam, deren Kaschani sich bediente, scheint Khomeiny jedoch nicht besonders nahegestanden zu sein. (Die diesbezüglichen Informationen in der Khomeiny-Biographie von Amir Taheri dürften jedenfalls unrichtig sein, vgl. Bahman Nirumand und Keywan Daddjou: Mit Gott für die Macht, Eine politische Biographie des Ayatollah Chomeini, Hamburg 1987, S. 357.)

Im Jahr 1962, als der Schah sich entschloss, die direkte Verantwortung für eine «Weisse Revolution» zu übernehmen, kam es zu Reibungen zwischen den Geistlichen von Qom, unter ihnen war Khomeiny schon damals als der radikalste bekannt, und dem Herrscher. Die hohen Geistlichen, unter ihnen auch Khomeiny, protestierten gegen das geplante Stimmrecht der Frauen in Stadt- und Provinzräten, das ihnen als unislamisch erschien. Sie vermochten den Schah und seinen Ministerpräsidenten, Alam, zur Aufgabe dieser Pläne zu zwingen. Doch kurz darauf, als der Schah 1963 Reformen durchführen wollte und erneut auf Widerstand der Geistlichen stiess, griff er sie in einer Rede als «die schwarze Reaktion» an. Die Geistlichen, Khomeiny stets an der Spitze, riefen zum Boykott der Nawruz-Feierlichkeiten vom Frühling 1963 auf, und der Schah liess seine Truppen am zweiten Nawruz-Tag die Feyzieh Medrese (wo Khomeiny lehrte) stürmen und alle Mullahs und Talebe (Studenten) verprügeln. Dabei gab es viele Verletzte, und einer der Studenten kam ums Leben. Die Antwort der Geistlichen erfolgte im Muharram, dem Schiitischen Trauermonat, der mit dem Juni 1963 zusammenfiel. Grosse Demonstrationen, die Khomeiny hochleben liessen, spielten sich in Teheran und in Qom ab. Khomeiny galt damals bereits als der wichtigste und radikalste Gegenspieler des Schahs unter den Geistlichen. Trotz einer Warnung, die Fayzieh Medrese werde in Schutt und Asche gelegt werden, wenn Khomeiny in ihr auftrete, die ihm ein Offizier des Schahs persönlich überbrachte, hielt Khomeiny dort eine Brandrede gegen den Schah, schärfer als alle, die je vorher gegen einen regierenden Schah gehalten worden waren. (Auszüge in B. Nirumand und K. Daddjou, op. cit. S. 107 f.) Der Herrscher reagierte, indem er Khomeiny in der folgenden Nacht gefangennehmen liess. Dies führte zu gewalttätigen Demonstrationen in Teheran, besonders im armen Süden der Stadt, welche der Schah blutig niederschlagen liess.

Die hohen Geistlichen, Khomeinys Kollegen, wollten unter allen Umständen vermeiden, dass Khomeiny zum Märtyrer gemacht werde, sei es durch Hinrichtung, sei es durch eine längere Kerkerhaft. Sie sandten eine Delegation an den Schah und erhielten die Zusage, dass Khomeiny nicht hingerichtet werden solle. Schariat Madari, der Ayatollah, gegen den Khomeiny später als einen «Verräter» vorgehen sollte, bewirkte damals, dass einige der grossen Geistlichen Khomeiny als Geistlichen ersten Ranges, «Marjayie-Taqlid», anerkannten und damit dem Schah seine Festhaltung im Gefängnis erschwerten. Er wurde denn auch freigelassen, kehrte nach einigen Monaten nach Qom zurück und nahm seine Agitation gegen den Herrscher erneut auf, indem er versicherte, im Gegensatz zu den Behauptungen des Geheimdienstes, SAVAK, werde er sich auch künftig in die Politik einmischen. «Islam ist Politik». ... Ich bin nicht der Papst, der nur sonntags religiöse Zeremonien veranstaltet. Selbstverständlich werde ich mich überall einmischen» (op. cit. S. 115).

Im Oktober 1964 benützte Khomeiny ein Gesetz des Parlamentes, das den Amerikanern eine Sonderrechtsprechung in Iran einräumte, um seine Agitation noch weiter zu steigern. Er hielt eine Rede in Qom vor Tausenden, in der er unter anderem behauptete, die Iraner würden geringer bewertet als ein amerikanischer Hund, «denn wenn einer von uns einen amerikanischen Hund überfährt, wird er bestraft. Wenn aber der Koch eines amerikanischen Generals den Schah überfährt, wird ihn niemand bestrafen» (op. cit. 117); vgl. auch: «Wenn also ein amerikanischer Dienstbote mitten im Basar einen Ayatollah niederschiesst und ihn anschliessend mit Tritten verstümmelt, darf die iranische Polizei ihn nicht daran hindern, auch iranische Gerichte dürfen ihn nicht verurteilen.» Der Schah liess Khomeiny noch in der gleichen Nacht gefangennehmen und am nächsten Morgen, dem 4. November 1964, in einem Flugzeug ins Exil transportieren.

Über all diese Vorgänge gelangte nur sehr wenig in die iranische und in die internationale Presse. Die Iraner jedoch wussten durch Nachrichten und Gerüchte, die von Mund zu Ohr gingen, darüber Bescheid.

Khomeiny hielt sich zuerst in Ankara, dann in Bursa auf. Die iranische Regierung war mit der türkischen über sein Exil übereingekommen. Er erlangte später die Zustimmung Teherans, sich nach dem Irak begeben zu dürfen. In Najaf, dem schiitischen Pilger- und Gelehrtenzentrum, fand er eine provisorische Bleibe, die von 1965 bis 1978 dauern sollte. In Najaf unterrichtete er, und er verfasste dort auch seine bekannteste Schrift, «Herrschaft durch den Gottesgelehrten».

In Iran hatte sich in der Zwischenzeit die Lage zu ungunsten des Schahs entwickelt. Einer übermässigen Wirtschaftserhitzung nach der Vervielfachung des iranischen Erdöleinkommens von Ende 1973 (erste Erdölkrise) folgte ein wirtschaftlicher Stillstand und Zusammenbruch, verursacht durch die vorausgegangene Überhitzung und eine falsche Geldpolitik, die sich zur Inflationsbekämpfung erst in jenem Augenblick entschloss, als die Wirtschaft ohnehin in Rezession eingetreten war. Die Bauunternehmer brachen zusammen, und Hunderttausende von neu in die Grossstadt geströmten Landleuten, die im Bauwesen gearbeitet hatten, wurden arbeitslos. Damit traf zusammen, dass der Schah krank wurde. Er wurde von einem Krebsleiden befallen, von dem damals jedoch ausser seinem behandelnden französischen Arzt niemand etwas wusste. Die Überhitzung der Wirtschaft hatte dafür gesorgt, dass eine kleine Oberschicht ungeheuer reich geworden war, die grosse Masse der Bevölkerung jedoch unter immer schlechteren Umwelt- und Lebensbedingungen zu leiden hatte. Zwei Gruppen von Linksextremen und aktivistischen Muslimen, die Volksmujahedin und die Volksfedayin, hatten einen Guerillakrieg gegen den Schah begonnen, den seine Armee nie ganz niederzuschlagen vermochte. Die Intellektuellen begannen sich zu regen und Proteste gegen das absolute Regime des Schahs zu äussern. Khomeiny erhob seine Stimme aus Najaf, und ein Schmähartikel gegen ihn, den die Regierung am 7. Januar 1978 veröffentlichen liess, war das Ereignis, das die iranische Revolution ins Rollen bringen sollte.

Die Studenten von Qom demonstrierten am folgenden Tag in Massen, und die Regierung liess auf sie schiessen. Nach den Sprechern der Regierung gab es 7, nach jenen der Geistlichen jedoch 200 Tote. Die Geistlichen sorgten dafür, dass alle 40 Tage, nach dem allgemeinen islamischen Brauch in Todesfällen, Demonstrationen zur Erinnerung an die Toten der vorausgehenden Demonstration durchgeführt wurden. Sie fanden abwechselnd in den grossen Städten Irans statt: in Qom, Täbriz, dann Meschhed, schliesslich Teheran. In Isfahan war eine eigene Konfrontation zwischen der Armee und der Bevölkerung ausgebrochen, die zu einer monatelangen Schliessung der Basare und zur Plünderung der Stadt Najafabad durch die Streitkräfte des eigenen Landes führte. Die Geistlichen richteten Aufrufe an die Soldaten, von der Armee des Schahs zu desertieren, und diese blieben auf die Dauer nicht ohne Wirkung.

Die Regierung des Schahs bewirkte bei der irakischen Regierung, dass Khomeiny aus Najaf ausgewiesen wurde. Er war in der Pilgerstadt, die Verbindung mit Iran besass, zu gefährlich geworden. Der Ayatollah versuchte, nach Kuwait auszureisen, doch wurde er an der Grenze zurückgewiesen. Er fand schliesslich Asyl in Frankreich, wo er am 16. Oktober 1978 landete und von seinem Exil in Neauphle-le-Château bei Paris aus eine rege Propagandatätigkeit entfaltete.

Der Schah hatte seinem Exil in Paris zugestimmt, doch der Standort sollte sich als ideal für einen Ayatollah erweisen. Er wurde nun zu einer Weltsensation, und er konnte von Paris aus beständigen Kontakt mit

Iran über Telefon und Radiostationen sowie über eingeschmuggelte Tonkassetten unterhalten. Die iranischen Oppositionspolitiker flogen nach Paris, um ihm Ratschlage zu erteilen, und sie unterstellten sich ihm schliesslich alle. In Iran gingen die Demonstrationen weiter, und die Erdölförderung kam zum Stillstand, weil die Ölarbeiter auf Anweisung der Geistlichen streikten. Der Staat stand vor dem Bankrott, und die Botschafter der Vereinigten Staaten und Grossbritanniens rieten dem Herrscher, sein Land zu verlassen. Dieser redete sich ein, Grossbritannien und die USA stünden hinter der Agitation gegen ihn, weil er sich nicht vorstellen konnte, dass das Volk aus eigener Initiative handle. Am 16. Januar 1979 verliess der Schah sein Land, nachdem sich nach langem Suchen der Politiker Bakhtiyar, ein Mann der gemässigten Opposition und ein ausgesprochener Antiklerikaler, bereit gefunden hatte, eine Regierung zu bilden, welche die Verantwortung für das Land übernehmen sollte.

Die Amerikaner komplizierten die Lage dadurch, dass ihr Botschafter in Teheran und ihr militärischer Sonderabgesandter, General Huyser, zwei verschiedene politische Linien vertraten, nämlich jene des Aussenministeriums und jene des Sicherheitsberaters des Präsidenten. Das Ministerium war für Versöhnung mit der Opposition, Brezinski für hartes Durchgreifen gegen sie. Einige der iranischen Generäle hatten inzwischen das Land verlassen; andere hatten geheime Verbindungen mit Khomeiny aufgenommen. Das Oberhaupt der sogenannten Sicherheitsorganisation des Schahs, General Fardust, der als der zweitmächtigste Mann Irans galt, unterichtete Khomeiny über alle Vorgänge in Teheran, dem Gerücht nach über das KGB, dessen geheimer Agent er gewesen sein soll. Khomeiny hat ihn später mit der Bildung seines eigenen Geheimdienstes, SAVAMA, beauftragt, jedoch 1985 als Agenten des KGB verhaften lassen. Diese Informationen gehen auf die Memoiren des erwähnten Generals Huyser zurück (deutsche Ausgabe seiner Memoiren: Robert Huyser, «Putschen Sie, Herr General», Reinbek 1986, S. 64).

Am 1. Februar 1979 kehrte Khomeiny an Bord eines Air-France-Flugzeuges nach Teheran zurück. Ungeheurer Jubel brach aus. Der Ayatollah ernannte eine provisorische Regierung unter dem gemässigten Politiker und Muslimführer Mehdi Bazargan, die zunächst parallel zur Regierung Bakhtiars wirkte. Doch die Tage Bakhtiars waren gezählt. Am 9. und 10. Februar brach die Armee zusammen. Es kam zu Kämpfen zwischen Gardetruppen, die für den Schah eintraten, und Kadetten, die ihre Sympathie für Khomeiny erkennen liessen. Zivile der verschiedenen Linksgruppen griffen ein, und die Waffenlager wurden geplündert. Die Generalität war völlig verwirrt.

In zwei Tagen war die iranische Armee zusammengebrochen, und ihre Chefs erklärten, die Streitkräfte wollten sich von nun an neutral verhalten. Bakhtiar floh; er tauchte später in Paris auf und wurde dort 1992 von iranischen Agenten ermordet.

Die Geschichte Khomeinys fiel von dieser Zeit an mit der Entwicklung in Iran zusammen, die im Abschnitt Iran gestreift worden ist. Hier nur die Hauptdaten: Im Sommer 1979 kam es zu Erhebungen der Randvölker, die darüber enttäuscht waren, dass die Revolutionsregierung ihnen nicht die erhoffte Autonomie gewähren wollte: Araber in Khusistan, Kurden, Turkmenen, Azeri. Sie alle wurden von der neuen Parallelarmee der Revolutionswächter, die Khomeiny als Gegengewicht zu den offiziellen Streitkräften aufstellen liess, blutig niedergeschlagen. Gleichzeitig wurde das Zensurregime verstärkt, um die anderen politischen Strömungen, die während der Revolution mit den Geistlichen mitmarschiert waren, mundtot zu machen: Nationalisten, Mussadegh-Anhänger, Linksgruppen aller Art, marxistisch-leninistische wie islamistische, wurden so nacheinander und schrittweise entmachtet. Dies war ein delikates Manöver, weil ihre Aktivisten sich eines grossen Teils der Waffen bemächtigt hatten. Gleichzeitig fand eine blutige Abrechnung mit den Dienern des Schahs statt, soweit sie nicht geflohen waren. Eine Verfassung wurde geschrieben, die auf der Grundlage der «Herrschaft durch den Gottesgelehrten» beruhte, welcher natürlich Khomeiny war. Er enthielt entscheidende Vollmachten. Bazargan verlor mehr und mehr Macht gegenüber einem inoffiziellen Revolutionsrat, in dem geistliche Gefolgsleute Khomeinys sassen. Die Besetzung der amerikanischen Botschaft durch sogenannte «Studenten auf dem Weg Khomeinys» vom 4. November 1979 bildete einen politischen Wendepunkt. Sie diente dazu, der Revolution neuen Schwung zu verleihen und einen endgültigen Bruch mit den USA herbeizuführen. Die besetzte Botschaft mit 52 amerikanischen Geiseln wurde zum Zentrum andauernder Solidaritätskundgebungen, in deren Schatten das neue Regime endgültig abgesichert werden konnte. Bazargan trat zurück, da er sich nicht mit der Geiselnahme identifizieren wollte. Bani Sadr, ein iranischer Exilstudent in Paris aus geistlicher Familie, der schon in Najaf mit Khomeiny Kontakt gehalten hatte, wurde mit Zustimmung des Ayatollahs zum ersten Präsidenten Irans gewählt. Er sollte bald zum Gegenpol gegenüber der Macht der geistlichen Anhänger Khomeinys werden. Er und einige seiner Freunde versuchten, die Geiselfrage zu lösen; Khomeiny zog sie jedoch in die Länge, weil sie ihm und seinen unbedingten Anhängern unter den Geistlichen erlaubte, die Macht zu monopolisieren. Das Land wurde durch sie gegen den «amerikanischen Satan» polarisiert.

Am 22. September 1980 begann der Irak einen Blitzkrieg gegen Iran. Grenzkämpfe und Schiessereien waren vorausgegangen. Die irakische Armee vermochte Grenzgebiete in Khusistan einzunehmen; doch ihre Aktion kam politisch dem iranischen Regime zugute. Sie vereinigte die geistlichen und die nationalistischen Kräfte Irans gegen die Angreifer, und ein zäher Krieg folgte, der bis 1988 dauern sollte. Im Frühjahr 1982 hatten die Iraner den Angreifer über die irakische Grenze zurückgeschlagen. Eine Debatte fand statt, ob das Land nun Frieden schliessen oder ob es den Krieg fortführen solle. Khomeiny entschied sich für Angriffe gegen den Irak. Dabei spielte ohne Zweifel die Vorstellung eine Rolle, dass Iran die erste Macht im Golfraum werden könne, wenn es gelänge, die irakische Armee zu zerschlagen. Eine Vormachtstellung im Golf mit seinem Erdölreichtum hätte Iran und seine Islamische Revolution zur Weltmacht erhoben.

Noch in der ersten Phase des Krieges, als die Iraker noch auf iranischem Boden standen, entschied sich Khomeiny im Streit zwischen Bani Sadr und den Geistlichen gegen den Präsidenten und liess ihn am 10. Juni 1981 absetzen. Bani Sadr versteckte sich mit Hilfe der damals bereits in Opposition stehenden Volksmujahedin und floh mit ihrer Unterstützung nach Paris. Es folgte eine Art von Bürgerkrieg zwischen den Anhängern Khomeinys, den sogenannten Hizbollahis und Revolutionswächtern und den Mujahedin. Diese wurden in Strassenkämpfen niedergekämpft, in Mengen eingekerkert und hingerichtet. Bombenanschläge folgten, denen führende Politiker der Partei der Geistlichen zum Opfer fielen, Beheshti, nun wohl der zweitmächtigste Mann nach Khomeiny, und mit ihm gegen 80 führende Beamte der Partei der Geistlichen am 28. Juni 1981; der neue Präsident, Rajai, und der Ministerpräsident Bahonar am 30. August 1981. Schon zuvor, am 27. Juni 1981, war der damalige Hauptprediger von Teheran und gegenwärtige Regierende Gottesgelehrte, Khamenei, durch ein explodierendes Tonbandgerät an der Hand verletzt und gelähmt worden. Diese Anschläge wurden vom Regime als die Antwort der Volksmujahedin aufgefasst und führten zu weiteren heftigen Verfolgungen. Tausende von Hinrichtungen und systematische Folterungen fanden statt.

Der Krieg dauerte unter verlustreichen Kämpfen bis 1988 an. Khomeiny forderte die iranischen Soldaten und Jugendlichen immer wieder auf, sich für den Islam zu opfern. Einige der iranischen Offensiven verliefen erfolgreich, doch es kam nie zu dem erhofften Zusammenbruch der defensiv kämpfenden irakischen Armee. Die Iraker verwendeten mehrmals Giftgas, wenn sie sich ihrer anstürmenden Feinde mit keinen anderen Mitteln zu erwehren wussten. Im Frühjahr 1988 vermochten die Iraner die Geländegewinne, welche ihre Feinde in den Grenzgebieten gemacht hatten, wieder rückgängig zu machen. Die Moral der iranischen Armee scheint dem Zusammenbruch nahe gewesen zu sein. Khomeiny liess sich von Rafsanjani, den er zum Oberkommandanten der Armee und zum Koordinator der beiden rivalisierenden Formationen, Streitkräfte und Revolutionswächter ernannt hatte, davon überzeugen, dass er den Aufruf der Uno zu einem Waffenstillstand annehmen müsse, welchen diese schon ein Jahr zuvor hatte ergehen lassen und dem der Irak zugestimmt hatte, weil er Gefahr lief, anderen Falles die Herrschaft über ganz Iran zu verlieren. In einer Rede erklärte der Ayatollah seinen Gefolgsleuten, er habe sich dazu entschliessen müssen, das Glas Gift zu trinken und den Waffenstillstand der Uno anzunehmen.

Zu einem Frieden gelangten die beiden verfeindeten Nachbarstaaten jedoch erst viel später, als Saddam Hussein im Sommer 1990 sein Kuwait-Abenteuer begonnen hatte und Iran günstige Friedensbedingungen anbot, um Handlungsfreiheit gegen die Saudis und die Amerikaner zu erlangen. Khomeiny war schon am 3. Juni 1989 gestorben. Kurz zuvor hatte er Ayatollah Montazeri, einen Schüler, der bisher als sein erwählter Nachfolger gegolten hatte, entehrt und entlassen. Seine letzte politische Aktion betraf den indo-englischen Schriftsteller Salman Rushdie, den er wegen angeblicher Lästerung des Propheten durch einen islamischen Rechtspruch (Fatwa) zum Tode verurteilen liess und auf dessen Kopf ein hoher Preis ausgesetzt wurde.

Koeniha, Mussawi Muhammed, Hojatulislam, geboren 1941 in Qazwin, studierte unter Montazeri und Khomeiny, verweilte in Najaf zur Zeit Khomeinys, kehrte 1967 nach Qom zurück. Wegen Agitation gegen den Schah mehrmals im Gefängnis. Nach der Revolution der Vertreter Khomeinys beim Fernsehen und Radio, wurde bekannt als der Sprecher, Verbindungsmann und Betreuer der *«Studenten auf dem Weg des Imams»*, welche die Geiseln in der amerikanischen Botschaft in Teheran festhielten (Nov. 1979 bis Jan. 1981). Abgeordneter im ersten Parlament (1980–84); wurde 1986 von Khomeiny zum Generalstaatsanwalt ernannt. Gilt als eine der mächtigsten Figuren der Radikalen, handelt meist aus dem Hintergrund. Befürworter der Ausdehnung der Revolution auf die anderen islamischen Staaten auch mit gewaltsamen Mitteln und einer weitestgehenden Reduktion aller Verbindungen mit dem Westen.

Madani, Abbassi, Chef von FIS, geb. 1931 im algerischen Südwesten, in Sidi Okba. Ende vierziger Jahre im MTID (mouvement pour le triomphe des idées démocratiques, Vorläufer und Rivale von FLN), kämpfte im FLN. 1954 von den Franzosen verhaftet, 7 Jahre im Gefängnis. Lehrer in Algier, gehört zur Gruppe «al-Qiyam» (die Werte) unter *Malek Bennabi.* Dr. phil. I, London, in Psychologie der Erziehung. Ein Jahr Gefängnis 1982 wegen «Agitation». Stand Bouyali nahe. Gründete FIS am 18. 2. 1989 zusammen mit Benhaj. Sieg in den Lokalwahlen Juni 1990. Konfrontation mit der Regierung über das Wahlgesetz Juni 1991. Verhaftet mit sechs anderen wegen «bewaffneter Verschwörung». Verurteilt zu 12 Jahren Gefängnis am 15. Juli 1992.

Mahdavi Kani, Mohammed Reza, Ayatollah, geboren 1931 in Kan bei Teheran. Theologiestudien in Teheran und Qom, 14 Jahre in Qom unter Khomeiny und anderen Lehrern. Verbunden mit *Fedayin-e-Islam* (Nawab Safawi) seit 1949, mehrmals verhaftet nach dem Sturz Mussadeghs (1953). Mitbegründer der Verbindung der kämpferischen Geistlichen; Mitglied des Rates der Islamischen Revolution während der Abwesenheit Khomeinys. Nach der Revolution beauftragt mit der Überwachung der Revolutionskomitees, vorübergehend Innenminister und Ministerpräsident in der Übergangsregierung nach der Ermordung seines Vorgängers, Bahonar, im September 1981. Während drei Jahren Mitglied des Wächterrates, der über die Vereinbarkeit der Gesetze mit dem Islam bestimmt. Seit 1982 hauptsächlich mit den Fragen der Einrichtung einer islamischen Universität befasst. Enger Mitarbeiter Khomeinys.

Mashhur, Mustafa, zweiter Mann der offziellen Muslimbrüder in Ägypten. Geb. 1922 in der Provinz Sharqiya. Abschluss in Mathematik an der Univ. Kairo. Schüler al-Bannas. Im Gefängnis 1948–52; 1954–65; 1965–71. Schriften über islamisches Recht und zur Verbreitung des Glaubens.

Mohtashemi, Ali Akbar (eigentlich Mohtashemipur), geb. 1946 in Teheran. Studierte Theologie in Qom und Najaf, arbeitete im Büro Khomeinys in Paris, nach der Revolution im Büro Khomeinys in Teheran und Qom, Mitglied des Aufsichtsrates der Islamischen Republik, Botschafter in Damaskus seit 1982. Hauptorganisator der Aktivitäten von Revolutionswächtern in Libanon, verwundet durch eine Paketbombe in Damaskus, wahrscheinlich Organisator der Geiselnahmen in Libanon. Innenminister von Oktober 1985 bis Juli 1989. Hauptvertreter der harten, revolutionären Linie im Parlament bis 1992, dann aber nicht mehr gewählt. Sprach sich 1991 gegen die Befreiung der Geiseln aus; besuchte mehrmals Libanon bis zum Jahr 1991, als die Geiseln auf Druck Rafsanjanis befreit wurden; befürwortete 1990 im Parlament, dass Iran auf seiten des *Iraks* in den Krieg (als «Heiliger Krieg» angesprochen) gegen die Amerikaner eintrete. Rafsanjani trat öffentlich dagegen auf. Gilt nach wie vor als eine Hauptfigur der radikalen, revolutionären Linie in der Innen- und Außenpolitik.

Mussawi, Abbas, geb. 1952 in der Umgebung von Baalbek (Nabi Chit), studiert in Sur (Tyros) und in Najaf (1970–78). Schüler von Bagher as-Sadr. Hilft 1978 die Hawza 'Ilmiya von Baalbek gründen (Wissenschaftliches Zentrum). Imam in der Moschee des Dorfes Schemstar bei Baalbek. Spaltet Hizballah von Amal ab. Verantwortlicher für militärische Koordination in Baalbek, dann für ganz Südlibanon (1988). 1991

Generalsekretär von Hizballah. Sein Vorgänger in dieser Position, *Subhi Tufayli*, galt als noch radikaler. Mussawi stand Rafsanjani näher. Mit Frau und Kind am 16. Feb. 1992 durch einen israelischen Helikopterangriff auf sein Automobil ermordet.

Mussawi Ardebili, Sayed Abdolkarim, Ayatollah, geboren 1926 in Ardebil. Theologiestudien in Qom seit 1942, Schüler Khomeinys, politisch aktiv in Qom seit 1960. Publizierte die Zeitschrift Maktab-e-Islam (Schule des Islams) gemeinsam mit Rafsanjani und anderen Geistlichen in Qom. Aktiv in Ardebil, seit 1971 Hauptimam einer Moschee in Teheran. Mitglied des Rates der Islamischen Revolution während der Abwesenheit Khomeinys. Nach der Revolution Generalstaatsanwalt. Oberster Richter nach Ermordung seines Vorgängers Beheshti im Jahr 1981. Gilt als eher gemässigter Politiker auf seiten der Befürworter einer staatlichen Rolle in der Wirtschaft; Hauptanliegen: die Islamisierung der Justiz. Einer der engen Mitarbeiter Khomeinys.

Mussawi Khamenei, Mir Hossein, geb. 1941 in Khamaneh bei Täbriz, verwandt mit dem geistlichen Führer Khamenei. Architekturstudium an der Nationalen Univ. von Teheran, dort Gründer einer islamischen Studentenvereinigung. Mitbegründer der Islamischen Republikanischen Partei Beheshtis. Kandidat der Partei für den Posten eines Aussenministers, wurde jedoch vom damaligen Präsidenten Bani Sadr blokkiert (1979), wurde aber nach dessen Sturz schliesslich doch Aussenminister. Im November 1981 Ministerpräsident gegen den Willen Khameneis. Befürworter von staatlich gelenkter Wirtschaft und staatlichen Wirtschaftseingriffen zugunsten der Armen. Seine Vorschläge für Landreform, Verstaatlichung des Aussenhandels, Vorzugsbedingungen für Kooperativen wurden vom Wächterrat (der die islamische Natur der Gesetze zu beurteilen hat) zurückgewiesen und daher im Parlament blockiert. Seit der Wahl Rafsanjanis zum Präsidenten (1989) aus den politischen Ämtern entfernt.

Nahnah, Mahfud, Chef der islamistischen Bewegung HAMAS in Algerien. Geb. 1938 in Blida. Militierte im FLN, Lehrer in Algier seit 1960. Verhaftet 1976, zu 15 Jahren Gefängnis verurteilt; befreit nach vier Jahren. Gründete 1988 die Gruppierung «al-Irschad wal-Islah» (Rechtleitung und Reform), publiziert Zeitschrift desselben Namens seit 1989. Mitglied des Rates der «Liga der islamischen Mission» (Rabita ad-Da'wa al-Islamiya), welche alle islamistischen Gruppen Algeriens vereint. Deren Vorsitzender ist Scheich *Ahmed Sahnoun*. Seine Gruppe, Hamas, wird Ende 1990 zur Partei. Enge Verbindungen mit Muslimbrüdern. Nahnah vertritt die algerischen Brüder im Internationalen Büro der Brüder. Gilt als gemässigter als FIS. Nahm während des Kuwait-Krieges nicht für den Irak Stellung, wie FIS es getan hatte. Nicht verhaftet.

Oezal, Korkut, geb. 1929 in Malatya, Bruder des türkischen Staatschefs und früheren Ministerpräsidenten Turgut Oezal. Ingenieur, ausgebildet in der Türkei und den USA, Professor an der Middle East Technical Univ. Direktor der staatlichen Erdölgesellschaft. Nach 1971 Abgeordneter der Partei Erbakans und dessen enger Vertrauter. Landwirtschafts- und Innenminister. Nach der Militärintervention von 1980 vor Militärgericht. Wurde darauf Geschäftsmann und trat in die von seinem Bruder aufgezogene Mutterlandspartei ein. Gilt dort als die Hauptfigur des pro-islamischen Flügels. Wurde einer der reichsten Geschäftsleute der Türkei.

Rafsanjani, Ali Akbar (mit vollem Namen Hashemi-Rafsanjani, Ali Akbar), Hojatolislam, geboren 1934 in Bahraman, Provinz Kerman, als 14jähriger «Talebe» (Theologiestudent) in Qom, Schüler Khomeinys für sieben Jahre. Nach dem Sturm der Truppen des Schahs auf die Faiziyeh-Lehrschule in Qom von 1963 für zwei Monate zum Militärdienst gezwungen. Erste Festnahme 1964 im Zusammenhang mit der Untersuchung über die Ermordung des Ministerpräsidenten Hosein Ali Mansour. Zweite Verhaftung 1967 wegen Beleidigung des Schahs; weitere Verhaftungen 1971 wegen Kontakten mit den Volksmujahedin, 1972 wegen Unterstützung der Familien politischer Gefangener, 1975 wegen Beziehungen zu den Volksmujahedin (Rafsanjani sagt, er habe damals ihre vom Islam abweichenden Lehren korrigieren wollen). Er soll total zwischen zwei und vier Jahren in den Gefängnissen des Schahs zugebracht haben. R. gehörte zum Rat für die Islamische Revolution, den Khomeiny nach seiner Entfernung aus Iran hinter sich zurückliess. Er ist eines der wenigen prominenten überlebenden Mitglieder dieses Rates. Andere führende Personen wie Mutahhari, Beheshti, Rajai wurden nach der Revolution ermordet.

Rafsanjani hat etwa 12 Bände Schriften verfasst, alle in persischer Sprache. Darunter ist auch eine ausführliche Biographie von Amir Kabir (Taqi Mizra), dem Minister, der im 19. Jahrhundert versuchte, Iran zu reformieren, aber vor Abschluss seines Werkes 1852 auf Anstiften Nasir Shahs ermordet wurde (*Amir Kebir, ein Held des Anti-Kolonialismus*, Teheran 1967, zweite Auflage 1983). Dies zeigt weiter gespannte politische und soziale Interessen als jene der meisten Gottesgelehrten.

Nach der Revolution wurde Rafsanjani Parlamentspräsident und behauptete diese Stellung während 9 Jahren. Gleichzeitig wirkte er als der Abgesandte Khomeinys, vorübergehend als Innenminister, gegen Ende des iranisch-irakischen Krieges als Oberkommandant der Armee und Koordinator mit den Revolutionsgarden. Er war eine der Hauptpersonen im Versuch, gegen die amerikanischen Geiseln in Libanon Waffen für Iran zu erhalten («Iran gate»). Doch besass er dabei offenbar die Zustimmung und Deckung Khomeinys. Seine Stimme war die gewichtigste, die Khomeiny 1988 dazu überredete, dem Krieg ein Ende zu machen. Hauptargument dürfte gewesen sein: der Krieg müsse enden, damit die iranische Revolution nicht zusammenbreche.

Rafsanjani wurde nach dem Tod Khomeinys (1988) in Absprache mit Khamenei (s. dort), dem Nachfolger Khomeinys als Geistlicher Führer, am 28. Juli 1989 zum Präsidenten gewählt, nachdem durch Verfassungsänderung das Amt des Ministerpräsidenten abgeschafft und der Präsident Oberhaupt der Exekutive geworden war. Er schaltete die radikale Tendenz der iranischen Revolutionäre schrittweise aus, indem er sie zuerst aus der von ihm selbst geleiteten Exekutive und später, in den Wahlen von 1992, auch aus dem Parlament entfernte. Er tritt für eine Politik der wirtschaftlichen Liberalisierung und der aussenpolitischen Öffnung ein, ist aber darauf angewiesen, Streit innerhalb der geistlichen Führungsschicht Irans zu vermeiden, und daher immer wieder gezwungen, auf die Wünsche und Slogans der Radikalen Rücksicht zu nehmen. Die Bevölkerung erhoffte sich von ihm schon unmittelbar nach seiner Wahl eine rasche Verbesserung ihrer wirtschaftlichen Lage, doch diese ist auch drei Jahre später noch nicht eingetreten.

As-Safti, Majdi, Chef einer islamistischen Gruppe, «An-Najun min an-Nar» (die dem Feuer Entronnenen) in Ägypten. Geb. 31. 12. 1958, Arzt im Dorf Kharkaniya während 4 Jahren. Gründet dort seine Gruppe zusammen mit Mahmud Kazem *Abdel-Qawi* und Yusri *Abdel-Mun'em.* Verurteilt die ägyptische Gesellschaft als «heidnisch». Fordert «Auswanderung» (Hijra) aus ihr. Anschläge gegen zwei ehemalige Innenminister, denen er Folterungen vorwirft: Hassan Abu Bascha und Nabawi Isma'il, sowie gegen den Journalisten und Vorsitzenden des (offiziellen) Journalistenverbandes, Makram Muhammed Ahmed, des Herausgebers von «al-Musawwar» (Die Illustrierte). Von der Polizei verfolgt, flieht er aus seinem Dorf und aus Ägypten, soll sich im Sudan aufhalten.

Taha, Ali Osman Muhammed, geb. 1947, der Zweite Mann der NIF des Sudans nach at-Turabi. Führer der Islamisten an der Universität Khartum, Präsident der Studentenvereinigung 1969–70, Advokat 1971–72, Richter 1972–75, bekannt für seine besonders strengen Urteile gegen Prostituierte; Parlamentsabgeordneter und Vorsitzender der parlamentarischen Kommission für Aussenpolitik 1982–84. Nach dem Sturz Numeiris Kandidat der NIF für die Ministerpräsidentschaft. Mitglied der Gesellschaft für islamisches Denken und islamische Kultur zusammen mit Sadek al-Mahdi und bekannten Intellektuellen. Mitglied der Leitung der Islamisch-Afrikanischen Hilfsgesellschaft, einer der wichtigsten NGO (non governmental organisation) der Islamisten. Gilt heute als der Vorsitzende einer schattenhaften «Kommission der 40», die von vielen Sudanesen als die «eigentliche Regierung» des Landes angesehen wird, und damit als der geheime eigentliche Regierungschef. Soll eine bedeutende Rolle bei der Organisation des Militärputsches gespielt haben, der die Islamisten zur Macht brachte. Gilt als eine Person von grosser Arbeitskraft und ebensogrosser Inflexibilität.

at-Turabi, Hassan, Dr., Chef der Nationalen Islamischen Front (NIF) im Sudan. Geb. 1930 in Kassala. Dr. der Rechte an der Sorbonne 1964. Gemahl der Schwester von Sadeq al-Mahdi (d. h. des Chefs der «Ansar» = Mahdi-Anhänger, mehrmals Ministerpräsident). Muslimbruder seit den fünfziger Jahren; seit 1964 Chef der Brüder im Sudan. Verlässt die Brüder mit einer Mehrheit von anderen Leitern 1977, weil er ein Nationales Versöhnungsangebot des Staatschefs Numeiri annehmen will. Justizminister 1979, fördert die Pseudo-Islamisierung Numeiris von 1983, kritisiert sie aber im letzten Moment vor dem Sturz Numeiris von 1985. Gründet NIF als islamistische Massenpartei, gewinnt 51 von total 301 Sitzen in den Wahlen von 1986. Beeinflusst und lenkt aus dem Hintergrund den General *Hassan Omar al-Baschir*, der am 30. Juni 1989 durch einen Coup die Macht ergriffen hat. Enge Verbindungen mit Iran.

Türkeş, Alparslan, geboren 1917 in Nikosia, Zypern, kam als 16jähriger mit seinen Eltern in die Türkei. Kadettenschule, Offizierspatent 1939. Vorübergehend wegen nationalistischer und pan-türkischer Äusserungen in Haft, nach dem Krieg zu Studienzwecken in Deutschland und den USA. Er war als Oberst am Putsch von 1960 beteiligt und gehörte zu dem Komitee von 38 Offizieren, die danach die Geschäfte des Staates leiteten. Er wurde zusammen mit anderen 13 ausgeschlossen, weil sie für eine auf unbestimmte Zeit fortdauernde Militärherrschaft eintraten, die Mehrheit jedoch zur Demokratie zurückkehren wollte.

Militärattaché in Neu Delhi. 1965 Präsident der *Partei der Nationalen Bewegung*, die sich durch einen scharfen Nationalismus auszeichnete. Ihre Aktivisten waren Vorkämpfer gegen alle Vertreter der Linken, besonders an den Universitäten. Sie treten auch scharf gegen die türkischen Minderheiten auf, Kurden, Aleviten u. a.

Nach dem Militärputsch von 1980 wurde die Partei verboten und vor Gericht für die blutige Agitation – auf dem rechten Flügel – zur Verantwortung gezogen, die dem Militäreingriff vorausgegangen war. Türkeş stand mit 580 Parteifreunden vor Gericht, doch wurde das Verfahren am Ende eingestellt. Das Hauptaugenmerk der damaligen Militärmachthaber richtete sich gegen die Linke.

Türkeş ist ein radikaler Nationalist und türkischer Rassist, doch in den letzten Jahren hat seine Partei sich den islamistischen Thesen angenähert, weil die islamische als die grosse Zeit der Türkei gesehen wird und der Islam als ein wichtiger Bestandteil des Türkentums gilt. Die heutige Lage in Zentralasien, an der die Türkeş-Anhänger als Panturanisten stark interessiert sind, dürfte sie in ihrer neuen Ausrichtung bestärken, die darauf ausgeht, auch den Islam zu betonen. Seine Partei wurde 1980 verboten, erstand jedoch neu unter dem Namen *Nationalistische Arbeitspartei.*

Ähnlich wie Erbakan konnte Türkeş in den siebziger Jahren Gewinn aus dem Gleichgewicht der grossen Parteien ziehen, um in Regierungskoalitionen aufgenommen zu werden. Als Minister sorgten seine Anhänger und er selbst dafür, dass sie möglichst viele Vertreter in den Ministerien unterbringen konnten. Das Innenministerium gilt als besonders stark von den Anhängern Türkeşs unterwandert.

Yasin, Abdus-Salam, geb. ca. 1928, marokkanischer Islamist. Chef der Gruppe «al-Adl wal-Ihsan» (Gerechtigkeit und Wohltaten), Sohn eines Berberbauern, Arabischlehrer, Inspektor des Grundschulwesens. 1965 Mystiker, später politisch orientiert. Offener Brief an König Hassan II, «der Islam oder die Sintflut», 1974. Verhaftet und im Gefängnis bis 1980. Veröffentlicht die Zeitschrift «al-Jema'a» ab 1980 bis zu ihrem Verbot 1983. Später «as-Subh», dann «al-Kitab». Alle verboten. Verbreitet Kassetten. 1983 zu zwei Jahren Gefängnis verurteilt. Seit 1985 in Salé bei Ribat. Dort Zwangsresidenz seit 1989. Verhaftet im Jan. 1990, noch im Gefängnis.

Hauptquelle: Arabies, Paris; No 63, März 1992, S. 28 ff
Zusammenstellung von Naji Khlat.

Glossar

Ahl al-Kitab, «Leute des Buches», s. Schutzbefohlene (Dhimmi)

Âl Muhammed, die Familie Muhammeds im Sinn seiner Nachkommen über Ali und Hussein, s. Schi'a

Alawiten (Alawi), der volkstümliche Name für eine islamische Sekte, die wissenschaftlich Nusairi genannt wird. Ihre Mitglieder selbst nennen sich «al-Mu'minûn», die Gläubigen. Ihre Geschichte lässt sich zurückverfolgen auf Ibn Nusair, der im 9. Jahrhundert in Bagdad lebte und sich im Jahr 245 der Hijra, der islamischen Zeitrechnung, zum Bâb (Tor, Zugang) des zehnten schiitischen Imams erklärte. Doch als der wahre Gründer der Sekte kann Husain Ibn Hamdan Khasibi gelten, der 957 starb und dessen Grab in Aleppo gezeigt wird, wo es unter der Bezeichnung «Scheikh Bairak» bekannt ist. Seine 51 Schüler und deren Nachfolger haben eine Lehre ausgearbeitet, die auf Emanationsvorstellungen beruht. Gottes Geist stieg über verschiedene Stationen bis zu den Menschen, ja sogar zu den Frauen und den Tieren hinab und weiter bis zur inerten Materie. Umgekehrt suchen die Gläubigen zu ihm emporzusteigen. Dieses Grundschema ist angefüllt mit abstrakter Spekulation, die es je nach Gelehrtem variieren und nuancieren kann. Vorstellungen aus der antiken Philosophie und gnostischen Lehre fanden Eingang, parallel dazu muss sich eine Volksreligion entwickelt haben, auf die allerhand animistische Vorstellungen Einfluss nahmen. (Vgl. R. Dussaud, Histoire et Religion des Nosairis, Paris 1900; und ECI, 1. Ausgabe unter Nusairi.)

In der französischen Mandatszeit versuchten die Franzosen einen alawitischen Staat, neben einem drusischen und anderen Kleinstaaten, in Syrien einzurichten. Doch dieser wurde unmittelbar nach der Unabhängigkeit Syriens aufgelöst.

Der heilige Mann der Alawiten, Sulaiman Murschid, dessen politisch-religiöse Aktivitäten die Franzosen unterstützt hatten, wurde 1947 in Damaskus gehenkt. Der heutige Staatschef Syriens, Hafez al-Asad, stammt aus ihrer Gemeinschaft und verwendet oft Alawiten, Verwandte und andere Religionsgenossen, als seine politischen Vertrauensleute. Er ist aber gleichzeitig auch bemüht, als ein rechtgläubiger Sunnite in Erscheinung zu treten.

Alevismus-Bektaşismus, die anatolische Version des Alavismus. Sie steht unter Einwirkung des Sufi-Ordens der Bektaşi (Vgl. J. A. Dierl, Geschichte und Lehre des anatolischen Alevismus-Bektaşismus, Wien 1983), s. Alawiten

«Almosensteuer» (Zakat), Einer der fünf Pfeiler des Islams. Die anderen sind: Glaubensbekenntnis, Ritualgebet, Ramadan-Fasten und Pilgerfahrt. Ein jeder Muslim soll die Zakat einmal im Jahr entrichten von seinen Feldfrüchten, Tierherden und Gold und Silber sowie Waren, die sich seit einem Jahr in seinem Besitz befinden. Es gibt jedoch ein steuerfreies Minimum. Die Raten werden verschieden angesetzt je nach Art des Gutes. Für landwirtschaftliche Erträge gelten zehn Prozent, aber fünf Prozent, wenn es sich um bewässertes Land handelt. Für Gold, Silber und Waren werden 2,5 Prozent berechnet. Empfänger der Zakat sollen nach Koran 9/60 acht Gruppen sein: Arme, Bedürftige; die, welche sich um sie (die Armen) bemühen; die, deren Herzen gewonnen sind; weiter (zur Befreiung von) Sklaven; Schuldner; jene, die sich auf dem Weg Gottes bemühen, und Wanderer. «Die, deren Herzen gewonnen sind» sollen nach den Koranauslegern die damaligen Empfänger politischer Subsidien unter den Araberstämmen gewesen sein.

Die Sunniten pflegen ihre Zakat dem Staat anzuvertrauen. Die modernen Staaten ernennen Kommissionen, die sie empfangen und verwenden sollen. Die Schiiten entrichten ihre Zakat direkt einem Gottesgelehrten ihres Vertrauens. Neben diesen obligatorischen Almosen gibt es noch «Sadaka», die individuelle Wohltat, die aus freiem Ermessen gegeben wird. Am Ende des Ramadan ist eine besondere Zakat zu entrichten, die aus Lebensmitteln besteht.

Analogieschlüsse (Qiyas), eine der Grundlagen des islamischen Rechtes, s. Gottesgesetz

Batin, der innere Sinn des Korans, s. Schi'a

Bukhari, Muhammed Ibn Ismail (810–870), berühmter Hadith-Fachmann; Verfasser des «Sahih», s. Sunna

Dâ'i «Rufer», Missionar, Agent der Fatimiden, s. Schi'a

Dhimmi, s. Schutzbefohlene

Diskretionalstrafen (Ta'zir), s. Strafvorschriften (Hudûd)

Drusen, s. Schi'a

Fatimiden, Dynastie in Ägypten, s. Schi'a

Gemeinwohl (Maslaha), mögliche Rechtsquelle, s. Sunna

Ghaiba, Verborgenheit, s. Schi'a

Ghulû' (Übertreiber), extreme Schiiten, s. Schi'a

Hadith, Überlieferung von Propheten, s. Sunna

«Gottesgesetz» (Scharî'a), die Wurzel des Wortes bedeutet «Weg, Strasse». Gemeint ist die «Strasse», die zum Seelenheil führt. Man hat sich das Gottesgesetz nicht als einen Gesetzescodex vorzustellen, sondern vielmehr als eine reiche religiöse und juristische Bibliothek, die der Gegensätze und Widersprüche nicht entbehrt. Die rein religiösen Komponenten der Scharî'a sind dadurch gegeben, dass sie auch das gesamte islamische Ritual regelt. Wie man beten soll, wie man vor dem Gebet die Waschungen vornehmen soll und vieles andere mehr.

Nur ein geringer Teil der Koranverse, ungefähr ein Dreissigstel, 200 von 6000 Versen, befasst sich mit Geboten und Verboten, die als Grundlagen für ein Gesetz dienen können. Dazu gehören einige Erbregeln, das Verbot von Schweinefleisch und von Alkohol, von Glücksspielen und Wucher sowie einige *Strafvorschriften (Hudûd)* (s. dort) wie das Handabschneiden für Diebstahl und einige andere.

Doch die Scharî'a geht darauf aus, das ganze Leben der Muslime in jeder Hinsicht zu bestimmen (darunter befinden sich auch die gesamten Ritualvorschriften). Um das ganze Menschenleben und den ganzen Gottesdienst umfassende Regelungen aufzustellen, mussten andere Quellen zugezogen werden. Die wichtigste waren das Verhalten des Propheten und seine Ansichten und Meinungen (*Sunna* s. dort). Darüber wurden gewaltige Sammlungen angelegt. (Fachbegriff: *Hadith*, «Überlieferung»). Doch gibt es auch falsche Hadithe, die geschmiedet wurden, um einer bestimmten Meinung Gewicht zu geben. Deshalb entstand eine spezifische Hadith-Wissenschaft, die zwischen den «gesunden» und den «schwachen» Hadithen zu unterscheiden sucht. Die als «gesund» eingestuften wurden in verschiedenen als kanonisch geltenden Sammlungen zusammengestellt (z. B. der «Sahih» des Bukhari).

Als weitere Gesetzesquellen wurden Analogieschlüsse, der Konsensus der Gelehrten *(Ijmâ')* und als letzte das Allgemeinwohl der muslimischen Gemeinschaft zugelassen. Daraus haben die Gelehrten des 7., 8. und frühen 9. Jahrhunderts Gesamtsammlungen zusammengestellt, manche rein kasuistischer Art, also Einzelrechtsfälle, die als Präzedenzfälle Verwendung finden können, so etwa die Schule des Malek Ibn Anas, die heute noch in Nordafrika gilt. Andere sind eher systematischer Art, indem sie versuchen, allgemeine Regeln aufzustellen, so etwa der Ägypter Schafe'i und seine Rechtsschule.

Vier dieser Gesamtsammlungen wurden «orthodox», indem sie sich gegenseitig als rechtsgültig anerkannten. Dies sind die vier Madhâhib (Singular: *Madhhab*) der Sunniten: Maleki, Schafei, Hanbali, Hanafi. Jeder (sunnitische) Muslim soll einem von ihnen folgen, sie aber nicht vermischen.

Die Schiiten besitzen ähnliche Zusammenfassungen ihres leicht abweichenden Gottesrechtes, das man oft als *Ja'fari* (s. Schi'a) bezeichnet, nach dem schiitischen Imam Ja'far, der viel davon niedergelegt hat.

Die «Rechtsfindung», genauer: Ermittlung des göttlichen Willens, dem man nachleben möchte und soll, wird *Ijtihad* genannt, von der gleichen Wurzel, «Anstrengung», aus welcher der Begriff «Jihad» gebildet wird (s. «Heiliger Krieg»).

Die Sunniten haben jedoch im 14. Jahrhundert «das Tor des Ijtihad geschlossen», d. h. die Meinung gefasst, es bedürfe keiner neuen Rechtsfindung mehr, da alle denkbaren Fälle bereits durch frühere Entscheide (Präjudizien) gelöst seien. Es gehe nur noch darum, die früheren Entscheide der grossen Vorgänger auf die gegenwärtigen Fragestellungen und Rechtsfälle anzuwenden. Die sogenannten *Modernisten* (s. dort) möchten dieses Tor heute wieder öffnen, um den Fragen und Notwendigkeiten der heutigen Zeit gerecht zu werden. Die *Traditionalisten* wollen sich an die hergebrachten Traditionen halten und ausschliesslich ihnen allein folgen (Taqlid).

Wie Murad Hofmann bemerkt: «Alle echten Muslime begehren die Einführung der Schari'a. «Doch sie sind sich oftmals nicht im Klaren darüber, auf welchen Zeitpunkt in der islamischen Rechtsentwicklung sie bei der Einführung der Scharia zurückgreifen möchten. Zu vermuten ist allerdings, dass vielen eine Rechtsordnung vorschwebt, wie sie sich im 15. Jahrhundert verfestigt hatte, als die unselige Auffassung vom «Schliessen der Türe» (taqlid) für verantwortliche Neuauslegung (ijtihad) bereits zu einer Erstarrung des Systems geführt hatte. Das wäre dann ein Fundamentalismus, der schon vor den Fundamenten haltmacht.» («Der Islam als Alternative» München 1992, S. 152.)

Nicht alle Gelehrten der späteren Zeit haben sich der Schliessung der Tore des Ijtihad gefügt. Manche nahmen für sich in Anspruch, ihren eigenen Ijtihad vorzunehmen. Jeder *Mufti* ist strenggenommen ein Mujtahid (= Ausübender des Ijtihad) und jeder Mujtahid auch gleichzeitig ein «Muqallid» (d. h. Gefolgsmann des Taqlid, der Tradition), da niemand ohne gewisse Traditionen auskommt.

Ein Mufti wird vom Staat oder von Einzelpersonen um seine Meinung befragt; ein Mujtahid kann sich selbst befragen. Doch diese Unterscheidung ist eher akademisch, weil ein Mufti die Stellung spezifischer Fragen an ihn selbst organisieren oder sogar fingieren kann.

Die Schiiten haben nie das Tor des Ijtihad geschlossen. Dies hängt damit zusammen, dass ihre Gottesgelehrten gemeinsam den verborgenen Imam, al-Mahdi (s. Schi'a), vertreten und folglich in dieser Funktion Ijtihad üben können. Mujtahid (den Ijtihad Ausübender) ist daher der höchste Titel, den ein schiitischer Geistlicher führen kann.

Die Frage des Anwendungsbereiches der Schari'a ist heute von besonderer Aktualität. In der Vergangenheit hat neben ihr immer auch Gewohnheitsrecht bestanden, und es gab Recht, das der Herrscher von sich aus anwandte. Das Gewohnheitsrecht (Adât = Gewohnheiten) wurde vom Propheten selbst zugelassen. Er liess es gelten, solange es nicht mit dem Gottesrecht in Konflikt geriet. Die Herrscher pflegten sich weite Rechtsbereiche für ihre eigene Rechtsprechung, oft arbiträrer Natur, vorzubehalten, etwa alles, was mit der Staatssicherheit zusammenhing.

Für Handel und Gewerbe benötigte man immer ein eigenes, in dieser Richtung ausgebautes Vorschriftensystem, das auf Gewohnheit, auf Zunftvorschriften oder auf Anordnungen der Regierung beruhen konnte. Wenn die heutigen Islamisten ein Rechtssystem fordern, das einzig auf der Schari'a zu beruhen habe, verlangen sie etwas, das es bisher im Islam nie gegeben hat.

(Vgl. Muhammed Said al-Ashmawi: L'islamisme contre l'Islam, franz. Übersetzung Paris und Cairo 1989, besonders Teil 6, «La codification de la Schari'a» S. 93–105. Für Einzelheiten, Präzisionen und Quellen der gesamten schwierigen Materie s. ECI 1 unter Shari'a und ECI 2 unter IJTIHAD. S. 1026. Für die historische Entwicklung s. H.A.R. Gibb, Muhammedanism, an historical survey, Oxford 1953, Kapitel 6, The Shari'a.)

Hadith, «Überlieferung», Überlieferung vom Sagen und Tun des Propheten, s. Sunna

«Heiliger Krieg» (Jihad), einer der arabischen Fachbegriffe, für die es keine angemessene Übersetzung gibt. Die Wortwurzel bedeutet «sich anstrengen», das daraus abgeleitete Substantiv «Anstrengung» kann die Bedeutung einer «Anstrengung auf dem Wege Gottes» besitzen, was verschiedenes meinen kann, Bemühen um die Erfüllung des Gottesgesetzes durch die eigene Person, aber auch Anstrengung mit den Waffen in der Hand, um den Islam zu verteidigen oder zu verbreiten. Die innere Anstrengung wird der grosse Jihad genannt, die nach aussen gerichtete der kleine Jihad.

Insofern der Jihad Kriegsführung meint, unterliegt er spezifischen Einschränkungen. Offensiv darf er nur geführt werden, wenn ein vollgültiger Nachfolger des Propheten ihn anordnet (oder der Prophet selbst); da es einen solchen zur Zeit nicht gibt, kann heute Jihad nur defensiv sein, d. h. nicht zur Ausbreitung, sondern nur zur Verteidigung des Islams dienen. Die Gelehrten (und die Politiker) können sich freilich streiten, wo genau die Offensive beginnt und die Defensive aufhört. Gibt es Offensivkriege mit defensiver Zielsetzung und Absicht?

Es kommt oft vor (in der Praxis in fast jedem Krieg), dass ein Politiker versucht, den Krieg, den er führt, als Jihad zu erklären. Dies geschieht schon darum, weil in muslimischer Sicht der Krieg von Muslimen gegen Muslime sündhaft und illegitim ist. Wer gegen andere Muslime Krieg führt, versucht also zu behaupten, er führe Jihad und seine Gegner seien «Ungläubige». Er verstösst dabei allerdings gegen eine andere Grundregel, nach welcher kein Muslim einen anderen als Ungläubigen «verketzern» soll.

Der Aufruf zum (unberechtigten) Jihad erfolgt so oft und so leicht, weil er seine Wirkung auf die einfachen Muslime nie ganz verfehlt. Ein Gewaltherrscher, der ihn ausrufen will, wird immer irgendeine von seiner Herrschaft abhängige, mehr oder minder authentische religiöse Autorität finden, die seinem angeblichen Jihad zustimmt. Andere Religionsgelehrte, die ausserhalb seines Herrschaftsbereiches stehen, werden den so entstandenen angeblichen Jihad ablehnen und die Gründe ihrer Ablehnung bekannt machen. Doch möglicherweise handeln sie dabei im Interesse jenes Machthabers, gegen den der Pseudo-Jihad erklärt wurde.

Die Landeskinder und Untertanen des ersten Gewaltherrschers werden durch Zensur und Propaganda daran gehindert, die kritischen Meinungen der Aussenstehenden zur Kenntnis zu nehmen. Sie glauben deshalb mit mehr oder weniger Gewissheit, dass sie sich tatsächlich «auf dem Wege Gottes anstrengen», wenn sie für ihren Machthaber kämpfen.

(Ein ausführliches Werk über Jihad in seiner kriegerischen Bedeutung ist Jean-Paul Charnay: L'Islam et la guerre, De la guerre juste à la révolution sainte, Paris 1986. Vgl. auch ECI[2] unter Djihad, der Verfasser, E. Tyan, erklärt die «moderne These», nach der Jihad heute nur defensiv sein könne, als «rein apologetisch».)

Hudûd, «Strafvorschriften», s. Strafvorschriften

Ijmâ', «Konsensus der Gelehrten», kann als Rechtsquelle der Schari'a dienen; s. «Gottesgesetz»

Ijtihâd «persönliche Anstrengung», das Bemühen, das Gottesgesetz aus eigener Geisteskraft zu verstehen. Nur für eine Person zulässig, die über die notwendigen Kenntnisse verfügt. Diese heisst «Mujtahid», was auch einen der höchsten religiösen Titel für Gelehrte, besonders der Schiiten darstellt; s. Gottesgesetz.

Imam, Nachfahre Alis und Husseins, Leiter der schiitischen Gemeinde, nach schiitischem Glauben mit übernatürlichem Wissen und Kräften ausgestattet; s. Schi'a.

Das Wort bezeichnet auch den Vorsteher einer Gemeinde oder Moschee und den Vorbeter beim gemeinsamen Gebet. In diesem Sinne bei Sunniten und Schiiten verwendet. Imam kann auch der Ehrentitel eines grossen Gelehrten sein.

Islah, «Reform», s. Modernisten

Ismailiten, «Siebener Schiiten», s. Schi'a

Ja'far, der sechste Imam der Schiiten, s. Schi'a

Jihâd, «Heiliger Krieg», s. «Heiliger Krieg»

Jizya, Sondersteuer für Dhimmi, s. Schutzbefohlene

Kerbelâ, Grabstätte Husseins, Pilgerstadt der Schiiten, s. Schi'a

Khalifa, «Kalife», der rechtmässige Nachfolger des Propheten als Leiter der Gemeinschaft der Gläubigen (Umma). Die Gelehrten streiten sich, ob er zum Stamm des Propheten, Quraish, gehören muss oder nicht. Dies nach Ansicht der Sunniten, nicht der Schiiten, s. Sunna

Kharijiten, puritanische Sekte des Islams, die sich von Ali nach der Schlacht von Siffin lossagte. Heute noch existent als Ibaditen, auch Abaditen genannt, in Nordafrika und Oman, s. Schi'a

«Leute des Buches» (Ahl al-Kitab), sind Dhimmi, s. Schutzbefohlene

Madhhab, «Rechtsschule», s. Sunna

Mahdi, «der Rechtgeleitete», Titel des 12. Imams der Schiiten, s. Schi'a. Das Wort al-Mahdi steht auch für eine Art von Messias des Volksislams, von dem angenommen wird, er werde am Ende der Zeiten kommen und die Weltherrschaft des Islams aufrichten. Daher der Mahdi, der sich 1881 im Sudan gegen die Engländer und Ägypter erhob. Sein voller Name war Muhammed Ahmed Ibn Abdallah, und sein Nachfahre, Sadik al-Mahdi, führt heute die grösste politische Partei des Sudans an, al-Umma genannt (d. h. die Gemeinschaft sc. der Gläubigen).

Sie ist zur Zeit verboten. Sadik al-Mahdi war mehrfach Ministerpräsident des Sudans.

Mawâli, «Gefolgleute», «Klienten», Position der Nicht-Araber unter den Muslimen der ersten Jahrhunderte. Entgegen der islamischen Lehre hatten sie sich einem arabischen Stamm als «Klienten» anzuschliessen und waren ihm damit unterstellt, s. Schi'a

Meschhed, «Märtyrerstätte», Pilgerstadt des Schiismus, Grab des 10. Imams Reza, Ort der erwarteten Wiederkehr des 12. Imams, s. Schi'a

Modernisten, so nennen die europäischen Beobachter die Theologen, die versuchen, den Islam mit den Erfordernissen der Zeit in Einklang zu bringen. Der Ägypter *Muhammed Abduh* († 1905) war zweifellos der wichtigste von ihnen. Doch der Begriff wird mehr von den westlichen Beobachtern und Orientalisten gebraucht als von den muslimischen Theologen selbst. Diese nennen sich lieber Gefolgsleute des «gesunden Herkommens» oder «der frommen Vorväter» (as-salaf as-sâlih), weil sie nicht als Menschen angesehen werden wollen, welche ihre angestammte Religion an die neue Zeit «anpassen». Die Religion gilt ihnen als das Feststehende. Es geht für sie vielmehr darum, sie richtig zu verstehen und zu interpretieren, was ihrer Ansicht nach notwendigerweise dazu führen muss, dass sie mit den Erfordernissen einer gesunden Vernunft übereinstimmt.

Der Begriff «Modernist» ist als Gegensatz zum «Traditionalisten» geprägt; dafür gibt es den arabischen Begriff des «Muqallad», jenes, welcher der Tradition (taqlid) folgt. Im Gegensatz zu ihm fordert der «Modernist» sein Recht, sein eigenes Verständnis der Religion einzubringen (Ijtihad, s. «Gottesgesetz» [Schari'a]) und nicht bloss, wie der Traditionalist, den Meinungen seiner berühmten Vorgänger zu folgen.

In ähnlicher Weise sprechen die Nicht-Muslime oft von «Reform des Islams», und die Muslime selbst gebrauchen den Terminus «Islah», was Korrektur, Rechtstellung, Reparatur und in diesem Sinne «Reform» bedeutet, weil der Islam nicht wirklich re-formiert werden kann, nur von Missbräuchen und ungerechtfertigten Auswüchsen gereinigt und in seiner Reinheit neu, echt, wirklich verstanden. (Zu Abduh und seinem «Modernismus», s. Albert Hourani, Arabic Thought in the Liberal Age, 1798–1939, Oxford 1962, S. 130–192.) Als «Modernisten» unserer Zeit können Muhammed Arkoun und Ali Merad genannt werden, beide lehren in Frankreich, s. die relativ leicht verständlichen Schriften Arkouns: La pensée arabe, Paris 1984, und: Ouvertures sur l'Islam, Paris 1989, vor dem Weiterschreiten zu seinen schwierigeren Werken, sowie den ausführlichen Artikel von Ali Merad in ECI^2 unter «Islah» vol. 4, S. 141–171; von Ali Merad auch: L'islam contemporain, Paris 1984.

Mufti, Sunnitischer Gelehrter, der befähigt ist, ein Rechtsgutachten nach der Schari'a abzugeben. Meist von der Regierung angestellt, beantwortet Anfragen der Regierung oder Privater. Sein Gutachten heisst *Fatwa*, s. Sunna.

Mujtahid, Gelehrter, der fähig ist, den Ijtihad (s. dort) auszuüben, vor allem im Schiismus, weil die Sunniten im 14. Jhdt. «das Tor des Ijtihad geschlossen» haben, s. Sunna

Nass, der Geist, der nach schiitischem Glauben von Imam zu Imam weitergegeben wird und übernatürliches Wissen verleiht, s. Schi'a

«Pfeiler des Islams», s. «Almosensteuer»,

Qarmaten, extreme schiitische Sekte, aktiv im 10. Jhdt., s. Schi'a

Rechtsschulen (Madhâhib), s. Sunna

Schahid, «Märtyrer», s. Schi'a. Auch nach sunnitischem Glauben ist ein in einem echten Jihad gefallener Muslim ein Märtyrer, s. «Heiliger Krieg»

Scharî'a, s. Gottesgesetz

Schi'a, Schi'iten, schi'itisch, die volle Bezeichnung lautet: Schi'at Ali, d. h. die Partei Alis, der Kürze halber meist einfach Schi'a genannt. Der Ursprung dieser Parteiung geht auf den Krieg zwischen dem Schwiegersohn des Propheten, Gemahl seiner Tochter Fatima, 'Ali ibn Abi Taleb, mit Mu'awiya zurück, dem Begründer der Umaiyaden-Dynastie. Beide beanspruchten, die Nachfolge des Propheten, das Kalifat.

Die Anhänger Alis wurden in der Schlacht von Siffin 657 durch eine List der Frucht ihres Sieges beraubt. Mu'awiya liess seine Reiter Koranblätter an ihre Lanzen stecken, als er die Schlacht zu verlieren schien, um seine Gegner zu einem Waffenstillstand zu veranlassen. Ein Schiedsgericht sollte zwischen den Prätendenten entscheiden. Doch ein Teil der Frommen argumentierte, wenn Ali seiner Sache so ungewiss sei, dass er sich einem Schiedsgericht anvertraute, könne er nicht der Khalifa sein. Dies waren die *Kharijiten* oder «Hinausgetretenen».

Ali vernichtete ihre Armee, wurde aber selbst im Jahre 661 von einem Kharijiten ermordet. Mu'awiya wurde Khalifa und gründete die Dynastie der Umaiyaden in Damaskus.

Doch die Kämpfe zwischen Umaiyaden und der Partei Alis, d. h. der Schi'a, flammten in der nächsten Generation neu auf, als al-Hussein, der zweite Sohn Alis, noch einmal versuchte, die Herrschaft an sich zu reissen. Ein Feldherr Yazids, des Sohns Mu'awiyas, stellte ihn auf seinem Zug nach Kufa in Mesopotamien, das als ein Zentrum der Schi'a galt, und machte ihn und seine Familie nieder, bevor sie ihr Ziel erreichen konnten. Das Martyrium Husseins vom Jahr 680 bei *Kerbela* machte ihn zur Zentralfigur der schiitischen Opposition und zu deren erstem Märtyrer, Kerbela zur Heiligen Stadt der Schiiten.

Ein weiterer Versuch, die Umaiyaden zu stürzen, den der Alidenanhänger, Mukhtar, 685–87 ebenfalls in Mesopotamien im Namen eines Halbbruders Husseins unternahm, des Muhammed ibn al-Hanafiya, schlug wiederum fehl, und die Partei Alis wurde so zur mehr oder weniger im Untergrund wirkenden Oppositionspartei gegen die herrschenden umaiyadischen Kalifen und deren «sunnitische» Gefolgsleute.

Diese Opposition musste sich oft verstecken. Die späteren Schiiten entwickelten sogar eine Lehre, nach der es ihnen gestattet sei, ihre Zugehörigkeit zur Schi'a abzustreiten und geheim zu halten, wenn es um ihr Leben geht (Takiya). Doch die «Partei Alis» verlor nie ihre Vitalität, weil die Benachteiligten und mit der Herrschaft der Umaiyaden Unzufriedenen ihr zuneigten. Besonders oft hielten jene Muslime zu ihr, die als Nichtaraber gezwungen waren, sich den Arabern unterzuordnen, indem sie die Stellung von blossen Gefolgsleuten jener arabischen Stämme einnehmen mussten, die sie als Klienten annehmen wollten. Der Islam forderte, dass alle Muslime gleiche Rechte geniessen sollten, doch der arabische Rassenstolz trug dieser Vorschrift nicht Rechnung.

Diese Lage der Mawali erklärt, warum Iran, ein früh vom Islam erobertes, jedoch nicht arabisches Land, stets ein Zentrum des Schiismus gewesen war.

Die politische Opposition war gleichzeitig auch religiöse Opposition. Die Schi'a entwickelte ihre eigenen Glaubenslehren, die sich besonders um die Familie des Propheten «Âl Muhammad» rankten.

Ali und Hussein wurden zu beinahe prophetischen Figuren erhöht. Bei extremen schiitischen Sekten (*Ghulû'* = Übertreiber genannt) erhielten sie sogar gottgleiche Attribute. Ihre Nachkommen erschienen im Licht der legitimen Führer der wahren muslimischen Gemeinschaft, die immer wieder zu Märtyrern (*«Schahîd»* = Zeuge) wurden. Ihre Partei, eben die Schi'a, identifizierte sich mit den *Imamen* und war ihrerseits bereit, alle Opfer, bis zum Martyrium, für die Nachfahren Alis zu erbringen. Die Lehre von einem besonderen Geist («nass») wurde entwickelt, der von einem Imam zum nächsten übergehe und es den Nachfahren des Propheten ermögliche, den wahren «inneren» Sinn des Korans zu verstehen und daher Gottes Gebot verbindlich auszulegen. Das Innere, Verborgene, heisst arabisch «bâtin», und die Schiiten werden von ihren Kritikern aus diesem Grunde auch als «Bâtiniya», etwa «Leute des inneren Sinns», bezeichnet.

Manche der Nachfahren des Propheten und Alis lebten verborgen, andere wurden von den späteren Machthabern, besonders den Abbasiden, geehrt, aber natürlich immer auch als mögliche Usurpatoren der abbasidischen Herrschaft beobachtet und wenn nötig blutig niedergehalten. Für ihre Gefolgsleute, die Schiiten, waren sie die *Imame*, das heisst die rechtmässigen Vorsteher der islamischen Gemeinde, die einzig in der Lage waren, den wahren Sinn der koranischen Offenbarung zu verstehen und auszulegen.

Darüber jedoch, wer genau die Imamswürde besässe, konnte Streit entstehen, wenn ein Imam mehrere Söhne hatte. Der Islam kennt kein Erstgeburtsrecht. Eine erste Spaltung ereignete sich zur Zeit des fünften Imams, Baqer (starb 732), dem sein Halbbruder Zeyd, der 740 in einer Schlacht fiel, das Imamat streitig machte. Von diesem Zeyd stammt der Religionszweig der *Zeyditen* ab, die zuerst in Mazanderan (Nordpersien) und später bis 1962 in Nordjemen herrschen sollten.

Die Mehrheit der Schiiten folgte jedoch dem sechsten Imam, *Ja'far*, dem brillantesten unter den Imamen. Er war ein bedeutender Gelehrter, der die schiitische Rechtslehre zu grossen Teilen ausarbeitete, aber auch ein starkes Interesse an Alchemie entwickelte. Er lebte in Medina und soll auf Befehl des ersten Abbasidenkalifen, al-Mansur, vergiftet worden sein.

Nach Ansicht der Schiiten sind beinahe all ihre Imame von ihren abbasidischen Rivalen vergiftet worden und daher Märtyrer.

Ja'far hatte ursprünglich einen Sohn, Ismail, zum Nachfolger bestimmt. Doch Ismail starb vor seinem Vater. Auch sein Bruder Abdullah starb kurz vor dem Tod Ja'fars. Die Mehrheit der Schiiten folgte daraufhin Musa, dem Sohn einer Sklavin, der so zum siebten Imam wurde. Er starb 799 im Gefängnis in Bagdad; die Schiiten versichern, er sei ebenfalls vergiftet worden, und zwar auf Befehl des Kalifen. Doch eine Minderheit berief sich auf den verstorbenen Ismail; man nennt sie deshalb *Ismailiten*, oder *Siebener Schiiten*. Ihrer Ansicht nach war Ismail der letzte Imam; er ist nicht gestorben, sondern ging in die Verborgenheit ein und wird am jüngsten Tag wiederkehren.

Im Namen dieses verborgenen, siebten Imams wurde vor allem an den Randzonen des muslimischen Reiches unter Gruppen Propaganda getrieben, die mit den bestehenden Verhältnissen im abbasidischen Reich nicht zufrieden waren. Eine unter diesen Gruppen war besonders erfolgreich; sie rief in Nordafrika die Herrschaft des *Mahdi* (Rechtgeleiteten) aus, hielt sich anfänglich auf einer Halbinsel mit engem Zugang am Mittelmeer, wo sie die Stadt Mahdiya erbaute, und sandte Heere nach Ägypten aus, wo sie 969 Fustat, die alte Hauptstadt, eroberte und Kairo als neue Residenzstadt gründete.

Daraus wurde die grosse Dynastie der *Fatimiden* (nach der Tochter des Propheten und Gemahlin Alis), die bis 1171 in Kairo herrschen sollte. Sie bildete ein Gegenkalifat, das den Abbasiden die Stirne bot und zur Vormacht im östlichen Mittelmeerraum werden sollte.

Die Fatimiden schulten und sandten *«Rufer» (Dâ'i)* aus, ein Mittelding zwischen Missionaren und Agenten, die in den sunnitischen Gebieten für sie werben sollten. Auf die Aktivität solcher «Rufer» geht die *drusische* Geheimreligion zurück.

Die Siebener Schiiten standen auch hinter den Aufständen der *Qarmaten*, die um 890 Syrien, den Irak und die Arabische Halbinsel erschütterten.

Die heutigen *Ismailiten*, die den Agha Khan als ihren Imam verehren, stammen ebenfalls von ihnen ab.

Die Hauptlinie der Schiiten folgte weiteren fünf Imamen, deren wichtigster der achte, ar-Riza (arabisch ar-Ridha) gewesen ist. Er wäre beinahe Khalifa geworden, weil der Abbaside al-Ma'mun ihn zu seinem Nachfolger erhob. Er verheiratete ihn mit seiner Tochter und liess Münzen in seinem Namen schlagen. Doch die Araber des Iraks erhoben sich gegen dieses Vorhaben. Al-Ma'mun musste aus Persien gegen sie ziehen. Der Imam, der ihn begleitete, starb 818 auf der Reise im Flekken Tus. Die Schiiten glauben, er sei vergiftet worden, weil al-Ma'mun sich seiner entledigen wollte; Trauben oder Granatäpfel werden als Träger des Giftes genannt.

Der achte Imam ist in *Meschhed* begraben, der Name besagt «Ort des Martyriums», und um sein Grab erwuchs eines der wichtigsten Pilgerzentren des Schiismus.

Die späteren Imame lebten und starben – vergiftet, nach Ansicht der Schiiten – in Samarra, der Palaststadt der Abbasiden, nördlich von Bagdad. Der Zwölfte starb nach schiitischem Glauben nicht, sondern ging als achtjähriger Knabe in die Verborgenheit ein. Zuerst unterhielt er Verbindung mit den Gläubigen über besondere Boten und Vertraute. Als diese starben, ging er in die sogenannte *Grosse Verborgenheit* ein, aus der er nach dem Glauben der Schiiten erst wiederkehren wird, wenn das Ende der Welt bevorsteht. Unter den Titeln, die man dem zehnten Imam gibt, finden sich: al-Mahdi, der Rechtgeleitete; und al-Qâ'im bi amri-llah, der «Wiedererstehende auf Befehl Gottes», was man auch mit «Der sich auf Befehl Gottes Erhebende» übersetzen kann.

Wenn man die Lehre von der Verborgenheit rational erklären will, kann man sie als ein Instrument sehen, das dazu diente, die Gefolgsleute und Gläubigen eines Imams zusammenzuhalten, auch wenn der Imam selbst verschwand und keine glaubwürdigen Nachfolger hinterliess. Sie taucht auch in anderen Zweigen der schiitischen Gemeinschaften auf, und gewisse Theologen haben sie breit ausgearbeitet, während andere der Ansicht sind, man könne ein guter Schiite sein, auch wenn man nicht an die Verborgenheit und künftige Rückkehr des Imams glaube (s. Yann Richard: L'islam Chi'ite, Croyances et idéologies, Paris 1991, S. 62. Dieses Buch gibt eine hervorragende Gesamtschau des Schiismus bis in die Gegenwart).

Iran hatte viele schiitische Gruppen und Zentren, ähnlich wie der südliche Irak; doch erst 1501, mit seiner Eroberung durch Schah Ismail wurde Iran ein schiitisches Land, in dem der schiitische Islam regierte. Schah Ismail gehörte zu einem türkisch sprechenden Stamm, der dem extremen Schiismus anhing, den sogenannten Kizilbasch (Rotköpfen, wobei die roten Kappen gemeint sind). Seine Nachfahren, die Safawiden, haben den Schiismus zur Staatsreligion ihres Reiches erhoben, das Iran umfasste. Erst seit jener Zeit ist Iran das Kernland des Zwölfer Schiismus, und die schon alte Verbindung zwischen dem iranischen Volkstum und dem Schiismus verfestigte sich zu einer Art Staatsreligion. Doch blieben auch andere Zentren des Schiismus bestehen, in Südirak, in Südlibanon, in Pakistan und Indien, Bahrain, Saudiarabien, Asarbaidschan, Afghanistan u. a. Es gibt total etwa 80 Millionen Schiiten unter den rund 900 bis 1100 Millionen Muslimen der Welt.

Die vielen Unterdrückungen und Massaker, welche die Schiiten im Verlauf ihrer langen oppositionellen Geschichte erlitten haben, führten zu einem Kult des Märtyrerwesens und Leidens um der Religion willen, der ihre Religion im emotionalen Bereich stark vom kühleren Sunnismus unterscheidet. Nur im Schiismus gibt es religiöse Dramen, in denen das Martyrium Husseins dargestellt wird und die den Osterspielen unserer mittelalterlichen Tradition vergleichbar sind. Sie werden im muslimischen Monat Muharram aufgeführt, wenn sich, im Verlauf einer höchst emotionalen mehrtägigen Trauerperiode, am 10. des Monats das Martyrium Husseins jährt.

Die Rolle der Geistlichen wird dadurch erhöht, dass sie nach schiitischer Lehre – alle gemeinsam – den abwesenden Imam vertreten, bis zur Zeit seiner Wiederkehr.

«Schutzbefohlene» (Dhimmi), sind die «Leute des Buches» wie Christen, Juden, später auch Zoroastrier, u. a., deren Religion vom Islam geduldet wird, weil sie den Muslimen als eine Vorstufe der endgültigen Offenbarung des Islams gilt, wenngleich ihre Bücher als eine Entstellung der wirklichen Botschaft ihrer Propheten angesehen werden. Ihre Propheten gelten auch dem Islam als Propheten und Vorläufer Mohammeds. Die Schari'a schreibt bis in alle Einzelheiten fest, wie diese Schutzbefohlenen zu behandeln seien. Generell sollen sie auf einer niedrigeren Stufe stehen als die Muslime. Sie sind nicht an der Führung des Staates beteiligt, leisten keinen Militärdienst, entrichten jedoch eine Sondersteuer, die Jizya. Sie sollen ihre Religion diskret ausüben, z. B. nicht öffentliche Prozessionen durchführen, nicht ihre Glocken laut läuten, sogar nur ihre bestehenden Gotteshäuser reparieren, jedoch keine neuen errichten. Sie sollen keine Pferde reiten und keine allzu prächtigen Kleider tragen, durch Kleidung oder ein Abzeichen als Dhimmi kenntlich sein, den Muslim zuerst grüssen, ihm aus dem Weg gehen etc. Ein Muslim kann eine Dhimmifrau heiraten, jedoch ein Dhimmimann keine Muslimin, weil diese ihm dann unterstellt wäre. Die Kinder der Dhimmifrau und des Muslims sollen Muslime werden, und anderes mehr. All diese Vorschriften, mit Varianten je nach Rechtsschule, wurden manchmal strenger, manchmal weniger streng durchgeführt. Es gab in der islamischen Geschichte trotz der schari'a-Vorschriften manchmal christliche und jüdische Wesire.

Im modernen Zusammenhang der Nationalstaaten besteht – theoretisch – gleiches Recht für alle Bürger, gleich welcher Religion, und deshalb entsteht ein Widerspruch zwischen der Schari'a im Bereich der «Schutzbefohlenen» und dem geltenden zivilen Recht. Die Islamisten, etwa in Ägypten gegenüber den Kopten, benützen dies, um gegen den Staat und seine in ihren Augen nicht islamische Ordnung anzugehen. Weil sie auf der Schari'a gegründet ist, hält sich die Vorstellung vom muslimischen Staatsvolk und den nicht-muslimischen «Schutzbefohlenen», beinahe Untertanen, zäh auch in der heutigen durch Nationalstaaten – mit dem Anspruch gleichen Rechtes für alle – gekennzeichneten islamischen Welt. Dies ist eines der Teilgebiete, auf denen die Schari'a stark von der heutigen Praxis und dem heutigen Rechtsempfinden auch vieler gebildeter Muslime abweicht.

Sira, der Lebenslauf des Propheten, beschrieben von arabischen Historikern des 2. Jahrhunderts nach Muhammed, wie Ibn Ishak, dessen Werk nur indirekt auf uns gekommen ist, und seinen späteren Nachfolgern Ibn Hisham und al-Waqidi; zählt als eine mögliche Rechtsquelle, s. Gottesgesetz und Sunna

«Strafvorschriften» (Hudûd), Der Koran sieht für gewisse Vergehen Strafen vor, die dem heutigen Empfinden grausam erscheinen. Ähnlich grausame Strafen waren auch in Europa bis tief in die Neuzeit hinein üblich. Die grösste Zahl der gebildeten Muslime empfindet ähnlich wie die heutigen Europäer. Doch die Texte des Korans sind klar; er gilt als Gottes Wort und fordert daher unbedingten Gehorsam.

Die sogenannten vier Hudûd-Strafen sind: für Diebstahl Abschneiden der Hand; für Verleumdung in bezug auf unerlaubten Geschlechtsverkehr achtzig Peitschenschläge; für Ehebruch hundert Peitschenschläge; für bewaffneten Raub Hinrichtung, Kreuzigung, Verbannung oder Gefängnis. Die Strafen für Apostasie (Abfall vom Islam) und für Alkoholtrinken gehen nicht auf den Korantext zurück. Die erste beruht auf einer Überlieferung vom Propheten; die zweite wurde von Ali festgesetzt, indem er einen Analogieschluss der Strafe für den unerlaubten Geschlechtsverkehr zog.

Doch viele Gelehrte sind der Ansicht, dass ganz bestimmte Bedingungen erfüllt sein müssen, bevor die koranischen Strafen angewandt werden können. Die wichtigste unter diesen Vorbedingungen ist, dass die Gesellschaft, in der sie angewandt werden, eine Gemeinschaft von frommen und ehrenhaften Gläubigen sei, in der soziale, wirtschaftliche und politische Gerechtigkeit bestehen. «Dies, weil das Religionsgesetz nicht verwendet werden soll, um anderen Zwecken als seiner eigenen Erfüllung zu dienen, und weil vermieden werden muss, dass die vom Islam geforderten Strafen durch ungerechte Regierungen, aussergewöhnliche Gerichte, aufgrund von willkürlichen Festnahmen oder falschen Zeugenaussagen auferlegt werden, wie dies nur zu oft in der Geschichte des Islams der Fall war und heute noch häufiger geschieht.» So die Darstellung und Formulierung von Muhammed Said al-Ashmawi, der Richter am Obersten Gerichtshof Ägypten ist (op. cit. S. 99 ff).

Dazu kommen noch weitere Einschränkungen; falls irgendein Zweifel besteht, sollen die koranischen Strafen nicht anwendbar sein. Dazu gibt es eine Überlieferung von Ali, die Ashmawi anführt. Eine Frau kam zu ihm und bezichtigte sich selbst des Ehebruchs. Ali wandte sich an Omar, damals Kalife, und sagte: «Beherrscher der Gläubigen, diese Frau ist nicht in der Lage, den vollen Ernst ihrer Worte zu ermessen.» Beide entschieden daraufhin, dass ein Zweifel vorläge, so dass die koranische Strafe, trotz des Geständnisses, nicht anwendbar sei.

Was den Diebstahl angeht, so gilt die Strafe nur, wenn der Dieb sich nicht in Not befindet. Auch nicht, so sagen die meisten Fachleute, wenn der Dieb über einen Teilbesitz des gestohlenen Gutes verfügt. Dies trifft zu ihm Falle von öffentlichem Besitz.

Was den unerlaubten Geschlechtsverkehr angeht, so ist die berühmte Vorbedingung der Strafe, dass vier unbescholtene Zeugen das Vergehen mit eigenen Augen gesehen haben und dass sie schwören können, es wäre unmöglich gewesen, einen Faden zwischen dem Mann und der Frau entlangzuführen.

Nach der Ansicht des ägyptischen Oberrichters verunmöglichen diese Vorbedingungen die Auferlegung der koranischen Strafen in der heutigen Zeit, und an ihre Stelle haben Diskretionalstrafen zu treten, wie sie während der ganzen islamischen Geschichte bestanden. Man nennt sie «ta'zir»; die Wortwurzel bedeutet «abhalten» sowie «erziehen» und «korrigieren», also Korrekturstrafe. Diese Strafart hängt im Mittelalter ganz von der Diskretion der Qadi ab, sie darf aber die koranische Strafe an Strenge nicht übersteigen, falls diese anwendbar gewesen wäre. Der Richter handelt kraft seines eigenen Ermessens, wenn er, wie man es immer wieder, auch etwa in 1001 Nacht, lesen kann, diese oder jene Strafe verhängt. Oft waren es freilich die Herrscher, die bestimmte Richtlinien festlegten, an die sich der Qadi, wenn er «Korrekturstrafen» aussprach, zu halten hatte; oder der Herrscher selbst sowie seine Polizei übernahmen direkt die Festlegung der Strafe, was vor allem in allen Fragen der Sicherheit des Staates geschah.

Die Niederlegung eines modernen Strafrechtes in den Kodizes und durch die Rechtssprechung in den heutigen muslimischen Staaten geschieht kraft dieses «Korrekturrechtes», das nun vereinheitlicht wird. Es widerspricht nicht der Schari'a, sondern füllt vielmehr den Rahmen aus, den sie locker absteckt.

Wenn man diese komplexe Lage einigermassen überblickt, kann man leicht erkennen, wie sehr das Schlagwort von der «Einführung der Schari'a» rein demagogischen Zwecken dient. Wie die Schari'a eingeführt werden müsste, wird dabei nicht gesagt. Doch gerade dies wäre die wirkliche Fragestellung. Man kann aber auch ermessen, wie wenig die Europäer vom islamischen Recht wissen, wenn sie sich vorstellen, die Schari'a sei ein Gesetzeskodex und bestimmte Strafen, etwa Steinigung für Ehebruch, seien «islamische Strafen», die in der gleichen systematischen Art zur Anwendung kämen wie eine in einem europäischen Kodex niedergelegte obligatorische Sanktion.

Wenn es irgendwo zum Handabschneiden und zu Geisselungen kommt (die Sache mit den angeblichen Steinigungen ist ohnehin höchst unklar), so geschieht dies mit Sicherheit aus politischen Gründen und ist der Verantwortung der herrschenden Machthaber zuzuschreiben, nicht der Schari'a und nicht den Gottesgelehrten. Die Machthaber freilich, ob in Saudiarabien, in Iran oder in Pakistan unter Zia ul-Haq sowie in besonders kruder und ungerechtfertigter Form unter Numeiri im Sudan zwischen 1983 und 1985, welche derartige Strafen in spezifischen Fällen anordnen, tun dies, weil sie wissen, unter ihren Untertanen selbst herrscht die Vorstellung vor, dass das Handabschneiden und Auspeitschen «islamisch» sei. Für die Machthaber wird es dadurch eine billige Methode, um ihren angeblichen Islam zur Schau zu stellen. Gerade weil sie nicht imstande sind, wirkliche islamische Tugenden auch nur einigermassen glaubwürdig vorzuzeigen, greifen sie gerne zu derartigen kruden und aufsehenerregenden pseudo-islamischen Demonstrationen ihrer angeblichen Frömmigkeit.

Was die heutigen iranischen Machthaber angeht, so ist ihre Versicherung, sie wollten «nach dem Islam» handeln, schon darum höchst unglaubwürdig, weil sie auch behaupten, ihre Verfassung verbiete ausdrücklich das Foltern von Menschen und deshalb sei es unmöglich, dass in Iran gefoltert werde. Solange ihre zur Schau gestellten Meinungen so stark von dem divergieren, was sie in Wirklichkeit tun, kann man sie auch nicht ernst nehmen, wenn sie behaupten, sie wollten die Hududstrafen «um des Islams willen» anwenden. Vielmehr hat man anzunehmen, dass sie wie ihre Kollegen im Sudan und in Pakistan in erster Linie zu den Hudud-Strafen greifen, ohne sich um die strengen Vorschriften zu ihrer Einschränkung zu kümmern, weil sie darin ein billiges und wirksames, politisches Mittel sehen, um sich bei ihrem Volk als «gute Muslime» darzustellen.

Sunna, Sunni, die Sunna ist die Gesamtheit der vorbildlichen Handlungen und Meinungen des Propheten Muhammed. Sie sind überliefert in seiner Lebensbeschreibung, «Sira», und in Einzelüberlieferungen von seinem Tun und Befinden, «Hadith». Als Leute der Sunna (Ahl as-Sunna) oder Sunni (der Sunna zugehörig) bezeichnen sich die Mehrheit der Muslime, im Gegensatz zu den Schi'i (Schi'iten, s. dort).

Die Sunniten haben ihr eigenes Staatsrecht herausgebildet, nach welchem ein jeder Muslim, der dazu befähigt ist, rechtmassiger Nachfolger des Propheten – *Khalifa* (Kalife) – in seiner Leitung der muslimischen Gemeinschaft (Umma) werden kann. Allerdings umschreiben verschiedene Gelehrte die Befähigung in verschiedener Art. Manche fordern, der Khalifa habe aus dem Stamm des Propheten zu stammen, Quraisch. Alle betonen, er habe sich im Islam auszukennen, alle sind auch der Ansicht, er habe körperlich unversehrt zu sein. In der praktischen Wirklichkeit wurde jener Khalifa, der die Macht an sich riss. Doch die Schari'a (siehe «Gottesgesetz») stand über dem Khalifa, und die Gottesgelehrten waren theoretisch damit betraut, dafür zu sorgen, dass der Khalifa sich an sie hielt. Da es aber keine eigenständige Hierarchie der Geistlichen gab und auch heute nicht gibt, war der Khalifa der Sunniten immer in der Lage, solche Geistliche zu fördern und ihnen die offiziellen Ämter anzuvertrauen, Oberqadi, Mufti, die seinem Regiment zustimmten und geneigt waren, seine Befehle und Anordnungen als dem Gottesgesetz gemäss zu bestätigen, jedenfalls solange, als der Herrscher nicht allzu offensichtlich dem Gottesgesetz zuwiderhandelte.

Der letzte Khalifa wurde 1924 von Atatürk abgesetzt. Manche Islamisten fordern, dass die Gemeinschaft der Gläubigen, also alle Muslime, einen neuen Khalifa erhalten sollten. Nur sein Regiment gälte ihnen als wirklich legitim. (s. auch «Gottesgesetz».)

Taqiya, «Verheimlichung», nämlich der Zugehörigkeit zum Schiismus oder einer schiitischen Meinung, s. Schi'a

Taqlîd, «Tradition», s. «Gottesgesetz»

Ta'zîr, «Diskretionalstrafe», s. Strafvorschriften

Tradition (Taqlid), s. «Gottesgesetz»

Traditionalisten (Muqalladûn), s. Modernisten und Gottesgesetz

Verborgenheit (Ghaiba), s. Schi'a

Zakat, «Almosensteuer», s. Almosensteuer

Zeyditen, s. Schi'a

Ebenfalls von Arnold Hottinger:

Das Standardwerk
über den Krisenherd Nahost

Die Araber vor ihrer Zukunft
Geschichte und Problematik
der Verwestlichung

2., ergänzte Auflage 1991
292 Seiten
Leinen mit Schutzumschlag
ISBN 3 506 73943 3

Hottingers Chronik und Analyse der arabischen Gegenwartsgeschichte ist die umfassende und schonungslose Bestandsaufnahme eines Jahrhundertkonflikts: der Probleme der Araber mit sich selbst und mit der Macht und Zivilisation des Westens, von der sie sich zugleich angezogen und bedroht fühlen.

SÜDDEUTSCHE ZEITUNG:
«Hottinger macht diesen Jahrhundertkonflikt zum eigentlichen Thema seiner hervorragend dokumentierten Studie. Die ‹Chronik› liefert beklemmendes Anschauungsmaterial.»

BAYERISCHER RUNDFUNK:
(«Lesezeichen»):
«Eine Fundgrube für interessierte Leser.»

DIE ZEIT:
«Ursachen und Hintergründe des Geschehens im Nahen Osten bleiben für viele Bundesbürger unverständlich.
Arnold Hottinger versucht sie verständlich zu machen. Wer das informative Buch liest, dürfte in Zukunft keine Schwierigkeiten mehr haben, die oft verwirrenden Vorgänge im Nahen Osten zu begreifen.»